Diccionario de los sueños

Diseño de portada e interiores
DPI/avalon

Revisión de textos
Isabel Ortiz

Imposición electrónica
Miguel A. San Andrés

Campezo, s/n - 28022 Madrid
Tel.: 913 009 100 - Fax: 913 009 118
Impreso en España

Diccionario de los sueños

susaeta

Sueña

Introducción

La interpretación de los sueños nos ayuda a conocernos mejor.

Introducción

El sueño

El hombre (y los animales) por sus características físicas y mentales no puede realizar una actividad continuada sin tomarse un tiempo para el descanso. Ello nos obliga a que durante el día hagamos algún receso en nuestro trabajo, aunque el verdadero reposo se produce cuando dormimos. Habitualmente los adultos dedicamos de seis a ocho horas diarias a dormir, lo que supone casi un tercio de la vida. El hecho de que esta actividad ocupe una parte tan importante de nuestra existencia es lo que ha conducido al hombre a hacer numerosos estudios sobre el tema.

Por lo general asociamos esta etapa a la oscuridad y a lo misterioso porque habitualmente es por la noche cuando realizamos el acto de dormir. Muchas personas piensan que este mundo, en el que no tiene cabida la realidad, se rige por sus propias leyes y que la mente funciona separada completamente de nuestro ser consciente.

Dietrich Lang, profesor en la Universidad de Tubinga desde 1958 hasta 1964, nos da en su libro *Para aprender a dormir bien* una explicación muy clara de lo que es el sueño.

La mayor dificultad con la que se han encontrado los científicos a la hora de estudiar el sueño es que el propio durmiente no puede dar ningún dato al respecto y el observador se debe ceñir a los resultados de exploraciones externas. Hasta que no se estableció en los laboratorios el aparato con el que se miden las corrientes cerebrales (EEG) el hombre no conocía nada sobre esta materia. Comparando estas ondas cerebrales con las que emite el paciente en estado de vigilia se ha podido establecer la profundidad del sueño y se ha llegado a la conclusión de que durante este tiempo se suceden diversas etapas de aproximadamente dos horas cada una. También se han observado movimientos en los ojos de repetición periódica (REM = Rapid Eye Movement = Movimiento Rápido del Ojo) y diversas modificaciones en las reacciones vegetativas que se manifiestan en la respiración, el ritmo cardiaco, la temperatura corporal y diversos movimientos del cuerpo.

La primera fase del sueño, en la que caemos poco a poco en profundidad, se llama fase sincrónica; en ella el sueño es poco profundo y estamos en un estado de semivigilia; le sigue lo que se denomina fase asincrónica o sueño REM, que se llama así por los rápidos movimientos que realiza el ojo en este período.

Esta fase (REM) es esencial para el hombre, ya que en ella es cuando se alcanza el verdadero descanso y sirve como reparadora para el cuerpo y el espíritu.

A mediados del siglo x, Kelitman tuvo la brillante idea de investigar sobre los sueños del hombre de una manera científica, en un laboratorio perfectamente equipado. Decidió comprobar qué ocurría al despertar a sus pacientes durante el período REM; estos trabajos se publicaron en la revista *Science* el 4 de septiembre de 1953. Para este experimento se contó con veintisiete pacientes a los que se despertó en el período REM, y resultó que veinte de ellos recordaban perfectamente los sueños que habían tenido, mientras que si se les despertaba en otro período el resultado era muy inferior, por lo que quedó definitivamente demostrado que se sueña en el período REM. Este experimento se ha visto posteriormente corroborado por múltiples investigadores que han seguido el mismo procedimiento con idénticos resultados.

Cuando las personas, por la causa que sea, no pasan por esta fase del sueño, padecen trastornos de diversa índole y se vuelven susceptibles, malhumoradas, agresivas e incluso depresivas, y está demostrado que los pacientes que no pasan por esta etapa, o sufren alteraciones durante la misma, acaban con serios problemas mentales. Bajo estas condiciones el paciente tiene sueños cada vez más frecuentes.

La causa de que unas veces recordemos los sueños y otras no es muy sencilla: si despertamos durante las fases REM podremos recordar lo soñado por un tiempo, mientras que si despertamos en otra fase es casi imposible recordar. En cualquier caso, debemos tener claro que siempre soñamos, lo recordemos o no.

Cuando interrumpimos frecuentemente el sueño en la fase REM padecemos lo que se llama insomnio, una enfermedad muy frecuente en nuestro siglo, principalmente entre los habitantes de las grandes ciudades, y que es de difícil curación. Para tratarlo se emplean diversos métodos que van desde la toma de fármacos a la psicoterapia. Las medicinas alternativas también tienen mucho que decir en este campo y en la actualidad se está recurriendo a métodos como la acupuntura y el yoga para curarlo, con resultados muy positivos.

Los sueños

Desde los tiempos más remotos el durmiente ha tenido sueños, tal como lo demuestran diferentes documentos históricos de probada autenticidad. Los sueños han tenido siempre una especial importancia para el hombre, lo que le ha conducido a determinados comportamientos basándose en ellos.

Conviene recordar que aunque se pueden tener, y de hecho se tienen, varios sueños cada noche, habitualmente es el último el que se recuerda. Es curioso que las personas que mejor duermen, es decir, que no son insomnes, son aquellas que recuerdan con más facilidad y con más detalles los sueños que han tenido. También se han hecho diversos experimentos que han demostrado que las personas que están más estresadas tienen sueños mucho más angustiosos que quienes gozan de salud mental.

Es imprescindible saber distinguir entre imaginar, fantasear, dormir y soñar, porque a menudo confundimos estos términos y les damos a todos el mismo significado.

Imaginar es una actividad consciente y voluntaria dirigida a la proyección organizada de representaciones mentales.

Fantasear es la actividad semiinconsciente de proyectar representaciones mentales caracterizadas más por la emoción que por la organización.

Soñar es una actividad completamente inconsciente e involuntaria y su recuerdo suele resultar confuso para la mente consciente. De ahí vienen las paradojas con las que nos encontramos al recordar los sueños.

Existen varios tipos de sueños de los que vamos a hacer un somero análisis.

Los sueños de reajuste son aquellos que se producen a causa de agentes físicos externos, como pueden ser roces o golpes, que inciden en nuestro cuerpo. Un ejemplo muy corriente de este tipo es el sueño en que queremos correr y no podemos, y cuando nos despertamos nos damos cuenta de que tenemos las piernas enredadas en la sábana. Dentro de estos sueños se pueden incluir los de índole sexual, que a veces provocan en el hombre una expulsión involuntaria de semen.

Luego tenemos los sueños de satisfacción. Son de la máxima importancia porque sirven de barrera entre la consciencia fracasada y los deseos incumplidos. Son sueños en los que se realiza un deseo que tenemos en la vida real. Por ejemplo, soñamos que una persona se enamora perdidamente de nosotros cuando en la realidad estamos pasando por un momento de carencias afectivas. Es decir, este tipo de sueño nos da lo que la vida real nos niega. Parece ser un servicio que el subconsciente hace a nuestra mente y que sirve para mantener el equilibrio y no caer en depresiones o patologías de difícil curación. En realidad estos sueños son una especie de defensa mental, es decir, un regalo que nos hacemos a nosotros mismos.

En esta categoría se pueden encuadrar los que denominamos sueños de satisfacción intelectual, que son los que a veces encontramos en biografías de científicos, descubridores o inventores. Son una especie de sueños premonitorios que más tarde van a valer a quien los sueña para conseguir sus fines en la vida real. Lo que ocurre en estos casos es que la persona está tan absorta en su trabajo que a la hora de dormir no deja de pensar en él, por lo que a veces se despierta con una idea que cree que ha acudido a su mente cuando estaba soñando; pero realmente no es así, sino que su subconsciente sigue trabajando aunque el soñante piense que está descansando.

Los sueños premonitorios, que son los que aquí interesan y los más difíciles de analizar, puesto que en ellos no interfieren para nada acontecimientos del pasado, son mensajes que provienen del inconsciente y que avisan de peligros que corremos o nos dan las claves para conseguir el éxito en cualquier ámbito de nuestra vida. Estos sueños siempre están rodeados de un simbolismo difícil de interpretar.

Cuando se aborda la interpretación de un sueño debe tenerse claro lo que se pretende conseguir. También es de importancia primordial tener en cuenta todo lo que aparece en él, tanto objetos como personas o circunstancias, características del soñante (sexo, raza, religión, etc.) y sobre todo la situación que ocupa en la sociedad.

Actualmente existe una amplia bibliografía que puede orientarnos sobre este tema; pero hay que tener mucho cuidado con lo que se lee. Es preferible que alguna persona iniciada nos oriente, ya que se vende una gran cantidad de libros que sólo sirven para desorientarnos. Esta situación caótica tiene su origen en los presupuestos en que se fundamenta cada estudioso y el lector debe tener muy claro lo que busca antes de decantarse por uno u otro autor.

Casi todos los autores están de acuerdo en que la persona más apropiada para interpretar un sueño correctamente es el propio soñante, porque es el único que conoce realmente sus características personales y sus circunstancias. A veces, o casi siempre, no contamos toda nuestra realidad a otra persona y si ésta no está al tanto de todo lo que nos concierne, es difícil que pueda hacer una interpretación ajustada del sueño.

Un método que hay que seguir para la interpretación correcta es el de tener al lado de la cama un cuaderno con un lapicero y anotar con todo detalle los acontecimientos que han ocurrido en el sueño, porque hay que tener en cuenta que éstos se olvidan con mucha rapidez.

Por otro lado, queremos advertir que no se debe seguir al pie de la letra lo que nos diga el sueño. Por ejemplo, si decimos que es un buen momento para el amor no indicamos que se deben entablar relaciones con el primero que pase, pero sí que el momento se presta para que seamos más abiertos y demos más oportunidades a los demás para que se acerquen. También cuando decimos que tendremos suerte en los juegos de azar no es el caso que nos gastemos todo el sueldo jugando a la lotería; simplemente es un momento propicio para hacerlo, pero siempre con prudencia. Si el sueño avisa de una enfermedad grave o de una muerte, ambas desgracias se pueden prevenir teniendo más cuidado, por ejemplo conduciendo el automóvil con más prudencia o abrigando a los niños cuando salen a la calle.

Con todo ello queremos decir que este libro puede servir de guía, pero que nunca se han de seguir a pies juntillas sus recomendaciones, sino que deben analizarse las explicaciones que da y adaptarlas a nuestra propia personalidad y a nuestras circunstancias. Insistimos, es muy importante tener en cuenta las características intrínsecas del soñante.

C. J. Jung veía en los sueños la relación arquetípica con el inconsciente y aseguraba que de ello se podían sacar cierto tipo de enseñanzas y sugerencias que serían útiles para la vida del sujeto. Gracias a la experiencia dc varios profesores dedicados al estudio de este tema, podemos decir que no le faltaba razón a Jung cuando abordaba el tema de este modo.

La palabra arquetipo proviene del griego. *Arque* significa principio, origen o primordial, y *tipo* se refiere a modelo o símbolo representativo. Por lo tanto, arquetipo significa símbolo representativo original de la mente humana, y a eso es a lo que se refiere Jung, que llegó a tales conclusiones después de estudiar detenidamente la alquimia china, la renacentista y el gnosticismo cristiano. Los arquetipos a los que se refiere el afamado investigador son los modelos básicos que tiene la mente humana, modelos que se pueden reconocer en todas las actividades del hombre desde los tiempos más remotos, sobre todo en lo que concierne a las diversas mitologías y a las relaciones y ritos que practica el hombre respecto a la divinidad. El arquetipo también hace una clara referencia a las manifestaciones espirituales y sociológicas de la actualidad, lo que Jung llamó el inconsciente colectivo. Este tipo de actitudes, aunque proceden de los tiempos más remotos de la humanidad, todavía aparecen en el hombre actual, sobre todo en los sueños, que siguen aportando información y sugerencias que pueden ser muy útiles como guía si se interpretan adecuadamente.

Para conseguir una correcta interpretación de los sueños es fundamental que se establezcan las relaciones elementales que se encuentren entre ellos y la vida real. Pero en ningún caso estas relaciones deben forzarse, es decir, sólo se deben tomar en cuenta las que surjan espontáneamente. Esta es una labor muy compleja que necesita que se le dedique tiempo y requiere además una gran experiencia.

Existe una teoría muy extendida que asegura que los sueños son viajes astrales, pero debemos hacer un análisis detenido de lo que es un viaje astral para comprender a quienes defienden esta teoría.

El viaje astral es aquel desplazamiento que efectúa el sujeto tan sólo con su mente, dejando el cuerpo en reposo. Se asegura que en tales circunstancias un doble luminoso de nuestro físico abandona el cuerpo y se desplaza por una serie de puntos luminosos a otros mundos en los que adquiere conocimientos que en éste no están a su alcance. De ahí nace la teoría de que los sueños podían considerarse como viajes astrales. Pero los científicos de la actualidad consideran que son dos manifestaciones bien diferenciadas, ya que aseguran que mientras el viaje astral es el resultado de un entrenamiento y que se hace de modo consciente, los sueños son fruto de nuestro inconsciente. Es decir, que el viaje astral lo podemos controlar y los sueños no, aunque hay que reconocer que está demostrado que este tipo de viaje no siempre se produce voluntariamente.

Debemos tener siempre presente a la hora de interpretar los sueños que éstos no nos dicen nunca nada directamente, sino que encierran una intención oculta con el enmascaramiento de las imágenes.

Ponemos aquí un ejemplo de cómo se tiene que interpretar un sueño: Una señora de mediana edad tuvo un sueño en el que se veía protegiendo a su hijo menor de un perseguidor que tenía la intención de matarlo. Se va a casa de su exmarido y le pide que los oculte. Éste lo hace y al final se pueden librar del peligro. La interpretación de este sueño es muy sencilla: la señora, al verse sin protección después de su divorcio, encuentra en el mundo exterior un peligro enorme para ella y para su hijo, por lo que recurre al exmarido (la única protección que conoce) para que les ayude. A esta persona se le debe recomendar que haga acopio de voluntad para seguir adelante con su vida, pues de otro modo dependerá constantemente de los demás.

Hay otro tipo de sueño muy curioso que es aquel que conocemos como sueño fronterizo y que se produce en los momentos anteriores a la pérdida de la consciencia, es decir, cuando empezamos a dormirnos. Si se produce suele referirse a actividades del día y tiene poca importancia, pues carece de carácter predictivo.

La creatividad en los sueños

Diversos autores han plasmado en su obra temas que fueron concebidos en sueños. Es el caso de Robert Louis Stevenson, que en su libro *A través de los llanos* dice:

«Hay algunos de nosotros que sostienen haber vivido una vida más larga y más rica que sus vecinos; cuando éstos dormían, ellos seguían activos; y entre el tesoro de memorias que todos los hombres no nos entretenemos en recorrer, cuentan ellas la cosecha de sus sueños en un lugar no secundario».

Stevenson afirma que era un gran soñador y que en su infancia se sintió atemorizado por ello; cuando empezó a escribir se dio cuenta de que su producción literaria tenía mucho de sus sueños, tanto en los personajes como en sus situaciones.

Anna Kingsfor, que fue una notable sufragista, publicó al final de su vida unos cuentos que aseguraba que le habían sido inspirados en sueños.

J. B. Priestle cuenta que sus obras *El sueño*, *Las bestias de Berkshire* y *El extraño proveedor*, que están en la línea de *Alicia en el país de las maravillas*, surgían de sueños reales.

Walter Scott es otro de los autores que tenía fe ciega en los sueños y decía que no se preocupaba cuando se quedaba bloqueado, pues sabía que los sueños iban a acudir en su ayuda.

El autor teatral William Archer, creador de *La historia de la diosa verde*, que tenía una buenísima reputación como crítico, asegura que escribió esta obra a partir de un sueño que tuvo del 1 al 2 de septiembre de 1919 y que esto cambió para siempre el curso de su vida.

La lista de poetas que deben su obra a los sueños es incluso más larga que la de los prosistas.

Tenemos el caso de Goethe, que afirmaba que la inspiración procedía de un genio invisible que se le aparecía en sueños.

John Maesfiel escribió el poema titulado *Habla la mujer* basándose en un sueño. Cuenta que en él vio a la mujer protagonista del poema, una mujer alta y misteriosa, con un sombrero adornado con plumas y vestida con abrigo de piel.

A. C. Benson confiesa que para escribir su famoso poema *El Fénix* hizo una transcripción textual de un sueño que había tenido en 1884 y que anotó en plena noche. Afirma que nunca había tenido una experiencia similar y tampoco después escribió otro poema bajo esas condiciones.

El campo de la música no ha sido distinto en este sentido. Giuseppe Tartani escribió su obra el *Trino del diablo* basándose en un sueño en el que el autor conseguía dominar al demonio y ponerlo a su servicio.

Tampoco Beethoven se libró de esta influencia y escribió un canon después de haber tenido un sueño en el que hacía un viaje a Oriente y en el que escuchó las notas de dicha obra.

Podríamos ofrecer otras muchas referencias sobre este tema, ya que infinidad de artistas, escritores y músicos aseguran que han plasmado sus sueños en su obra o bien que éstas están inspiradas en sus sueños.

Un poco de historia

Como hemos comentado anteriormente, desde sus orígenes el hombre se ha preocupado por el significado que pudieran tener sus sueños; en las tribus primitivas eran el chamán, cuyo cargo era hereditario, o el brujo, los destinados a hacer esta interpretación. Se creía hasta tal punto en su significado premonitorio que a veces, cuando el sueño era malo, se mataba al soñante pensando que así no ocurrirían los acontecimientos predichos. Eran de gran importancia los sueños de los jefes o reyes, puesto que a veces se llegaba hasta la guerra como consecuencia ellos. En aquellos tiempos se les daba un significado exclusivamente mitológico.

Ya en tiempos de los griegos los sueños y toda la fenomenología onírica despertaron un gran interés, por lo que empezaron a proliferar los estudios sobre este tema, siendo muy numerosos los autores que le dedicaron su tiempo y sus conocimientos.

Los sueños se analizaban fundamentalmente bajo dos vertientes: la primera racionalista, que abordaba el tema desde un punto de vista puramente fisiológico y sostenía que los sueños eran consecuencia del estado físico de la persona; y la otra, la oniromántica, que se dedicaba a predecir el futuro a partir de su interpretación. Esta última corriente tuvo una gran influencia cultural y gentes de todas las clases sociales se hacían interpretar los sueños por los oniromantes. Fue D. del Como, primer autor de interpretaciones de sueños del que tenemos referencia, quien dio a esta actividad el nombre de onirología u oniromancia, nombre por el que se ha conocido hasta nuestros días.

Las primeras predicciones tenían un componente esencialmente religioso (la mitología formaba parte fundamental de la vida del hombre) y esta ciencia adquirió la misma importancia que tenían entonces la adivinación o la predicción del futuro por los adivinos a través del análisis de las entrañas de ciertos animales.

A pesar de que esta actividad era muy popular, la autoridad competente nunca le dio el carácter de oficialidad. Esta situación se prolonga hasta nuestros días, aunque son ya muy prestigiosas personalidades las que han dedicado múltiples obras al estudio de la oniromancia. A pesar de que, como hemos dicho, no es admitida todavía oficialmente por ninguna escuela filosófica o de medicina, entendemos que, gracias a los experimentos que se están haciendo desde mediados de siglo en prestigiosos laboratorios, no tardarán en aceptarla.

Las primeras referencias escritas que tenemos de la interpretación de los sueños vienen de Homero. Según dijo él mismo, son muchos los pasajes de la Odisea y de la Ilíada que están compuestos a partir de sus propios sueños. Este autor creía firmemente que los sueños tenían un claro sentido premonitorio.

En el siglo V antes de Cristo se producen los primeros análisis de sueños basados en símbolos, y a lo largo de este siglo y los sucesivos los profesionales de la interpretación fueron confeccionando una serie de códigos para facilitar esta tarea, códigos que fueron utilizados por los autores posteriores; la mayoría, por no decir todos, se han perdido. Toda esta información se fue recopilando en unas tablillas que Alcifrón pudo consultar en el siglo II a.C. para realizar un extenso trabajo sobre este tema que más adelante fue ampliamente consultado por Artemidoro de Daldis.

El primer tratado serio sobre la interpretación de los sueños lo escribió Antifonte; de él tenemos referencia por los escritos de varios autores clásicos, pero el tratado se perdió.

Más tarde nos encontramos con Aristandro de Telemeso en el siglo IV a.C., que también escribió ampliamente sobre este tema y posteriormente se sucede una época de letargo en la que parece que la interpretación de los sueños no interesaba tanto al gran público. De los siglos III y II a.C. no se conserva ningún trabajo excepto las referencias que algunos historiadores hacen en su obra sobre el tema, aunque lo tratan sólo someramente. Fue ya en el siglo I a.C. cuando la interpretación de los sueños resurgió gracias a los trabajos de Apolonio de Talalia y de Apolodoro de Telmeso, que confeccionaron sendos tratados de los cuales aún se conservan algunos fragmentos. La mayor producción se hacía en Grecia, pero en esta época también aparecen documentos situados en Siria, en Asia Menor y otros puntos del mundo conocido hasta entonces que se encargaban de esta materia. También corresponde a este tiempo la obra de Serapis, que fue muy apreciada por autores posteriores pues en ella ya se establecían una serie de fundamentos para la interpretación que hoy día se siguen manejando. Este autor sentó las bases para la interpretación por símbolos y dio unas pautas que ningún otro estudioso se ha atrevido a poner en entredicho.

Para completar esta información hemos de mencionar la corriente especulativa, dirigida por Hipócrates. La principal obra de este médico es *Sobre la dieta*, del *Corpus Hipocraticum*, en la que se dice, entre otras cosas interesantísimas, que determinados desarreglos del cuerpo se pueden predecir por medio de los sueños, lo que le permitía desarrollar un cierto tipo de medicina preventiva.

Platón decía que el sueño podía considerarse un fenómeno psicosomático y que el alma accedía durante el sueño a conocimientos providentes, con lo cual defendía la teoría de que los sueños servían de comunicación entre los dioses y los hombres. En sus famosos *Diálogos* también habla del fenómeno de los sueños considerándolos como premonitorios.

En su juventud Aristóteles estaba convencido de que los sueños eran totalmente de origen divino y se adscribía a la doctrina que sostenía que los sueños eran el modo en que los dioses se comunicaban con los mortales. Sin embargo, según fue madurando su opinión cambió y al final de su vida consideraba que no eran de origen divino, como lo muestran sus obras *Acerca de los ensueños* y *Acerca de la adivinación por el sueño*. En la última época de su vida interpreta los sueños como de origen físico y argumenta que por ese motivo no pueden tener un carácter premonitorio, filosofía que defendía en su juventud.

Las opiniones de este autor no tuvieron resonancia entre sus coetáneos, pero sí han sido muy importantes para numerosos estudiosos a lo largo de la historia y sus teorías se han analizado hasta la fecha con minuciosidad.

Muchos filósofos posteriores a Aristóteles eran partidarios de la naturaleza transcendente de los sueños, teoría que defendió la escuela estoica. Los seguidores de esta escuela estudiaron profundamente los sueños como medio adivinatorio. Su exponente máximo fue Posidonio de Apamea, que opinaba que no cabía la menor duda de que los sueños eran el producto de los sentimientos del alma que se le daban a conocer al hombre cuando estaba durmiendo.

En la época del Antiguo Testamento eran los profetas los que asumían la función de augures y se daba una importancia desmesurada a los sueños, porque estaban convencidos de que era el único Dios el que se comunicaba con los elegidos para transmitirles sus dogmas y enseñanzas. El caso más representativo se encuentra en la historia de José.

Cuenta esta historia que el faraón tuvo un sueño en el que aparecían siete vacas gordas que eran comidas por otras siete vacas flacas. Sabiendo el faraón la fama que tenía José como interpretador de sueños, le llamó a su lado para que le explicase éste. José le contó que después de siete años de abundancia seguirían otros siete años en los que reinaría la miseria y aconsejó al faraón que guardara grano en los buenos años para paliar el hambre de su pueblo cuando vinieran malos tiempos. El faraón hizo lo que José le aconsejó, por lo que libró a su pueblo de una de las mayores hambrunas que hubiera padecido. José fue nombrado hombre de confianza del faraón y así pudo traer a su familia a Egipto.

En la Biblia son muy importantes los sueños de María, por ejemplo cuando se le aparece el ángel que le anuncia su próxima concepción, y los de José, su marido, por ejemplo cuando se le dice que debe ir a Belén.

Debemos hacer especial mención del denominado *papiro de Chester Beathey* (2000/1790 a.C.), en el que se describen aproximadamente dos mil sueños y donde se dice que se ha comprobado si el sueño era beneficioso o malo para el durmiente. La temática de este papiro es exactamente como cualquiera de las interpretaciones que se hace en la actualidad, puesto que se refiere a la salud, a las posesiones materiales y a las cuestiones de amor, asuntos que han preocupado al hombre desde los orígenes hasta nuestros días. Aunque también aparecen en el papiro comentarios sobre temas sexuales, son menos frecuentes.

Artemidoro de Daldis

Así alcanzamos el siglo II, cuando se confeccionó un importantísimo tratado que ha llegado hasta nosotros y que escribió Artemidoro de Daldis, del que sabemos pocas cosas porque sus coetáneos no dejaron nada escrito sobre él. Los pocos datos que tenemos son los que nos proporciona su propia obra. Sigmund Freud hizo siglos después una especial mención sobre este autor, pues consideraba que su tratado era de la máxima importancia, aunque en algunas cosas no estaba de acuerdo con él.

Introducción

Artemidoro era natural de Éfeso, según él mismo nos cuenta, pero prefirió usar el gentilicio de Daldis, de donde procedía por vía materna. Pocos datos más nos da, pero podemos encuadrar su obra en las dos últimas décadas del siglo II, ya que suponemos que vivió entre los años 130 y 200 y sabemos que dedicó su obra a Casio Máximo.

No nos da otros datos familiares más que tenía un hijo con su mismo nombre y que le siguió en su profesión. Tampoco conocemos el estrato social al cual pertenecía, aunque pensamos por su modo de escribir que era una persona con una amplia formación intelectual. Respecto a su profesión deducimos que era oniromante, puesto que no se dedicó a otra cosa que no fuera la interpretación de los sueños, aunque él mismo nos advierte que no es en modo alguno un adivino y que quiere hacer constar claramente la diferencia que existe entre éstos y los verdaderos interpretadores de sueños, a los que consideraba como estudiosos.

Era un viajero incansable, hizo muchos viajes por todo el mundo conocido, especialmente por Grecia y Asia Menor, siempre buscando la confirmación de que había dado a los sueños una interpretación acertada. Asegura que en sus libros sólo figuran casos de sueños que ha comprobado que se han cumplido fielmente. Las numerosas citas literarias que aparecen en su obra nos hacen pensar que fue un ávido lector de los trabajos que se habían publicado con anterioridad.

Ciñéndonos exclusivamente a su obra *El libro de la interpretación de los sueños*, podemos decir que consta de cinco partes. Las tres primeras secciones forman una trilogía con la cual pensaba concluir; pero más adelante añadió otros dos libros dedicados a su hijo, que le siguió en su profesión. Estos dos últimos libros, más que interpretaciones de sueños, son consejos que le da al hijo para el correcto estudio de estos fenómenos. En las tres primeras partes de la obra, además de dar indicaciones para trabajar correctamente, incluye muchos sueños con su correspondiente interpretación y asegura que absolutamente todos están comprobados, es decir, que lo que auguraba el sueño se cumplió en la vida de la persona que lo soñó. Contiene sueños que conciernen a cada parte del cuerpo, otros se refieren a objetos y a animales, y hay otro grupo dedicado a actos concretos como el de tener hijos o el de abandonar. Da supremacía a aquellos que tienen que ver con las partes del cuerpo porque considera que son los más fiables, ya que opina que cada parte del cuerpo tiene su correspondencia en una parte del universo. Artemidoro no creía firmemente que los sueños fueran producidos por la relación de dios con el hombre, pero tampoco descartaba esta teoría, aunque pensaba que tenían un origen fundamentalmente físico. Como todos los autores, nos dice que los sueños se deben analizar tomando en cuenta uno por uno los símbolos que aparecen en él y no el sueño en su conjunto. Otra opinión destacable de este autor es que señala que el mismo sueño en diferentes personas tendrá significados distintos, e incluso que a la misma persona le augura cosas diferentes según las circunstancias.

La extensa y documentada obra que dejó Artemidoro de Daldis ha sido objeto de numerosos estudios por personas que se han dedicado a este tema posteriormente y es de consulta obligada para todos aquellos que quieren introducirse en el misterioso mundo de la interpretación de los sueños.

Sinesio de Cirene

Este autor escribió en el siglo IV un tratado de oniromántica que algunos estudiosos consideran de mayor nivel que el de Artemidoro; se trata del *Comentario sobre la oniromancia*, que fue escrito en las primeras décadas del siglo. Este autor pertenecía a la escuela de Platón y más tarde se convirtió al cristianismo. Por su comportamiento heroico en Libia, donde impidió que los enemigos conquistaran este territorio, se le otorgó el título de obispo. Sinesio de Cirene opina que con los sueños ocurre lo mismo que con las predicciones de los oráculos, es decir, que los símbolos que aparecen en ellos deben ser interpretados. Estaba convencido de que una interpretación hecha con exactitud podía predecir cosas tan importantes como el encuentro de un tesoro o podían sugerir la cura de una enfermedad. Estaba tan convencido de ello porque consideraba que había salvado la vida en una ocasión en la que iba a ejercer las funciones de embajador, ya que pudo librarse de una trampa porque ésta le había sido mostrada en sueños.

La época oscura

Más adelante este tipo de actividad cayó en desuso, fundamentalmente a causa de que la religión oficialmente establecida empezó a perseguir a los oniromantes. Este hostigamiento alcanzó su punto máximo de apogeo en la Edad Media, cuando se quemaba sin piedad a todos aquellos que se atrevían a interpretar los sueños, ya que se consideraba que eran brujos. La Santa Inquisición persiguió furiosamente a estas personas, hechos que podemos comprobar en la documentación que al respecto ha llegado hasta nuestros días. La Iglesia católica pensaba que igual que los sueños podían provenir de Dios, también los podía provocar el Demonio.

No fue otra la postura de la Iglesia protestante, ya que Lutero estaba firmemente convencido de que los sueños tenían inspiración diabólica. Pero esta opinión no prevaleció por mucho tiempo y en el siglo XVII los luteranos no prestaban ya ninguna atención a este tipo de manifestaciones.

Llegamos al Renacimiento, un período que supuso un importantísimo resurgimiento en las artes y en las letras. Gracias a que la mentalidad se volvió más abierta y los condicionantes culturales se hicieron menos restrictivos, empezaron a surgir de nuevo oniromantes, o sea, estudiosos de los sueños. Hay que tener en cuenta que es en este período precisamente cuando se recuperó a partir de una traducción del árabe el hasta entonces perdido manuscrito de Daldis.

En los siglos XVIII y XIX ya se daba otra vez gran importancia al significado de los sueños y varios autores se dedicaron a su estudio, entre ellos Abercrombie y Maudle, que pensaban que la interpretación de los sueños podía ser útil a las personas por la información que contenían. Pero hasta finales del siglo XIX no se realizó un estudio científico de los sueños. El doctor Sigmund Freud fue el responsable. Publicó su libro *La interpretación de los sueños* en 1900, y fue un gran éxito de ventas para su tiempo.

Sigmund Freud

Damos una especial importancia a la obra de este ilustre investigador puesto que consideramos que es de primer orden. Su libro es la consecuencia de las teorías que presentó en 1889 y que había sacado de los múltiples experimentos psicoterapéuticos que hizo en su estudio de Viena.

Al comienzo del libro nos dice que «... los sueños son una propia función psíquica del durmiente».

El argumento fundamental que le llevó a escribir esta obra se basa en la teoría de que el hombre moderno no puede decir, como lo hacía el antiguo, que los sueños tienen un claro fundamento mitológico.

Aboga por la interpretación de los sueños, pero no por su carácter predictivo; es decir, que el sueño puede darnos un claro significado de lo que está pasando actualmente, aunque accede a decir que en algunos casos pueden ser presagio de acontecimientos futuros. Para el público en general dejó establecido que los sueños tienen un significado oculto y generalmente erótico y al respecto dice: «uno sueña para no tener que despertar, porque quiere dormir».

Introducción

Freud nos dice que existe una clase de sueños, los que él llama con sentido, que son comprensibles y que pueden ser incluidos sin violencia en nuestra vida psíquica. Este tipo de sueños suelen ser muy breves, muy frecuentes y habitualmente no despiertan al soñante porque contienen elementos que no causan extrañeza ni asombro, sino que son habituales en nuestra vida.

Hay un segundo grupo que está formado por sueños que presentan coherencia y un claro sentido pero que a nosotros nos causan extrañeza porque no sabemos cómo incorporar sus elementos en nuestra vida psíquica. Tenemos por ejemplo los sueños en que un pariente muere a causa de la peste; pero como nosotros no tenemos ningún motivo para esperarlo o temerlo, ante este sueño no podemos sino preguntarnos cómo se nos puede haber ocurrido tal cosa.

Existe un tercer grupo, al que pertenecen los sueños que son totalmente incoherentes y carentes de sentido, en los que se producen paradojas. Este tipo de sueño es el que se produce con mayor frecuencia y son los que han servido de base para la teoría médica de la actividad psíquica limitada. En este tipo de sueños es donde surgen aquellos enigmas o símbolos que no adquieren sentido hasta que se les da una interpretación correcta.

Con frecuencia, al soñar, nos encontramos en medio de un sueño lleno de símbolos que son especialmente complicados, aparece un trozo muy claro que asociamos fácilmente con la realidad y que casi siempre tiene estrecha relación con los propios deseos, pero que está ligado fuertemente al material incomprensible. Cuando tenemos este tipo de sueños, es decir, en los que se mezclan situaciones incomprensibles con otras que están muy claras, debemos darnos cuenta de que casi siempre existe un hilo conductor que enlaza unas con otras y es precisamente ese hilo conductor el símbolo que tenemos que analizar más cuidadosamente y en profundidad para alcanzar una perfecta comprensión del sueño. Es curioso que en nuestros sueños aparezcan cosas como formaciones zoomórficas en las personas (por ejemplo, algún conocido aparece con un cuerpo de caballo); pero estas manifestaciones no nos deben preocupar porque existe documentación muy antigua que nos dice que este tipo de sueños es totalmente normal.

Cuando se presenta una situación aparentemente normal en el sueño no debemos darle una interpretación exacta (por ejemplo, si nos vemos en la cama de un hospital no debemos deducir inmediatamente que estamos enfermos), sino que debemos tomar elemento por elemento y sacar al final la deducción precisa.

Hay otros fenómenos del sueño que no deben preocuparnos porque son muy frecuentes; por ejemplo, formar una persona con los rasgos de otras dos o más o representar la imagen exacta de un individuo pero colocándolo en una situación en la que otro es el protagonista.

En el citado libro de Freud existe un apartado muy importante en el que hace referencia a las relaciones de los sueños con las enfermedades mentales y dice que esto se produce cuando un sueño representa o inicia un estado psicótico o queda como residuo del mismo; también se refiere a las transformaciones que sufren los enfermos mentales cuando en ellos influye mucho su vida onírica y los conflictos internos que en ellos despierta.

Está demostrado que las personas que padecen perturbaciones mentales tienen sueños distintos de las otras y que muchas veces estos sueños pueden presentar unas características de «normalidad» que no se dan en las personas sanas.

Mientras que los sueños de las personas normales están llenos de símbolos que reflejan las cosas reales, los sueños de los enfermos mentales suelen representar acontecimientos normales de la vida cotidiana. Con este tipo de casos empezó a estudiar Freud y todavía se siguen investigando, ya que hasta ahora nadie ha encontrado una explicación lógica. Algunos médicos dicen incluso que esto puede ser producto de la casualidad y que si se hubiese analizado a otros individuos los resultados serían totalmente distintos.

Hohnbaum (prestigioso investigador citado por Krauss y Freud) declara haber comprobado que la primera manifestación de demencia en algunas personas se ha producido cuando sus sueños (aparentemente normales) se han convertido en angustiosos y terribles para el paciente. Otro autor, Sante de Sanctis, publica observaciones análogas respecto a los enfermos paranoicos.

C. G. Jung

Fue el principal discípulo de Sigmund Freud y para él los sueños gozaron siempre de la máxima importancia. Su obra más destacada al respecto es *Recuerdos, sueños, reflexiones*, donde dice que a través de ellos podemos conseguir la solución para muchos de nuestros problemas.

Jung discrepaba de Freud en el sentido que daba aquel a los sueños, porque consideraba muy restrictiva la teoría freudiana. Opina que los sueños pueden contener verdades intelectuales, recuerdos, fantasías, ilusiones y otros muchos componentes.

Contaba con cuatro criterios para decidir si un sueño tenía validez o por el contrario se debía olvidar. En primer lugar analizaba seriamente si el sueño encajaba con la personalidad del soñante; después observaba si actuaba sobre él. En tercer lugar estudiaba si el sueño presente era invalidado o convalidado por los sueños anteriores y, por último, consideraba si los sucesos anticipados por la interpretación del sueño tenían lugar o no en la vida real del pensador.

Jung llegó a la conclusión de que los sueños se podían utilizar como cura para males de índole mental.

A su muerte en 1961 Jung seguía preconizando que los sueños tenían un claro carácter premonitorio que servía para encauzar la vida de una manera correcta y esta teoría ha sido seguida hasta la fecha por muchos de sus alumnos.

Autores contemporáneos

En 1983 dos grandes especialistas en biología altamente cualificados, Francis Crick (premio Nobel) y Graeme Mitchison, publicaron un artículo en *Nature* en el cual se decía: «la función de soñar consiste en una actividad de limpieza para eliminar modos potencialmente parásitos«; es decir, mantenían la tesis de que nuestra mente era una especie de organismo que iba acumulando pensamientos y que no se llenaba del todo (lo que podría ocasionar algo parecido a un cortocircuito) gracias a que periódicamente lo vamos vaciando mediante la operación de limpieza de los sueños. En resumidas cuentas, que funcionamos como un ordenador del que se eliminan los archivos o programas que no se van a utilizar. Por supuesto, ésta es una de tantas teorías que existen en la actualidad.

Por su parte, el prestigioso científico A. G. Koestler creó una fundación que lleva su nombre para investigar lo que va más allá del consciente del hombre y en su obra *El acto de Creación* sostiene que «soñar parece ser una parte esencial del metabolismo psíquico».

Después de Freud un autor, W. H. R. Rivers, escribió *Conflict and dream*, una obra que se publicó en 1923 y que se considera como el trabajo más notable de este siglo. Rivers adoptó una postura crítica respecto a Freud, ya que no estaba de acuerdo totalmente con sus teorías, si bien no dejaba de reconocer la importancia de la obra del doctor vienés. Discrepaba fundamentalmente respecto a la teoría de Freud de los opuestos, es decir, que él no creía que si el sueño indicaba que estabas enfermo eso era la confirmación de una salud a prueba de bomba, sino más bien pensaba que debía darse a todos los símbolos el significado más cercano a la realidad. Rivers pensaba que soñar era una actividad que podía considerarse como infantil y que los sueños representan generalmente regresiones hacia ese mundo. Sobre el asesinato en el sueño, por ejemplo, tenía la teoría de que cuando nos vemos matando a alguien en el sueño lo que queremos realmente es librarnos de esa persona, con lo que deduce que nos comportamos como niños.

Para dar un significado realista a los sueños, Rivers se refería a las pesadillas en el sentido de que éstas reproducen situaciones angustiosas de las que nos queremos librar. Ponía de ejemplo a los soldados de la Primera Guerra Mundial, que constantemente tenían pesadillas referidas a acontecimientos violentos, y confirma que estas pesadillas iban desapareciendo con el tiempo.

Hoy en día el hombre sigue casi tan intrigado con este tema como lo estaba en tiempos remotos, pues a pesar de todos los estudios seguimos siendo tan ignorantes en esta materia como lo eran nuestros antepasados de las cuevas. Actualmente se hacen todo tipo de investigaciones en laboratorios, consultas, institutos y fundaciones e incluso esta materia es objeto de numerosas tesis doctorales. Pero el complejo mundo encerrado en nuestra mente sigue oculto para nosotros.

Acciones

Acciones

Sueña

Interpretación de acciones, sentimientos, sensaciones y situaciones

Gran enciclopedia de

Los Sueños

Acciones

Hablamos en este primer capítulo de todos aquellos sueños que tienen que ver con las acciones que ejecutamos o ejecutan los demás, los sentimientos propios o ajenos, las sensaciones que percibimos y aquellas situaciones en las que nos podamos encontrar.

Se puede pensar que aquellas palabras que semánticamente tienen un significado positivo o negativo tienen una interpretación de la misma índole pero esto no es así en todos los casos aunque otras veces pueden tener significados afines.

Vemos aquí actos como abandonar, abdicar o ahorcar que tienen significados claramente negativos aunque depende considerablemente del contexto en que se hallen el significado real que debemos atribuirles.

Por otro lado, hay conceptos que se nos presentan con un significado altamente positivo como ocurre con la palabra abluciones (o lavarse) que ofrecen muy buenas perspectivas.

Con todo ello, lo que queremos decir es que todas aquellas acciones comprendidas en este capítulo pueden tener significados claramente diferenciados y que debemos interpretarlas siempre de acuerdo con el contexto en que aparezcan y con las condiciones y situaciones particularísimas de cada soñante.

Aseguran muchos autores, sobre todo los contemporáneos, que los sueños relacionados con los sentimientos se producen sobre todo en personal altamente sensibles y necesitadas de apoyo asegurando que aquí el subconsciente juega un papel de capital importancia porque estos sueños suelen ser el reflejo de nuestros deseos más ocultos.

Los sueños que tienen que ver con las sensaciones son los más corrientes entre aquellas personas con un alto componente sensual en su personalidad. Estas personas deben tomarse muy en serio su significado porque va a influir considerablemente en su vida.

Los sueños en los que la principal protagonista es la situación en la que se desarrollan tienen mucho que ver con las propias frustraciones. En ellos solemos vernos en situaciones agradables que la propia vida real nos niega y en las que nos complacería mucho hallarnos, ésos son los sueños denominados de deseo. Si la situación es desagradable no siempre quiere decir que sea de mal augurio pero sí demuestran que tenemos ciertos miedos y que estamos alerta sobre asuntos a los que no somos capaces de hacer frente.

Se incluyen aquí sueños que tienen significados contradictorios como es el caso de *abordar* porque resulta negativo cuando somos objeto pasivo pero altamente positivo si somos nosotros los que abordamos a otro.

Cuando tenemos fuertes deseos reprimidos como puede ser el afecto contenido tendremos sueños que tengan relación con abrazar o asir porque ellos son fiel reflejo de estas situaciones.

En general, los sueños que aquí definimos tienen mucho que ver con personas muy sensibles que necesitan dar y recibir mucho cariño y que se sienten muy identificadas con el dolor y los problemas de los demás.

Acciones

Abandonar: cuando se sueña que se abandona a alguna persona cercana quiere decir que no se puede hacer frente a los conflictos, bien por falta de madurez o por cobardía. Cuando el abandonado es uno mismo refleja inseguridad. Este sueño no tiene incidencias en el aspecto económico.

Abatimiento: indica frustración o cansancio y va asociado a una actitud pesimista. Cuando se refiere a otras personas se debería hablar con ellas para prestarles nuestro apoyo, ya que lo necesitan, y además nos lo agradecerán brindándonos su sincera amistad.

Abdicar: generalmente significa que se ha perdido la orientación y es pésimo para los negocios cuando lo hace un rey o un presidente. En general es un sueño de mal augurio y prevé pérdidas económicas.

Abluciones: si nos vemos bañándonos ritualmente en agua limpia y clara es signo de purificación a través de las emociones. Indica alegría, franqueza y vitalidad profunda y nos dice que es un momento maravilloso para iniciar algún negocio o empresa de cualquier tipo, ya sea económica, intelectual o afectiva, en la que tendremos que poner todo nuestro entusiasmo. Debemos paralizar todos estos proyectos si el agua en la que nos estamos lavando es turbia, porque a pesar de todo el entusiasmo que pongamos va a ser muy difícil que las cosas salgan como esperábamos. El agua sucia también es símbolo de salud deficiente.

Abordar: si es el soñante el abordado y lo relaciona con una sensación de alegría significa que debe tener cuidado con las propuestas que reciba, ya que no todas le van a convenir; pero si en estas circunstancias somos nosotros los que abordamos, esto quiere decir que podemos llevar a cabo con seguridad nuestros proyectos. Otros autores, en cambio, dan a este sueño el significado de ganancias materiales.

Abortar: siempre significa proyectos o planes frustrados, también sufrimientos, pérdida de parientes y muerte. Es un sueño de mal augurio en cualquier contexto que se presente.

Abrazar: es un claro signo de deseo de proteger a otro. Si la sensación es agradable indica que debemos mostrar nuestros sentimientos; pero si la sensación es desagradable es signo de sospecha o precaución. Otros autores califican este sueño según quién sea el que abraza y el abrazado. Por ejemplo, si un hombre abraza a una mujer hermosa a la que no conoce es señal de buen presagio y abrazar a una persona del mismo sexo es señal de mala suerte.

Absolución: cuando nos absuelve alguna persona, tribunal o cualquier otra institución religiosa o seglar, es que estamos frente a un cambio de actitud por nuestra parte que en todo caso va a sernos favorable. Los símbolos que rodean este sueño pueden dar un significado más exacto a su interpretación que, en cualquier caso, es de signo positivo.

Abundancia: este sueño aconseja precaución e indica que no debemos fiarnos de las apariencias. Cuando se busca predice beneficios financieros, pero si se halla quiere decir lo contrario. Este sueño se refiere fundamentalmente a los aspectos económicos y de negocios.

Accidente: sugiere la posibilidad de cometer graves errores, aunque si lo sufren otros quiere decir que hemos estado cerca de un grave peligro pero que nos hemos salvado de él gracias a nuestra prudencia. Sin embargo, en general es

Interpreta

un sueño negativo que nos predice pérdida de la fortuna así como de los afectos que más nos interesan

Acechar: tanto acechar como ser acechado tienen un significado de angustia e inseguridad. Cuando se acecha a otros desconfiamos de las relaciones que podemos tener con nuestros allegados y cuando somos acechados quiere decir que todo aquello en lo que estamos inmersos se halla en una situación de inseguridad y de peligro.

Acelerar: casi siempre asegura que estamos padeciendo estrés que, cuando es positivo, nos lleva a la realización de nuestros sueños, pero que si es negativo nos conduce al fracaso de todo aquello que estemos dispuestos a iniciar o de algo que hayamos iniciado hace poco tiempo.

Acertijo: es un auténtico reto a nuestra inteligencia. Si se asocia con una sensación agradable quiere decir que hemos triunfado y alcanzado nuestros fines gracias a nuestra inteligencia e intuición; sin embargo, si se asocia con sensaciones desagradables quiere decir que tenemos que tener mucho cuidado, ya que los engaños de otros nos pueden conducir a situaciones difíciles.

Acicalarse: cuando los que van maquillados son los otros debemos tener mucho cuidado con engaños o mentiras que nos pueden perjudicar. Cuando el maquillado es el que sueña, quiere decir o que no nos conocemos a nosotros mismos o que no queremos conocernos. El maquillaje es la máscara que cubre la incapacidad que tenemos de llevar a cabo acciones que, por otro lado, sabemos que nos beneficiarán. En esta última circunstancia hay que tener mucho cuidado, pues la falta de conocimiento de nuestra propia personalidad nos puede acarrear males de difícil solución.

Aclamación: debemos estar alerta, ya que tras la aclamación a la que nos vemos sometidos van a surgir demandas que nos serán muy difíciles de cumplir. Atención, nuestra vanidad nos está haciendo objeto de la mofa y la burla de nuestros adversarios. Es de mal augurio cuando se busca, ya que indica que priman sobre los sentimientos otras circunstancias más fútiles.

Acoger: cuando en nuestro sueños somos acogidos por un hombre quiere decir que tenemos la protección necesaria para llevar nuestra vida adelante con seguridad; sin embargo, si quien nos acoge es una mujer debemos tener cuidado, ya que esto indica traición y rechazo.

Aconsejar: nos dejemos aconsejar o no nos dejemos durante nuestro sueño, significa que vamos a atravesar un período difícil más o menos largo que, sin embargo, no nos dejará huella ni consecuencias. Podemos esperar ayuda de aquellas personas que nos quieren.

Acostarse: es un período de espera o bien que estamos a prueba en algo (de un trabajo, por ejemplo). Acostarse con personas del mismo sexo quiere decir que tememos las críticas de los demás y que todas nuestras acciones están dirigidas a complacer al prójimo; sin embargo, acostarse con una persona de distinto sexo quiere decir que los períodos de incertidumbre están próximos a acabar y además con final feliz.

Actividad: soñar que somos unas personas muy activas y que estamos implicados en muchas cosas indica, si se asocia con un sentimiento agradable, que nos encontramos en una magnífica etapa de creatividad en nuestra vida que debemos aprovechar al máximo. Hemos de hacer caso a las nuevas ideas que se nos ocurran y ponerlas en práctica, ya que serán un éxito. Es un momento excelente para concluir con los asuntos que tenemos pendientes. Cuando está asociada a un sentimiento desagradable quiere decir que somos propensos a fantasear y que toda la fuerza se nos escapa por la boca; será un momento adecuado para tomarnos un respiro, pues este sueño suele estar relacionado con el estrés.

Acuchillar: significa que tenemos un conflicto afectivo que nos aqueja pero que, por causas indeterminadas, somos incapaces de solucionar, ya que de algún modo estamos muy alejados de las personas que nos interesan, bien porque tenemos muchos problemas y no podemos atenderlas, bien por una cuestión de cabezonería que nos impele a pensar que los que deben acercarse son los otros.

Acumular: el hecho de acumular cosas avisa de que podemos perder aquellos bienes que nos ha costado tanto trabajo conseguir. Si se trata de dinero quiere decir que tenemos que tener mucho cuidado con nuestros afectos, pues los podemos perder. También acumular en exceso cualquier tipo de objeto indica que estamos perdiendo el tiempo en el intento de conseguir cosas que están fuera de nuestro alcance y que debemos desistir de ello.

Acusar: cuando en el sueño nos acusamos en público quiere decir que nos reprochamos nuestras acciones. Si la acusación se hace en privado o delante de pocas personas indica que tenemos algún sentimiento leve de culpa al que podemos poner fácil remedio. Se debe interpretar de diversas maneras según el acusador sea hombre o mujer. En el primer caso nos sentimos culpables por algo que hayamos hecho y en el segundo es por algo que hemos dejado de hacer. También este sueño significa que vamos a recibir noticias inesperadas que nos resultarán desagradables.

Adiós: las despedidas significan abandono. Cuando se asocian con sensaciones agradables quiere decir que nos estamos alejando de cosas que no nos convienen, como pueden ser personas desagradables o malos hábitos, y si se asocia con una sensación desagradable nos indica todo lo contrario, es decir, que nos estamos alejando de personas beneficiosas para nosotros o que estamos incurriendo en hábitos perjudiciales. En otros casos nos predice que estamos próximos a reencontrarnos con alguien de quien llevamos separados largo tiempo y cuyo encuentro va a resultarnos muy agradable.

Adivinar: cuando la persona que ejerce la adivinación es aquella que sueña quiere decir que en ciertas circunstancias vamos a ser muy útiles a los que nos rodean, por lo que van a salir muy favorecidos con nuestra amistad. En el terreno amoroso gozaremos de una época de grandes satisfacciones.

Adoptar: estamos en un estado emocional que nos puede llevar a la enajenación, por lo que es aconsejable que tengamos más confianza en nosotros mismos y en la propia personalidad. Cuando soñamos que adoptamos a alguien quiere decir que en nuestro entorno nos van a pedir ayuda. Se asocia con un deseo frustrado de maternidad soñar con que se adoptan niños. Cuando soñamos que los adoptados somos nosotros indica que vamos a ser víctima de malos deseos por parte de otros. También señala que habrá problemas financieros.

Adulterio: soñar con el adulterio significa en todos los casos que no estamos contentos con nuestra situación, ya sea porque nos sentimos traicionados por los demás o porque somos nosotros los traidores. Da lo mismo que el adúltero sea hombre o mujer, ya que la sensación de insatisfacción nos invade por igual. Para poner remedio a esta situación debemos hacer gala de la máxima paciencia con los demás, pues esto nos llevará a resoluciones satisfactorias.

Adversidad: indica que debemos potenciar nuestra creatividad, ya que nos encontramos en un momento álgido para llevar a cabo proyectos (sobre todo artísticos) de los que obtendremos muy buenos resultados. Nos avisa de que debemos descansar durante una temporada para que nuestros proyectos futuros sean satisfactorios; proyectos que, por otra parte, si se inician con antelación fracasarán. De cualquier modo, este sueño está relacionado generalmente con éxitos tanto afectivos como materiales.

Afeitar: indica que se están haciendo grandes esfuerzos para agradar a los demás, lo que unas veces se consigue y otras no. La persona que afeita a otros en sueños debe prevenirse contra los engaños y las traiciones, ya que se encuentra en un estado muy proclive para ser traicionado por las personas de las que más se fía. Mucho cuidado en los negocios y muchísima precaución con el gasto de dinero en cosas superfluas, pues puede hacernos mucha falta para cubrir necesidades básicas.

Afinar: vernos afinando un instrumento nos indica que somos presa de la inestabilidad emocional. También simboliza confusión en nuestros pensamientos. Debemos concentrarnos para poner fin a esta situación que, por otro lado, no es nada agradable.

Agresión: este sueño indica precisamente lo que dice. Nos veremos agredidos por circunstancias ajenas a nosotros y deberemos sacar fuerzas de flaqueza para que estas agresiones no nos dejen señales para el resto de nuestra vida. Si se sueña que la agresión acaba nos será más fácil resolver nuestros problemas.

Ahogarse: este sueño está relacionado con un sentimiento de angustia que nos producen las situaciones que estamos viviendo, pues creemos que somos incapaces de superarlas; pero con un poco de paciencia y relajación se puede llegar a un final favorable para nosotros. También indica que un grave peligro nos acecha, al que habrá que hacer frente sin ayuda, pero que también podrá ser vencido a base de paciencia y trabajo.

Alabanzas: si somos nosotros los que las hacemos podemos esperar fidelidad de nuestros allegados, mientras que si somos objeto de ellas recibiremos traición e hipocresía. Se avecina una temporada en la que tendremos grandes éxitos en la vida social.

Alegría: significa todo lo contrario, penas y preocupaciones a las que habremos de enfrentarnos con todas nuestras fuerzas para salir airosos. Sufriremos desilusiones en el campo afectivo. En el terreno de los negocios las cosas marcharán bien.

Amamantar: concierne a las relaciones familiares. Significa felicidad, abundancia y éxito. También puede ser presagio de un futuro nacimiento. Es un buen momento para ampliar nuestros negocios o para subir en la escala social.

Amanecer: tras un período de dudas e indecisiones aparece en nuestro horizonte una época en la que todas las cosas se van a aclarar. Debemos esperar tiempos más felices. Nuestras relaciones serán especialmente agradables con los niños de la familia o con los hijos pequeños de los amigos.

Amarrar: este acto simboliza el deseo que tenemos de sujetar algo fuertemente. Puede ser que estemos sujetando a una persona para que no se nos escape o que lo estemos haciendo con nuestros propios sentimientos por medio de las propias frustraciones. Debemos ser más elásticos y tener en cuenta que nunca es positivo tener a alguien al lado a la fuerza; es mejor que pensemos en las causas que hacen huir a esa persona y poner remedio si ello es posible. En cuanto a nuestras propias represiones, debemos hacer un análisis exhaustivo de nuestro carácter y ser más condescendientes con nosotros mismos, ya que la rigidez a la que nos sometemos no produce resultados nada buenos. En el terreno afectivo no seremos muy afortunados.

Amenazas: significa lo que dice. Cuando las recibimos es que estamos amenazados por alguien o por algo y que el peligro está muy cercano. Son sinónimo de celos, mentiras, líos y situaciones muy difíciles.

Ametrallar: es señal de que tenemos gran capacidad de respuesta agresiva, que puede ser muy positiva si la encauzamos al campo creativo, pero debemos tener cuidado porque se puede volver en contra nuestra. Cuando nos vemos usando una ametralladora es señal de que tenemos una gran necesidad de responder con fuerza y rapidez a situaciones personales o de negocios. Se recomienda tener cuidado porque nuestras relaciones con los demás pueden verse dañadas a causa de esa agresividad. Deberemos ser especialmente cuidadosos en el trato con nuestra pareja.

Amor: en todos los casos soñar con el amor es de buen augurio. También significa que vamos a alcanzar nuestros deseos. Éxito económico y afectivo. Se aconseja aprovechar al máximo esta buena época que se avecina para fundamentar nuestras relaciones amorosas.

Amputación: representa una alteración de la personalidad por medio de la cual nos sentimos incapacitados para actuar como realmente quisiéramos. Puede tener un trasfondo de temor que sentimos hacia los demás. Suele ser presagio de dificultades económicas o de pérdida de una amistad. Debemos ser muy cuidadosos con nuestra salud, pues la enfermedad nos acecha.

Andar: es el símbolo de la resolución de la que hacemos gala a la hora de enfrentarnos a los problemas. Indica que somos personas que no damos vueltas innecesarias a las cosas y que actuamos con eficiencia. Es un sueño muy positivo.

Anidar: están surgiendo en nosotros nuevos sentimientos que todavía no somos capaces de entender pero que están en nuestro inconsciente. Debemos analizarnos seriamente y aprovechar esta oportunidad, ya que podemos encontrar un nuevo amor. Se avecina una temporada muy creativa.

Aparición: este sueño puede sernos favorable o desfavorable, todo depende de las circunstancias que lo rodeen. Si nos trae buenas noticias o se asocia a una situación agradable quiere decir que se presenta una temporada muy importante para nuestras vidas; pero si se presenta en una situación desagradable significa que se avecinan inconvenientes.

Apelar: cuando soñamos con cualquier tipo de apelación, bien la hagamos nosotros o la hagan otros, indica que hemos obrado con demasiada ligereza en el campo profesional y que debemos reconsiderar las cosas.

Apetito: representa el entusiasmo y las ganas de vivir. Cuando tenemos buen apetito augura un buen porvenir y felicidad, mientras que si lo tenemos malo indica que padeceremos contrariedades y tendremos problemas con nuestra salud.

Apostar: representa que estamos dispuestos a asumir un riesgo, pero también nos aconseja que no dependamos solamente del azar y que dispongamos de todos los medios a nuestro alcance para lograr el éxito.

Arrancar: varía mucho la interpretación del sueño según el contexto en el que se halle. Generalmente, cuando nos vemos arrancando algo indica la presencia de alguna frustración o represión y aconseja que seamos más tolerantes con nosotros mismos, porque si no nos encontraremos envueltos a situaciones muy desagradables. Deberemos hacer grandes esfuerzos para ver materializados nuestros proyectos. Los esfuerzos que hagamos se verán recompensados con el éxito.

Arrastrar: es urgente que recuperemos nuestro sentido común y que hagamos acopio de voluntad, porque hay algo que nos atrae fuertemente y nos está perjudicando. A base de esfuerzo y fuerza de voluntad lograremos salir de una mala situación en la que nos hallamos inmersos. También deberemos ser muy prudentes en las relaciones personales.

Arrendamiento: nos encontramos en una situación de dependencia que nos está perjudicando porque nos impide actuar por nuestra cuenta. Debemos darle la vuelta y sacar el máximo provecho que podamos. Si vemos que no hay manera de mejorar deberemos cortar por lo sano con todas aquellas personas con las que estemos en conflicto

Ascensión: cuando nos vemos ascender por una pared y logramos alcanzar la meta indica que también lograremos el éxito en nuestros proyectos. Es conveniente fijarse en los obstáculos con los que nos vamos encontrando, porque son un fiel reflejo de los que nos encontraremos en la vida real.

Asco: nos acecha un peligro desconocido. Prestar en el futuro el máximo de atención a los signos que se presenten ya que ellos nos pueden ayudar. Alguien que nos quiere mucho nos avisará de un gran peligro. Debemos tener cuidado con el dinero porque se producirán gastos inesperados relacionados con la salud.

Asear: nos estamos dando cuenta de que algo no marcha todo lo bien que debiera, por lo que estamos prestos a limpiarlo aunque nos cueste un gran esfuerzo. Hemos de poner el máximo afán en los proyectos que tenemos en marcha si queremos que sean exitosos.

Asediar: estamos sometidos a gravísimas presiones, por lo que deberemos tomarnos un tiempo para recapacitar y de ese modo conseguir salir de la situación que nos amenaza. Deberemos estar dispuestos a sufrir pérdidas en las negociaciones actuales, porque si no lo hacemos así en el futuro volveremos a sufrirlas corregidas y aumentadas, mientras que si las padecemos ahora nuestros problemas futuros se verán resueltos.

Asesinar: indica gran conflictividad en nuestros sentimientos. Debemos hacer frente a los conflictos que se nos presenten con gran sangre fría, ya que de otro modo podemos llegar a situaciones de violencia real. Si somos nosotros los asesinos quiere decir que se nos presenta una temporada muy conflictiva, pero en el caso de ser nosotros los asesinados es un presagio de felicidad y prosperidad.

Asociación: es de mal augurio para la marcha de los negocios y para la vida profesional, ya que anuncia pérdidas, obstáculos e inconvenientes con los que nos vamos a encontrar. Pérdidas económicas.

Atar: cuando soñamos que atamos a una persona quiere decir que se aproxima una situación muy conflictiva con actos y palabras malintencionados que irán acumulando rencores y dolor. Esta situación sólo se verá resuelta judicialmente. Por el contrario, si atamos a un animal salvaje indica que hemos triunfado ante nuestros enemigos, sobre todo en el campo de los negocios.

Aterrizaje: unos autores opinan que este sueño indica que nuestros conflictos van a tocar a su fin, pero otros dicen que es un sueño de mal presagio, pues predice que nuestros negocios se van a estancar y que padeceremos contratiempos y demoras que nos perjudicarán.

Autoridad: cuando la ejercen sobre nosotros quiere decir que se aproxima una temporada de conflictos y problemas que se resolverán judicialmente y que nos producirán a una pérdida de bienes irreparable. Cuando los que ejercemos la autoridad somos nosotros es presagio de debilidad.

Ayuno: indica que estamos siendo víctimas de nuestros excesos y aconseja prudencia, pues estamos poniendo en peligro nuestra salud. Tendremos preocupaciones económicas ocasionadas por el abandono en el que hemos dejado caer nuestros negocios.

Azotar: seamos nosotros los que azotemos o los que nos veamos azotados, este sueño significa que nos estamos autoculpando constantemente y que somos muy rígidos con nosotros mismos. Se aconseja relajación y ver las cosas desde otra perspectiva, ya que los castigos que nos estamos infligiendo no conducen a nada bueno.

Baile: representa el modo que tenemos de llevar todas nuestras relaciones, tanto las afectivas como las de negocios, y tiene además un claro componente sexual, por lo que si se asocia con una sensación de agrado nos augura éxitos en las relaciones amorosas, afectivas y de familia. Cuando estamos pensando en acudir a un baile quiere decir que estamos ante un período de alegría y prosperidad. Si soñamos con un baile de máscaras nos debe poner alerta ante los demás, ya que significa hipocresía y malas jugadas.

Bajar: puede indicar el final de una trayectoria determinada o de una actividad, siempre que realicemos la acción voluntariamente. Este sueño también puede tener relación con la degradación moral o social, sobre todo cuando llevamos a cabo el acto involuntariamente, obligados por otros. Nos augura preocupaciones financieras y problemas en el ambiente familiar; también que cumpliremos con desagrado nuestras obligaciones sociales, pues estamos en un momento en el que no deseamos tener mucha relación con las demás personas.

Besar: puede representar un acercamiento a alguien con quien deseamos tener una relación estrecha, aunque en determinados casos significa que vamos a cumplir un impulso reprimido. Cuando somos nosotros los que recibimos el beso, avisa de que vamos a ser víctimas de engaños por parte de otros.

Bigamia: contrariamente a lo que pueda parecer, soñar con que somos bígamos o lo es nuestra pareja augura unas muy buenas relaciones en nuestros afectos amorosos con un porvenir muy feliz. En el campo de los negocios deberemos aprovechar el tiempo, fundamental para alcanzar el éxito.

Blasfemia: es el reflejo de un estado de rebeldía que nos lleva a enfrentamos a situaciones que nos han sido impuestas. Máxima precaución, porque se avecina un futuro con problemas en el que se van a producir situaciones conflictivas que no estaremos en disposición de resolver favorablemente.

Boda: no quiere decir lo mismo para una persona soltera que para una casada. En el primer caso presagia alegría y felicidad, mientras que en el segundo da lugar a preocupaciones y problemas con la pareja. En el caso de que asistamos a nuestra propia boda si estamos solteros, quiere decir que van a surgir muchos cambios en nuestro modo de vida, mientras que si estamos ya casados va a dar lugar a conflictos con la pareja que pueden llevar a una ruptura de la relación. Pasaremos por una época de tranquilidad y sosiego en el aspecto económico.

Bofetada: seremos víctimas del fracaso en nuestros asuntos a causa de decisiones desacertadas. Seremos objeto de calumnias y se nos culpará de cierto tipo de situaciones. Recibiremos un escarmiento por parte de nuestros seres queridos del que seremos acreedores, lo que nos hará obrar en adelante con más prudencia.

Buscar: siempre indica inestabilidad. Si estamos buscando a alguna persona es reflejo de que tenemos graves conflictos con ella y para resolverlos debemos analizar fríamente la situación. En el caso de que estemos buscando algo indefinido predice conflictos en las relaciones personales y graves problemas en los negocios. También avisa de que nos veremos sumergidos en problemas judiciales que, con un poco de suerte, se resolverán a nuestro favor.

Cabalgar: suele ser el símbolo de nuestra actividad sexual; depende de quién marca la velocidad y el rumbo (si es el jinete o el caballo) querrá decir que somos nosotros los que tomamos la iniciativa o que somos llevados por las circunstancias. En cualquiera de los casos predice buenos momentos para las relaciones amorosas.

Calcular: si calculamos mientras soñamos es un indicio evidente de que tenemos preocupaciones económicas. Cuando realizamos las operaciones sin esfuerzo y nos salen bien, refleja que dominamos la situación. En caso contrario este sueño nos advierte de que debemos ser más precavidos en los asuntos económicos. Puede avisar de que el futuro nos depara obligaciones financieras con las que no contábamos, pero para las que encontraremos la solución adecuada.

Cantar: si soñamos que cantamos y está relacionado con una sensación de pena, quiere decir que estamos en un momento depresivo y que necesitaremos de toda la ayuda que nos puedan prestar para salir adelante. Si está asociado a una sensación agradable indica que necesitamos alguna válvula de escape para nuestros sentimientos, ya que estamos deseando entregar nuestro amor y cariño. Si oímos una canción alegre anuncia buenas noticias, mientras que si es triste las noticias que recibiremos serán malas.

Carnaval: es un sueño recurrente. Soñar con esta fiesta aconseja que nos libremos de las inhibiciones que nos impiden mostrarnos tal como somos; cuando aprendamos a hacerlo nos daremos cuenta de que nos va mucho mejor. El carnaval siempre está asociado con la fiesta y la alegría y no disfrutar de él conducirá al aburrimiento y al pesimismo.

Catástrofe: es el símbolo que nos indica que todo nuestro mundo está próximo a cambiar. Si la catástrofe es de grandes dimensiones es buen augurio, ya que predice que vamos a dejar atrás una vida para empezar otra mucho más satisfactoria; pero debemos ser prudentes para aprovechar este cambio y todos los beneficios que conlleva. Todo esto no va a ser gratuito y debe ir acompañado de mucho esfuerzo por nuestra parte. Deberemos tomar importantes decisiones que, si son acertadas, nos proporcionarán un largo período de felicidad y paz; en caso contrario podemos padecer pérdidas irreparables.

Claridad: cuando aparece en nuestros sueños indica que las señales positivas se van a ver aumentadas y las negativas atenuadas. En términos generales es de buen agüero.

Cocinar: cuando nos vemos cocinando en un local que está limpio, ordenado y bien provisto, es buen augurio, pues dice que nuestros asuntos van viento en popa y que, además, se avecinan cambios ventajosos. Si vemos a otra persona cocinando indica que nuestro ambiente familiar se va a ver muy beneficiado por acontecimientos imprevistos. En general este es un sueño positivo, pues sólo predice cosas buenas en todos los aspectos.

Cólera: se refiere a la ira, no a la enfermedad. Supone perder el control de nuestras acciones y refleja situaciones estresantes que nos están haciendo sufrir mucho. Si la soportamos indica que tenemos graves problemas con los que nos rodean y que, además, nuestra situación afectiva se está viendo en peligro a causa de los celos. Debemos calmarnos y descansar para evitar que ese estrés nos afecte profundamente.

Comer: básicamente se relaciona con el sentimiento de hambre, ya sea de alimentos o se refiera a cualquier otro tipo de carencias. Si soñamos que comemos en abundancia es señal de que estamos faltos de cariño y que alimentándonos nos satisfacemos y suplimos esta carencia. También indica que nos sentimos infravalorados socialmente. Cuando comemos cosas que no nos gustan significa que estamos en abierta crisis con la situación que nos rodea y que por más que hagan los otros para que nos sintamos valorados, de poco va a servir. Cuando el comer está asociado con sentimientos agradables y comemos lo que nos gusta, significa que hemos hallado el camino para estar contentos con nosotros mismos y en nuestras relaciones con los demás. Cuando comemos con los dedos o de malas maneras indica que debemos tener cuidado con las críticas y las acciones de los demás, ya que nos puedan perjudicar.

Competición: participar en competiciones significa que tenemos un viaje a la vista y también gastos inesperados. Ganar en las carreras es positivo, excepto para las personas enfermas, que será mal augurio. Cuando competimos con un familiar o una persona muy allegada es indicativo de disputas y conflictos que pueden llegar a las manos con lesiones graves para las otras personas. Cuando competimos con desconocidos nos predice que vamos a padecer alguna enfermedad peligrosa, aunque en ningún caso nos llevará a la muerte.

Confesión: tanto si el soñante es el confesor como si es quien recibe la confesión, este sueño indica que debemos tener mucho cuidado con los que nos rodean, ya que podemos ser víctimas de sus engaños y mentiras. Nos veremos muy perjudicados por intrigas ajenas a nosotros.

Correr: es el reflejo de una situación de angustia por la que estamos pasando y de la cual deseamos escapar. A veces advierte para que seamos prevenidos.

Cortar: indica la presencia de situaciones angustiosas o de conflictos emocionales a los cuales no sabemos dar solución. Es de mal agüero porque además nos predice serios problemas y fracaso en general; también pérdidas económicas y preocupaciones afectivas.

Cosecha: cuando es buena quiere decir que vamos a vivir en felicidad y abundancia, mientras que si es mala predice que vamos a ser víctimas de la mala suerte. Cuando la vemos destruida augura desgracias.

Crecer: cuando vemos crecer cosas o animales indica que el símbolo que éstos representen en el sueño se verá ampliado. Cuando vemos crecer a otras personas la interpretación dependerá de la asociación que hagamos con ello; puede ser un sueño de buen o mal augurio, ya que si la situación es amenazante nos indica que seremos objeto de oposición por parte de quienes crecen, mientras que si la asociación es agradable significa que nos apoyarán. Cuando nos vemos crecer a nosotros mismos quiere decir que la situación estará a nuestro favor.

Cruzar: indica que vamos a acceder a situaciones diferentes de las que ahora vivimos que pueden resultar beneficiosas; pero que para acceder a ellas deberemos sortear algún tipo de obstáculo.

Danza y canto: cuando se baila dentro de la propia casa estando presentes sólo los familiares y los allegados es símbolo de felicidad y es positivo para toda clase de personas. También es de buen augurio ver bailar al cónyuge y a los hijos. Para aquellos que estén presos significa que pronto van a ser liberados y para las personas inmersas en situaciones conflictivas augura que poco a poco van a salir de las dificultades.

Decapitar: según los antiguos la decapitación es mala señal para todas aquellas personas que tienen padres o hijos y, sin embargo, es buena para quienes están condenados a muerte o para quienes corren el riesgo de morir por enfermedad o trabajo. Para banqueros o personas que actúan en bolsa o en grandes negocios es anuncio de que van a sufrir grandes pérdidas y para aquellos que se hallen inmersos en pleitos quiere decir que van a ganarlos. Para los autores modernos tiene otros significados: si soñamos que somos decapitados indica que vamos a tener noticias gravísimas sobre un familiar o un allegado, llegando inclusive a predecir la muerte de un ser querido. Sin embargo, si asistimos a una decapitación tiene augurios felices, ya que predice que vamos a salir triunfantes de nuestros problemas y que tendremos grandes ganancias en el campo económico.

Déficit: nos hallaremos en una situación en la que tendremos que soportar las consecuencias de errores cometidos en el pasado.

Deformidad: puede ser indicativo de un impulso íntimo mal encauzado o de una atracción o una repulsión aceptada conscientemente. Soñar con cualquier tipo de deformidad anuncia que vamos a ser víctimas de la maledicencia. Augura penas y pérdidas importantes.

Derribar: significa que tenemos obstáculos para la consecución de nuestros fines. En el sueño el acto de derribar es un claro símbolo de que vamos a vencer todas las dificultades que aparezcan en nuestro camino, para lo que serán necesarios tesón, esfuerzo y una gran fuerza de voluntad.

Desaparición: este sueño puede tener algún significado sexual, ya que indica que no nos sentimos seguros en este campo y que de alguna manera en este tipo de relaciones nos sentimos inferiores a nuestra pareja. También puede significar indiferencia ante los problemas de los demás.

Descuartizamiento: esto siempre simboliza una fuerte contradicción en el soñante. Soñar con descuartizamientos propios o de los demás indica que nos hallamos frente a un gravísimo conflicto debido a nuestros intereses que nos impide tomar decisiones cuando se enfrentan conceptos morales, económicos o afectivos. No sabemos cómo obrar y esto nos produce una sensación de angustia difícil de superar.

Desenterrar: soñar con esto indica que se avecina una temporada muy difícil que nos va a poner a prueba. Cuando soñamos que desenterramos a una persona quiere decir que padeceremos un alejamiento importante de todos aquellos que nos importan o que vamos a sufrir una ruptura sentimental que nos va a hacer mucho daño. También predice problemas de salud. Si lo que desenterramos es un objeto, anuncia un acontecimiento que puede ser muy favorable.

Desgarrar: tal como lo interpretan diversas religiones, si desgarramos nuestras propias vestiduras es símbolo de un gran sufrimiento interior y de duelo. Si nos las rasgan otros indica que vamos a ser víctimas de humillaciones y mofas.

Desgracia: cuando soñamos que caemos en desgracia significa que vamos a pasar una racha de mala suerte y que vamos a padecer humillaciones por parte de personas que nos importan mucho. También implica pérdidas económicas y mala gestión en los negocios. Cuando los que caen en desgracia son otros quiere decir que el soñante superará todos los problemas que se le avecinen con bastante facilidad y que conseguirá que estas dificultades no dejen huella en él.

Desnudez: todos en nuestra vida hemos soñado alguna vez que estamos desnudos en público. Esto tiene que ver con la indefensión que en algún momento sufrimos (incluso los más fuertes). Es un sueño que habla de sinceridad y de la necesidad que tenemos de manifestarnos tal como somos, por lo menos en algunas ocasiones, ya que nuestra vida habitual nos obliga a llevar una máscara que nos hace sentirnos incómodos pero que no nos quitamos porque nos dan miedo las represalias que puedan tomar contra nosotros. Este sueño aconseja que intentemos ser más honestos con los demás y con nosotros mismos, aunque no hay que bajar la guardia ante nuestros enemigos. Cuando va acompañado de un sentimiento desagradable quiere decir que nos hallamos en una situación de desamparo frente a alguna o todas las circunstancias de nuestra vida. Raras veces va acompañado de sentimientos sexuales que, por otro lado, sería conveniente que satisficiéramos, ya que de otro modo nos llevará a represiones que influirán negativamente en nuestra vida sexual. Cuando soñamos que estamos desnudando a otra persona es augurio de que las esperanzas que tenemos en nuestras gestiones no se van a cumplir y que tendremos problemas financieros de cierta envergadura. La desnudez también puede significar que se acercan problemas judiciales.

Despido: cuando soñamos que somos despedidos es una advertencia de que existe un peligro grave que nos acecha, sobre todo referente al trabajo o a los negocios. Tendremos desacuerdos con nuestros superiores o con nuestros clientes que nos llevarán a situaciones muy complicadas. Cuando el despido afecta a otros quiere decir que no tenemos confianza en las personas que se prestan a ayudarnos en nuestros negocios y que vamos a prescindir su ayuda.

Deudas: cuando soñamos que tenemos deudas y que somos capaces de saldarlas quiere decir que se avecina una época en la que nuestros problemas serán resueltos favorablemente y que tendremos ocasión de aprovecharnos de circunstancias favorables que se presentarán. Cuando lo que hacemos en el sueño es contraer deudas significa que se avecina una época de conflictos y que vamos a sufrir la maledicencia de nuestros allegados. Este sueño aconseja que nos mostremos firmes en nuestras opiniones, pues cualquier cambio nos llevará a situaciones comprometidas. Ante los juegos de azar deberemos ser especialmente prudentes.

Disminución: si ante nosotros aparece cualquier cosa disminuyendo significa que corremos el peligro de ver nuestro patrimonio disminuido. También indica que tenemos necesidad de afecto.

Divorcio: contrariamente a lo que pudiera parecer, soñar con divorcio supone que se avecina una época en la que nuestras relaciones sentimentales se verán fuertemente fortalecidas y que hemos hallado un amor perdurable en el tiempo. En el terreno de los negocios se pueden producir asociaciones beneficiosas.

Domar: representa la necesidad que tenemos de controlar las situaciones. Cuando aparece un domador que tiene a sus fieras bien amaestradas significa que lo conseguiremos. Alcanzaremos el triunfo en negociaciones difíciles siempre y cuando mantengamos la vigilancia.

Dormir: cuando aparecemos en un sueño dormidos o a punto de dormirnos es augurio de que debemos prestar atención a nuestros asuntos, ya que los tenemos abandonados. Puede ser un síntoma de agotamiento con el que tenemos que llevar especial cuidado, pues puede desembocar en una enfermedad. Cuando asociamos el dormir a una sensación desagradable indica que vamos a sufrir pérdidas irreparables, mientras que soñar que se duerme con la persona amada sugiere felicidad y prosperidad. Cuando soñamos que dormimos en una cama desconocida es anuncio de momentos difíciles que podremos superar con un poco de paciencia y buena voluntad.

Eclipse: como se podía prever, soñar con un eclipse indica que encontramos obstáculos para cumplir nuestros deseos. Sólo la espera nos pondrá en situación de resolver conflictos y alcanzar nuestros fines. No podemos hacer nada para adelantar acontecimientos, por lo que se sugiere mucha paciencia. Este sueño también está asociado con la tristeza y puede que alguien que nos importa mucho sufra algún percance grave o padezca una enfermedad larga y dolorosa.

Eco: representa inercia en las actividades, falta de iniciativa y murmuraciones. Podemos interpretarlo como un mensaje de prudencia y para darle otras interpretaciones se deberá ver qué papel juega en el contexto del sueño.

Edificar: es un sueño de buen agüero, ya que significa construcción, creación y progreso, factores que son altamente beneficiosos. Nos encontramos en un momento muy productivo que deberemos aprovechar al máximo.

Efebía: para aquellas personas que practiquen la artesanía este sueño significa ociosidad y falta de trabajo. Si se tienen proyectos de viajar surgirán inconvenientes que retrasarán o cancelarán ese viaje. Si estamos fuera de casa indica que pronto vamos a volver. Para las personas ancianas predice la muerte.

Ejecución: el significado depende de si nos hallamos en la situación de la víctima o en la del verdugo. En el primer caso quiere decir que somos presa de la culpabilidad y cuando nos vemos como verdugo indica que estamos en rebeldía contra las imposiciones de la vida. Cuando nos vemos ejecutar es símbolo de mala suerte y desgracia en general, que nos acarreará pérdidas de índole material y problemas de afectividad. También debemos tener cuidado con la salud, pues podemos ser víctimas de una enfermedad. Ser testigo de una ejecución augura éxito en nuestros negocios e indica que recobraremos nuestros derechos y que saldremos vencedores en los litigios que nos queden pendientes. Tendremos algunos gastos inesperados de dinero, pero no nos causarán graves perjuicios.

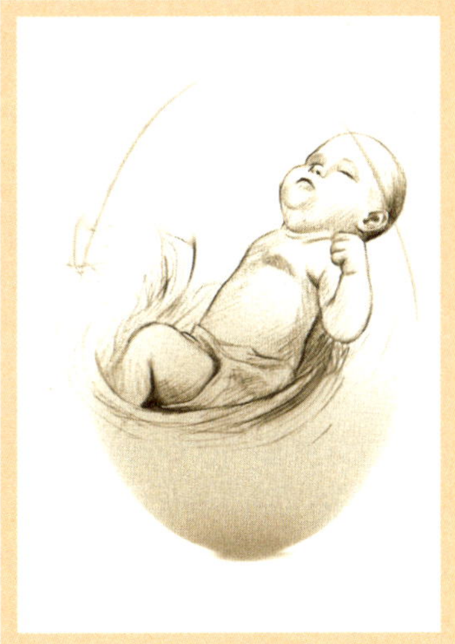

Ejército: simboliza una agresión que estamos padeciendo y cuyos efectos queremos paliar apoyándonos en los demás. Cuando vemos un ejército en campaña anuncia discordias y separaciones y también que se avecina un período de tristeza que nos será muy difícil remontar. Cuando vemos al ejército en época de paz augura que recibiremos comprensión por parte de los demás y que alcanzaremos la tranquilidad tanto tiempo anhelada. En los negocios nos augura el éxito siempre y cuando hagamos caso de las opiniones de los que nos aconsejan.

Embarazo: este sueño se produce con frecuencia en las personas que quieren ser padres, lo que indica que es su subconsciente el que lo dirige. Nos sugiere que tengamos paciencia con nuestros planes, ya que precisan de maduración para su cumplimiento. Tiene distintos significados según la situación del que lo sueña: para las mujeres en general augura el cumplimiento de sus sueños; para los hombres la desgracia y para las mujeres mayores decepción. Los antiguos interpretaban que si la persona que soñaba con estar embarazada era pobre, iba a ser capaz de adquirir muchos bienes, y si en cambio era rica le auguraba preocupaciones y problemas. En la actualidad tiene un significado muy positivo para todos los temas relacionados con la economía, porque favorece los negocios y hace que nuestras inversiones sean muy productivas. En el aspecto laboral alcanzaremos el éxito.

Empleo: cuando soñamos que buscamos un empleo es signo de que vamos a pasar por cambios favorables que nos llevarán al triunfo de nuestros proyectos. Cuando es otra persona la que está buscando empleo quiere decir que estamos ayudando a alguien a conseguir sus logros, pero que nosotros nos hallamos en situación de desamparo, aunque podemos salir de ella con relativa facilidad. Si soñamos que tenemos un empleo fijo y que es satisfactorio, significa que es un buen momento para adquirir un animal doméstico, pues podremos entablar una relación entrañable con él.

Engendrado por una mujer: Artemidoro de Daldis decía que soñar con ser engendrado por una mujer tiene gratos significados para un pobre, ya que representa que se verá protegido y ayudado y que dispondrá de personas que le cuiden y le ayuden a salir de la adversidad. Para los ricos este sueño no tiene significados tan agradables, pues representa que no podrá controlar su casa ni sus negocios porque se verá envuelto en situaciones en las que un desconocido tomará las decisiones por él y además las otras personas las aceptarán. Para aquellas personas que por su trabajo, estudios o cualquier otra causa se hallen lejos del hogar, significa que volverán a casa. Para una persona que se encuentre gravemente enferma significa la muerte o retornar a la tierra.

Entierro: si soñamos que asistimos a nuestro propio entierro es señal de que pronto vamos a salir de una situación en la que no nos encontrábamos a gusto y que nos liberaremos de nuestra tristeza y de nuestras miserias. Se avecinan períodos de felicidad y de estabilidad. Si asistimos a un entierro, ya sea de personas conocidas o desconocidas, anuncia problemas profesionales y económicos con grandes pérdidas de dinero; si estamos pensando en un nuevo negocio debemos posponerlo, ya que no es el momento indicado para iniciar actividad alguna. Cuando lo que soñamos es que nos están enterrando vivos o que ya lo han hecho es una señal de muy mal augurio, por lo que deberemos estar prevenidos ante todo, ya que estamos en una situación malísima en la que nada se desarrollará de acuerdo con nuestras expectativas, tanto en el terreno de los negocios como en lo sentimental y afectivo.

Entrelazar: indica que estamos deseosos de entablar nuevas relaciones o estrechar las existentes en todos los campos, tanto en en el de los negocios o profesional como en el de la vida afectiva. También sugiere que estamos deseosos de estrechar relaciones sexuales con alguna persona.

Envenenar: si soñamos que estamos envenenando a alguien quiere decir que estamos pasando por una temporada de conflictos con alguna persona y que los proyectos que tengamos en mente se verán frustrados. Por el contrario, si somos envenenados augura situaciones favorables en todos los campos y en el caso de hallarnos en una situación desfavorable nos ayudará a salir de ella mucho mejor y más rápido de lo que nos esperamos.

Envolver: representa la represión. Es el deseo que tenemos de tapar u ocultar algo. Según sea la envoltura corresponderá al grado de nuestras represiones.

Escalar: este sueño representa el esfuerzo que estamos haciendo para conseguir nuestras metas.

Acciones

Cuando escalamos logramos conseguir todo aquello por lo que estamos luchando, pero sólo saldrán bien las cosas si aparte de escalar bajamos bien. También significa que por muchos obstáculos que nos encontremos en el camino, seremos capaces de saltar por encima de ellos y conseguir nuestros fines, aunque a veces pagando un alto precio por ello. Cuando soñamos que caemos durante una escalada advierte que debemos llevar un especial cuidado en los avances, ya que una caída en estos momentos puede significar un grave desequilibrio. Las consecuencias de una caída durante la escalada pueden ser muy graves para nuestra economía.

Evasión: si soñamos que somos nosotros los que nos evadimos es signo de que vamos a abandonar las circunstancias que nos son desfavorables en la vida. Siempre es un cambio favorable que redundará en beneficio de nuestros negocios y símbolo de que nuestra vida afectiva va a mejorar sensiblemente.

Examen: indica la incertidumbre que sentimos ante las circunstancias que atravesamos, por lo que debemos adquirir seguridad en nosotros mismos y así evitar épocas de angustia que nos harán sufrir mucho. Cuando nos vemos preparando un examen indica que tenemos nuevos proyectos a la vista y que, además, vamos a sufrir cambios favorables, aunque requieran ciertos sacrificios. Si nos vemos fracasar en uno sugiere que los proyectos deberán ser revisados atentamente para evitar así que se vayan al traste. Se avecina un período de espera y de sacrificios.

Exilio: cuando somos nosotros los que lo sufrimos augura un cambio muy profundo provocado por cuestiones económicas o afectivas; en cualquier caso, en adelante no vamos a funcionar como lo hacíamos hasta ahora. Los cambios serán positivos si somos nosotros mismos los que hemos decidido dar la vuelta a nuestra existencia, pero en el caso de que nos sean impuestos por distintas circunstancias serán negativos. Debemos ser fuertes pues según la manera en que los afrontemos los resultados finales pueden ser muy distintos.

Fábula: es presagio de gratos momentos en la intimidad. Si la fábula tuviese moraleja se le debe prestar atención. En los negocios nos aconseja prudencia y hacer acopio de toda nuestra profesionalidad para no embarcarnos en aventuras que pueden ser muy perjudiciales.

Falsificación: realizar este tipo de actos es presagio de grandes dificultades, sobre todo si se hace con documentos oficiales. Tendremos problemas muy serios de los cuales no podremos protegernos, con las consiguientes pérdidas financieras. Nos sentiremos abandonados y despreciados.

Familia: cuando se presenta en nuestros sueños sana, sonriente y bien avenida, es augurio de felicidad y de buenos tiempos en todos los aspectos; pero cuando se muestra en malas condiciones y con feo aspecto hay que esperar contrariedades, malentendidos y graves peleas. Cuando lo que vemos es una familia que no es la nuestra, anuncia riñas y situaciones especialmente graves en las que sin querer nos veremos implicados.

Fatiga: representa justamente lo que es. Si en el sueño nos vemos fatigados quiere decir que el cansancio moral y el agotamiento han hecho presa de nosotros y nos encontramos en una situación de adversidad de la que será muy difícil salir. Todas las precauciones que se tomen respecto a la salud serán pocas. En el terreno laboral gozaremos de cierta estabilidad que será muy beneficiosa.

Fealdad: es mal augurio, puesto que si somos nosotros los feos quiere decir que hemos sido víctimas de situaciones desfavorables cuyas consecuencias todavía sufrimos, y cuando vemos feos a los demás indica que alguien tiene malas intenciones respecto a nosotros.

Fecha: cuando en nuestros sueños aparezca una fecha determinada debemos tenerla muy presente, ya que indica que en dicha fecha va a suceder algo muy importante para nosotros. Este sueño no es de buen ni de mal agüero, simplemente nos avisa de algo.

Fiesta: cuando participamos en una fiesta familiar quiere decir que a pesar de estar pasando en este momento por dificultades y graves decepciones, se aproxima una buena temporada en la que recibiremos ayuda y nuestros males sólo serán pasajeros.

Flagelación: representa condena o reproches, ya sea hacia nosotros mismos o hacia los demás. Nos avisa de que tenemos que poner remedio a todas aquellas situaciones en las que hayamos perjudicado a los demás o ver la forma en que recuperemos el respeto del prójimo. Tenemos que analizar fríamente el origen de esta situación e intentar poner remedio lo antes posible.

Fortuna: soñar con este elemento tiene interpretaciones contradictorias. Si soñamos que poseemos una fortuna anuncia graves dificultades económicas con fuertes pérdidas de dinero, mientras que si soñamos que carecemos de ella el sueño augura un futuro lleno de éxitos profesionales, con la consecuente llegada de dinero a nuestros bolsillos.

Frío: si estamos en un momento especialmente delicado de nuestra existencia soñar con frío indica que las dificultades van a provocarnos problemas de salud y psicológicos; este sueño avisa de la necesidad de tomar precauciones para que no nos veamos afectados excesivamente. Por lo general el frío va asociado a una época de dificultades, pero si soñamos que nos resguardamos de él en un refugio acogedor y caliente indica que pronto saldremos de ellas, a pesar de que nos costará muchísimo esfuerzo.

Fuego: simboliza la lucha y el esfuerzo. Según las condiciones en las que se vea puede tener diversos significados. Cuando el fuego es pequeño es símbolo de amor y ternura, mientras que si es muy grande simboliza cólera y enfrentamientos con personas a las que queremos. Cuando arde mal y echa mucho humo presagia dificultades en nuestra salud, augurando una próxima enfermedad que si bien no será muy grave, requerirá muchos cuidados. Cuando sentimos que las llamas son amenazantes quiere decir que debemos tener cuidado con nuestros negocios y con nuestro dinero, ya que se avecinan circunstancias que querrán arrebatárnoslo y correremos riesgos gravísimos en los negocios. Cuando avanzamos firmemente entre las llamas es símbolo de determinación y valentía, circunstancias que nos harán obtener éxito en aquello que tengamos en marcha o que estemos prontos a iniciar, ya sea en el terreno familiar, de negocios o afectivo. Si soñamos que estamos encendiendo un fuego quiere decir que pronto vamos a recibir gratas noticias; en cambio, si apagamos un fuego será señal de fracaso y frustración y también anuncia que corremos el riesgo de contraer alguna enfermedad.

Funerales: este sueño augura que tras momentos muy difíciles vamos a resurgir. Es el símbolo de que se acaba una mala etapa y comienza otra más feliz. Predice tiempos felices y de éxito afectivo. Los negocios marcharán bien y se obtendrán beneficios. Seremos apreciados profesionalmente y nuestros enemigos reconocerán nuestros méritos, por lo que no nos harán difíciles las cosas.

Germinar: es muy buen augurio porque significa que nuestros proyectos van a salir adelante sin ninguna dificultad. Nos veremos rodeados de circunstancias que nos favorecerán en todos los campos.

Acciones

Gimnasia: según Daldis las esferas en general (balón, pelota) indican rivalidades ilimitadas; las pesas indican ociosidad; los saltos de altura falta de rivalidad. De todos modos, practicar cualquier tipo de gimnasia es buen augurio, ya que predice éxito y felicidad y que seremos capaces de dirigir nuestra propia vida sin interferencias de los demás.

Gloria: significa que no estamos de acuerdo con nuestra situación actual. Contrariamente a lo que se podría suponer, este sueño anuncia una época de inseguridades e incertidumbres donde el desconcierto se hará amo de nuestra vida. Podemos esperar el fracaso de nuestros proyectos.

Gobierno: este sueño en general es malo, ya que augura fracaso en los negocios.

Golpes: generalmente es un sueño de mal agüero. Los golpes representan los problemas y las trabas que encontramos en nuestro camino. Si somos nosotros los que golpeamos significa que estamos poniendo trabas a los demás, mientras que si recibimos los golpes quiere decir que nos las están poniendo a nosotros. Dependiendo del modo en que encajemos los golpes podremos salir o no airosos de este tipo de situaciones. También es importante tener en cuenta lo que se golpea: si se trata de una puerta quiere decir que vamos a recibir malas noticias, mientras que si golpeamos a una persona indica que se avecinan litigios y problemas judiciales. El sueño en que se golpea hierro tiene un fuerte significado, ya que avisa de que se avecinan tiempos muy penosos en los que tendremos problemas en todos los frentes, llegando la mayoría de ellos a los juzgados, que no tomarán partido por nosotros.

Gritar: puede querer decir que nos encontramos bajo una fuerte presión; soñar que gritamos nos ayudará a liberarnos de ella. Cuando en el sueño oímos un grito es un mal augurio, ya que representa preocupaciones graves y dificultades importantes. También es símbolo de soledad.

Guerra: representa inseguridad y desconfianza. El solucionar los problemas de una forma inmadura e infantil que viene inducida por una falta de confianza en nosotros mismos nos sugiere que es mucho más fácil usar la violencia que utilizar el ingenio y la inteligencia. Como la propia guerra, este sueño significa discusiones violentas con las personas de nuestro entorno, problemas en los negocios, dificultades para conseguir lo que queremos y fracaso en nuestros proyectos. Si no somos fuertes ante las difíciles situaciones que se nos presentan estaremos abocados al fracaso, mientras que si resistimos y tenemos paciencia todos estos problemas se irán resolviendo uno a uno gracias a que les haremos frente con entereza y madurez.

Hablar: tiene tantos significados que es difícil explicar todas las interpretaciones posibles, pero aquí vamos a dar las más generales. Hablar siempre representa la necesidad que tenemos de comunicarnos con los demás. Hablar sin sentido es símbolo evidente de deficiencias afectivas; cuando lo hacemos es que estamos requiriendo más atención porque nos creemos ignorados y desatendidos. Cuando hablamos con lógica y sensatez quiere decir que nos hallamos ante una situación en la que somos capaces de hacer frente a todas las contingencias que se nos presenten, ya que veremos los problemas con ecuanimidad y plantearemos soluciones que serán siempre beneficiosas precisamente por haberse llegado a ellas con tranquilidad y concreción. Cuando nos vemos hablando en lenguas extranjeras que en la realidad no conocemos significa que debemos ver nuestros proyectos desde diferentes puntos de vista para tomar la decisión más correcta. Cuando oímos hablar a otras personas significa que debemos prestar atención a sus opiniones, sobre si son personas que nos quieren bien, para después tomar las decisiones más convenientes. Si lo que oímos es una voz agradable es un buen augurio, mientras que es algo negativo escuchar una voz que no nos agrada. Si soñamos que tenemos dificultades para hablar indica que estamos rodeados de un ambiente que no es todo lo agradable que esperábamos y que debemos buscar nuevos afectos que nos harán sentirnos mejor.

Hallazgo: supone un encuentro inesperado con algo que nos va a ser beneficioso, ya que nos permitirá hacer frente a ciertos problemas que se nos han presentado.

Helada: puede anunciar la presencia de enfermedades. También es símbolo de decaimiento que puede afectar nuestra vida laboral y afectiva. Se presenta una época no muy favorable a la que sin embargo no debemos temer, pues es preludio de tiempos mejores.

Herencia: según la circunstancia en que la recibamos puede significar cosas diferentes, ya que recibir una herencia es algo que no podemos evitar. Generalmente es símbolo de intrigas, discusiones, deudas financieras, separación afectiva y desamor. Cuando recibimos una herencia y la rechazamos quiere decir que en una situación dificultosa para nosotros se va a producir un cambio que nos favorecerá.

Hipocresía: este sueño significa justo lo que es, es decir, que nos veremos acompañados por una persona hipócrita, lo que advierte de engaños y traición bajo una máscara de amabilidad. Cuidado, porque estamos en una situación de peligro.

Hipoteca: es señal de que se van a adquirir fuertes compromisos financieros y avisa para que seamos prudentes y nos aseguremos de que vamos a ser capaces de hacerles frente. También significa que tendremos apremios de dinero o litigios que se verán pronto solucionados.

Homicidio: cuando soñamos que somos nosotros los que cometemos un homicidio es señal de que nos veremos abocados a una mala situación con resultados irreparables, mientras que si lo vemos advierte de que nos podremos encontrar en situaciones que nos harán sufrir. En todo caso, cuando tenemos este sueño debemos ser prudentes con nuestras iniciativas, ya que la falta de cautela llevaría al fracaso de nuestros proyectos. Cuando somos nosotros los asesinados significa que vamos a caer en la mala suerte y la desgracia.

Huellas: cuando las huellas que vemos son las nuestras es augurio de éxito y prosperidad; pero si son borrosas significan vacilación e incertidumbres. Cuando son de otros indican que debemos desconfiar en el terreno de los negocios para vernos a salvo de engaños, sobre todo desconfiar de aquellas personas que parezcan muy interesadas en nuestra vida profesional. Nos veremos firmemente apoyados por personas que nos quieren y que nos ayudarán a alcanzar metas que de otro modo sería muy difícil conseguir.

Huracán: deberemos tener los pies firmemente arraigados en la tierra para no vernos arrastrados por las circunstancias desfavorables que se avecinan.Tendremos que hacer frente a un largo período lleno de inconvenientes y deberemos recabar todo el apoyo posible para salir airosos de esta circunstancia. A largo plazo podemos esperar tranquilidad.

Iluminación: según se presente este sueño tendrá diferentes significados. Si nos encontramos ante una iluminación apropiada a las circunstancias, es augurio de éxito; se presenta un futuro muy agradable. Cuando la iluminación es débil hemos de estar preparados para sufrir problemas de cierta intensidad, fracaso en nuestras operaciones y un ambiente familiar tenso.

Acciones

Imitación: verse imitando a otras personas es una clara señal de que carecemos de originalidad y de personalidad. Esto es perjudicial para la toma de decisiones.

Impaciencia: verse en ese estado augura que vamos a tomar decisiones erróneas que serán perjudiciales para nosotros y nuestros intereses. Se avecinan dificultades que requerirán el dominio de nuestros sentimientos para su superación.

Incesto: es mal augurio. Las personas que sueñan con el incesto suelen tener una fuerte dependencia con la madre y padecen inmadurez e incapacidad para tomar decisiones por sí mismas. No es un sueño muy común, pero siempre que lo tenemos nos hace sentirnos culpables. Indica que debemos romper con las situaciones presentes que no nos satisfacen, a pesar de que nos sea muy costoso, e iniciar una nueva vida con nuevas relaciones que nos harán mucho más felices. A veces, las menos, es símbolo de desgracias en el hogar.

Infidelidad: si somos nosotros los que cometemos un acto de infidelidad quiere decir que, por los motivos que sea, no estamos de acuerdo con las relaciones que tenemos establecidas con los demás y que nos ahogan, por lo que debemos estar dispuestos a romper este tipo de vínculos y establecer otros o mantener los antiguos pero dándolas un giro total. Si somos nosotros las víctimas quiere decir que vamos a tener buenas relaciones afectivas y familiares que se verán coronadas con el éxito y con el amor.

Injusticia: cuando soñamos que cometemos injusticias quiere decir precisamente eso, que no actuamos con la debida moralidad, que alcanzamos nuestras metas sin importarnos los medios que usamos para ello; pasamos por alto tanto las conveniencias como los sentimientos de las demás personas, lo que nos llevará a una situación en la que no seremos apreciados por nadie y que al final nos hará sufrir. Si soñamos que sufrimos una injusticia augura que tendremos mala suerte y que todas las iniciativas que hayamos tenido no van a favorecernos a nosotros, sino que serán útiles sólo para nuestros enemigos.

Inmovilidad: es señal de un complejo de inferioridad cuando lo que soñamos es que no podemos movernos por causas ajenas a nosotros; pero en ocasiones este sueño se corresponde con alguna incomodidad que estamos padeciendo. También refleja retrasos y contratiempos en nuestras empresas, con pérdidas financieras. Podemos tener problemas de salud que no serán de mucha gravedad, pero que requerirán especial cuidado por su origen infeccioso. En el terreno afectivo es probable que no se produzca ningún cambio digno de mención.

Inspección: si soñamos que somos objeto de una inspección por parte de alguna persona que tenga autoridad, significa claramente que tenemos miedo de que se descubra algún secreto o alguna debilidad que tenga que ver con nuestro carácter o bien tememos que salga a la luz algún asunto turbio en nuestros negocios. Debemos observarnos fríamente y poner remedio a nuestras deficiencias, ya que es un buen momento que hay que aprovechar para superarnos a nosotros mismos. Cuando lo que vemos es un inspector que tiene que ver con la enseñanza es clara señal de que nuestros conocimientos se van a poner en entredicho. Cuando es un inspector de hacienda indica claramente que tenemos dificultades económicas, sobre todo en lo que respecta a la administración, y que esta situación se resolverá en detrimento nuestro. También indica problemas financieros el vernos visitados por un inspector de policía, añadiendo a ello que los miembros de la familia no aprueban nuestras acciones.

Inundación: este sueño augura desastres. Si soñamos con una inundación quiere decir que los problemas están sobrepasando el límite de resistencia que tenemos y nos están ocasionando gravísimos perjuicios. En el aspecto espiritual veremos que nuestras emociones son demasiado intensas, lo que nos conduce a situaciones límite que, dado nuestro estado, no sabremos resolver adecuadamente. Tenemos que buscar salida para nuestras emociones y encontrar actividades lúdicas que nos permitan una vía de desahogo, ya que si persistimos en la situación anterior nos veremos abocados a tensiones gravísimas que nos afectarán negativamente para siempre. Cuando lo que se inunda es nuestra vivienda, el sueño está fuertemente ligado a las relaciones afectivas y familiares, que nos darán graves preocupaciones. También este sueño avisa de que vamos a sufrir pérdidas financieras y que nos hallaremos en situación de desamparo frente a gravísimos problemas.

Invierno: representa el aislamiento, la esterilidad y el descanso. Indica que es un buen momento para reflexionar sobre nuestras actividades y nuestras actitudes ante la vida; debemos aprovechar para poner en orden tanto los asuntos de los negocios como todos aquellos que tienen que ver con la vida afectiva. Para Michel Devivier y Corinne Leonard soñar con el invierno, tanto si lo vemos como si lo sufrimos, augura un período de dificultades, lleno de preocupaciones y apremios, en el que vamos a sufrir contratiempos y pérdidas de dinero que nos conducirán al fracaso.

Invitación: tenemos un deseo muy fuerte de entablar nuevas amistades o relaciones afectivas. Es símbolo de que se nos está ofreciendo una nueva oportunidad para solucionar temas que tenemos pendientes, es el momento adecuado. Cuando somos invitados sólo podemos esperar noticias felices y alegría. Si somos nosotros los que hacemos la invitación avisa de que vamos a entablar relaciones poco satisfactorias, ya que conoceremos a personas que no nos ayudarán nada a conseguir nuestros fines, sino que nos traicionarán.

Juego: los juegos están relacionados directamente con todo lo espiritual. Significan la armonía del todo de la mente humana y son fundamentales para la formación feliz del individuo. Cuando nos vemos practicando juegos de niños quiere decir que deseamos sustraernos a responsabilidades y que, de alguna forma, nos sentimos incapaces de hacer frente a todas las situaciones que nuestro mundo de adulto nos plantea. Cuando los juegos que practicamos son de salón, indica que no nos implicamos demasiado en nuestras relaciones afectivas y personales, que nos mostramos fríos con los demás y que no les dejamos ver cómo somos en realidad, por lo que todas nuestras relaciones tienden a ser superficiales. Cuando los juegos que practicamos son de azar e intervenimos con grandes sumas, el sueño refleja que nos hallamos en un estado de grave crisis moral o religiosa que influirá negativamente en nuestras relaciones afectivas. En los juegos de cálculo o de lucha en los que intervenimos se pone de manifiesto el deseo de medir nuestras fuerzas para encontrar así el sitio que nos corresponde, ya que aparentemente nos sentimos desplazados y con ganas de situarnos correctamente; pero todo esto significa falta de seguridad y confianza, por lo que debemos dejar de lado los estados de ansiedad que nos llevan a estas confrontaciones y tener más aplomo y seguridad. Los juegos en general se prestan a interpretaciones sexuales, ya que el hombre tiende a ver el erotismo como un juego.

Juramento: indica que ante pactos contraídos con otras personas nosotros cumpliremos con nuestra parte, pero que no podemos esperar que los demás hagan lo mismo.

Justicia: su presencia indica que estamos faltos de ella, bien porque tratemos a los demás injustamente o porque nosotros mismos seamos víctimas de la injusticia. También es símbolo de problemas relacionados con ella y augura conflictos con las autoridades legales, lo que nos hará sufrir pérdidas económicas.

Juventud: siempre representa vitalidad y expectativas de futuro. También es símbolo de optimismo. Soñar con la juventud, independientemente de los años que tenga el soñador, predice éxito en todo aquello que se vaya a comenzar; significa que vamos a afrontar la vida con optimismo y que esta actitud es precisamente la que nos llevará a la satisfactoria coronación de nuestros intereses. Si una persona joven sueña que ha perdido la juventud, que se ha hecho ya vieja, quiere decir que ha perdido toda la ilusión por la vida y esto es muy peligroso; si no se pone remedio a este estado puede llevar a graves depresiones que de no ser tratadas a tiempo acabarán con la vida del soñador. Cuando soñamos con niños muy pequeños es augurio de buena suerte en todos los aspectos.

Knock-out (k.o.): si somos nosotros quienes hacemos que nuestro adversario sufra un k.o. significa que hemos triunfado frente a él y que se rendirá a nosotros sin condiciones. Cuando nos dejan k.o. a nosotros el sueño augura pérdidas económicas de cierta importancia.

Ladrón: soñar con ladrones simboliza el miedo que tenemos de perder nuestras posesiones, mientras que si somos nosotros los que robamos quiere decir que deseamos las cosas de los demás y que estamos inundados por malos sentimientos de envidia o celos.

Lavar: indica sentimiento de culpa. Cuando nos vemos lavándonos indica que tenemos una necesidad importante de solucionar nuestros problemas para poder así llevar una vida que esté de acuerdo con lo que nosotros queremos. No lograremos nuestros propósitos si nos vemos lavándonos con agua sucia. Si se lava ropa indica que los problemas familiares se van a solucionar y que a esto seguirá una larga temporada de paz y amor en el hogar.

Leer: cuando nos vemos leyendo quiere decir que próximamente nos enteraremos de algún secreto o bien que haremos un hallazgo que será importante para la marcha de nuestra existencia. Generalmente es un sueño de buen agüero.

Lenguas extranjeras: es un sueño frecuente que siempre predice que vamos a experimentar importantes cambios en nuestro modo de vida, generalmente beneficiosos. También augura viajes inesperados que serán muy placenteros.

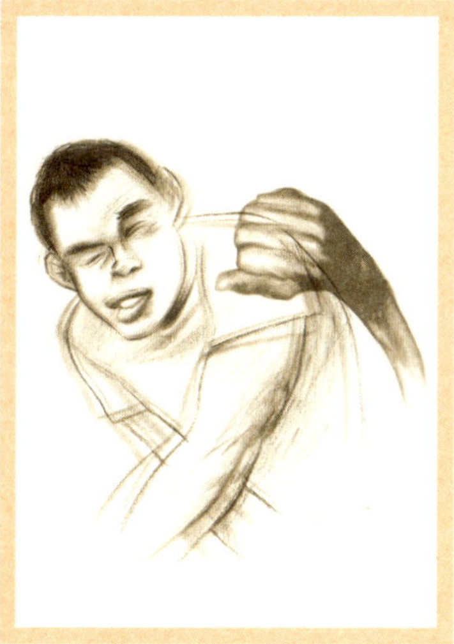

Libertad: verse en libertad es un claro símbolo de que nos hallaremos frente a problemas que nos harán difícil la vida, pero que esta situación será transitoria y que, al final, alcanzaremos nuestros objetivos tanto materiales como afectivos. Cuando vemos que la liberada es otra persona augura problemas judiciales que se resolverán en nuestra contra.

Ligereza: este concepto simboliza los deseos que tenemos de elevarnos espiritualmente y la aspiración a una vida espiritual superior. También refleja el deseo de un erotismo delicado acompañado de amor. Hay que tener cuidado, porque algunas veces puede representar la superficialidad que adoptamos ante situaciones que requieren otro tipo de actitud.

Limar: sugiere constancia y perseverancia. Cuando vemos limas de uñas significa que vamos a padecer pequeñas contrariedades en el terreno familiar y también en el de los negocios. Si la lima es para madera indica que, a pesar de nuestros esfuerzos, no será reconocidos nuestro justo valor. Cuando es para metales nos indica que tendremos problemas con los amigos y que poco a poco nos iremos encontrando solos.

Limpieza: soñar con la limpieza es testimonio de éxito en cosas que no estaban previstas Esto se interpreta como que seremos capaces de analizar con objetividad los fracasos que hemos sufrido con el fin de sacar las conclusiones oportunas que nos llevarán a solucionar nuestros problemas. Es augurio de que seremos capaces de tomar decisiones precisas y claras que harán que logremos el triunfo en aquellos proyectos que tengamos en marcha o en aquellos que estemos prontos a iniciar.

Luto: cuando nos vemos de luto augura que tendremos problemas familiares muy difíciles de resolver, ya que están causados por las malas intenciones de terceras personas. Nos encontraremos en un momento muy negativo en la vida afectiva. Cuando vemos a otras personas de luto tampoco es buen augurio, pues pronostica que vamos a padecer un alejamiento de la persona amada y también serios baches en nuestra vida familiar.

Luz: es símbolo por excelencia de factores positivos como son el conocimiento, la experiencia, la información, la intuición y la inspiración. Cuando nuestros sueños gozan de una potente luz quiere decir que cualquiera de sus interpretaciones se verá favorecida, mientras que si es oscuro indica que nos veremos desfavorecidos y que a los significados positivos deberemos agregar la prudencia. También el soñar con luz significa que tenemos gran confianza en nosotros mismos, situación que debemos aprovechar para llevar adelante nuestros proyectos, ya que podemos tomar decisiones que nos favorecerán en todos los campos. Es frecuente el sueño en el que en medio de la oscuridad aparece un punto de luz, lo que quiere decir que a pesar de que tengamos muchos factores en nuestra contra, al final siempre encontraremos la salida y seremos capaces de cambiar las cosas en nuestro provecho. Por lo general, la luz fuerte significa mejoras en las condiciones de vida y éxito en cualquier tipo de actividad, así como en las relaciones familiares y amorosas. Cuando vemos una luz que se apaga augura que se avecinan tiempos difíciles que nos harán fracasar, por lo que debemos ser especialmente prudentes en nuestras relaciones con los que nos rodean.

Llamada: si oímos que en sueños nos llama alguna persona debemos prestar mucha atención a todo el contexto, pues es de gran importancia para nosotros, y aquello que nos indique requiere atención inmediata. Por lo general es un sueño de mal agüero porque predice un grave peligro que nos causará penas y desgracias, por lo que necesitaremos del apoyo y de los consejos de las personas que nos quieren para poder superar esta situación.

Llegada: si es la llegada de un amigo podemos esperar acontecimientos favorables para nuestros intereses. Cuando quien llega es un hombre de negocios augura la solución de nuestros problemas financieros. Si llegamos nosotros a algún lugar desconocido indica que vamos a tener suerte en el campo sentimental.

Llorar: casi todo el mundo ha tenido alguna vez un sueño en el que aparecen las lágrimas, nuestras o de otros. El llanto es la expresión de una profunda emoción, la forma de desahogarse cuando no hemos podido hacerlo de otra manera. Las lágrimas son generalmente un buen augurio. Cuando el llanto es de alegría significa que vamos a recibir noticias felices que aumentarán nuestras esperanzas; significa también que vamos a tener una próxima reconciliación que nos hará muy felices. Cuando las lágrimas son de pena indica que vamos a sufrir una situación de desamparo que nos va a hacer sufrir mucho.

Lluvia: para algunos autores siempre es un buen augurio, porque el caer del cielo la convierte en símbolo de purificación y fertilidad, mientras que para otros es símbolo de tristeza, presagia dificultades y soledad. Cuando es fina predice pequeñas molestias de fácil solución, mientras que si es una lluvia gruesa y tormentosa augura mala suerte y fracaso y también graves perjuicios financieros. Deberemos evitar enfrentamientos.

Magia: generalmente indica que hemos llegado al límite de nuestras posibilidades y de que es un buen momento para abandonar lo hecho hasta ahora y comenzar una nueva existencia. Sugiere que nos hemos puesto en manos de los demás y que por ese motivo hemos salido tan perjudicados; la situación no tiene remedio, por lo que deberemos volver a empezar. En determinadas ocasiones ver un mago puede ser favorable para los negocios, pero en general es señal de que hemos sufrido abuso de confianza y traición por parte de personas en las que confiábamos ciegamente.

Mañana: es el símbolo de la actividad consciente y avisa de que vamos a entrar en un nuevo período de nuestra vida muy fructífero que será favorable si la mañana es clara y apacible.

Matar: soñar con matar significa que vamos a ser capaces de liberarnos de la mala influencia que ejerce sobre nosotros alguna persona dominante y autoritaria, lo que será muy beneficioso para nuestra vida.

Medianoche: si aparecen en el sueño sucesos que ocurren a medianoche, quiere decir que hemos tocado fondo en un momento depresivo y que a partir de ahí empezaremos a salir hacia la luz. También presagia mala suerte o desgracia.

Mediodía: indica que estamos pasando por un momento de plenitud personal del que, si sabemos sacarle provecho, obtendremos grandes beneficios, con lo que alcanzaremos la felicidad y la tranquilidad. Se avecina un época de grandes esperanzas que con un poco de suerte se verán cumplidas.

Mentira: este sueño tiene un significado claro, pues indica que estamos rodeados de personas que nos engañan y traicionan y que son muy peligrosas para nosotros. Se sugiere un esfuerzo para distinguir los buenos de los malos amigos.

Metamorfosis: ya desde la antigüedad se daban múltiples y variadas explicaciones a este tipo de sueño. Según Artemidoro de Daldis, cuando algo pequeño se hace grande es símbolo de prosperidad, pero si un niño se convierte en hombre se morirá; también le anuncia la muerte al anciano que se convierte en niño; si un joven se transforma en anciano puede esperar enfermedades; si soñamos que nos transformamos en una figura de hierro quiere decir que debemos esperar insufribles desgracias que habremos de soportar hasta la vejez; soñar que estamos hechos de arcilla, de barro cocido o de cualquier otra materia muy maleable significa muerte para el soñante, excepto para aquellas personas que trabajan con estos materiales; ver en sueños que se es de piedra significa heridas y cortes para el que lo está soñando. Es frecuente que durante el sueño los símbolos vayan cambiando, por lo que se hace más difícil su interpretación y debemos hacer caso del mensaje final y no de sus significados parciales. Por ejemplo, si vemos que una oruga se transforma en mariposa, debemos considerar precisamente eso y no la oruga o la mariposa por separado. Por otra parte, son un buenísimo augurio las metamorfosis que se producen placenteramente y que transforman un objeto feo en otro más agradable.

Miedo: es señal de preocupaciones y de temores ocultos o latentes. A veces este sueño es ocasionado por claros agentes externos, como puede ser la lectura o la visualización de alguna película, en cuyo caso no tiene ninguna importancia. Otras veces está relacionado con sucesos del pasado que se han quedado en nuestro inconsciente y que no somos capaces de sacar a la luz, por lo que los temores que padecemos respecto a ellos se suelen manifestar en sueños en los que el miedo aparece como protagonista. A pesar de todo lo expuesto anteriormente, debemos analizar este tipo de sueños, ya que aunque tengan relación con el pasado pueden tener incidencia en nuestra vida presente. Por ejemplo, soñar que se pasa miedo puede ser el símbolo de que algo que hasta ahora parecía que teníamos controlado afecta a nuestra vida y se nos está escapando de las manos. A las personas que ejercen gran control sobre sí mismas este sueño las asusta mucho, ya que no están dispuestas a que nadie las maneje. También es muy corriente aquel sueño en el que nos vemos asaltados o en el que sufrimos acciones violentas (en las mujeres es frecuente el asalto sexual), lo que puede hacer tambalearse nuestro equilibrio. En la actualidad es muy frecuente soñar con que se tienen accidentes de tráfico o con que los padece alguna persona allegada a la que tenemos mucho afecto; este sueño es lógico, ya que nos vemos influidos por las informaciones que nos llegan continuamente respecto a este tipo de accidentes. En otros casos esta clase de sueño es símbolo de que se padecen conflictos internos y de que nos vemos constantemente en situaciones de peligro; pero no debemos obsesionarnos con ellos, pues esto influiría negativamente en nuestro carácter. El miedo es también presagio de que se avecinan sucesos que no van a ser agradables para nosotros, si bien es verdad que recibiremos apoyo incluso de nuestros adversarios, lo que nos sorprenderá agradablemente.

Mirada: según el tipo de mirada que percibamos en el sueño, éste puede ser buen o mal augurio. Si es clara y penetrante sólo podemos esperar beneficios en todos los aspectos, mientras que si es una mirada huraña y hostil quiere decir que se avecinan malos momentos en todos los terrenos que conllevarán todo tipo de desgracias, tanto en el ámbito afectivo como en el económico.

Misa: si soñamos que estamos asistiendo a una, augura que tendremos paz en el alma y tranquilidad respecto a nuestras relaciones. Seremos portadores de ternura hacia las personas que nos rodean y llevaremos la felicidad allí donde vayamos. Por otro lado estaremos preocupados por mantener el equilibrio y la felicidad. Seremos personas muy valiosas para nuestros allegados, ya que les transmitiremos paz y tranquilidad.

Mitología: los personajes mitológicos que aparecen en nuestros sueños tienen exactamente el mismo significado que se les atribuía en la antigüedad, por lo que habremos de adaptarlos al contexto del sueño que tengamos.

Morder: es el símbolo de la agresividad. Cuando nos muerden indica que tendremos adversarios particularmente hostiles y seremos víctimas de la maldad y del odio de los demás. Posiblemente nuestros intereses se verán dañados. Cuando nos vemos mordiendo a una persona indica que gracias a nuestra gran agresividad triunfaremos sobre nuestros enemigos, no sin que antes se nos hayan opuesto abiertamente.

Morir: cuando soñamos que somos nosotros los que estamos muertos, se trata de un sueño de muy buen agüero, pues significa que vamos a dar carpetazo a una etapa no muy satisfactoria de nuestra vida para emprender otra que será más alegre y beneficiosa. Olvidaremos recientes penas y sinsabores, ya que ante nosotros se abre un futuro lleno de éxitos y ganancias.

Muerte: es sinónimo de morir y se pueden aplicar todas las interpretaciones que ya se explicaron bajo esa palabra.

Música: evidentemente, a lo largo de la historia este sueño ha tenido diferentes significados. Según Artemidoro de Daldis, tocar la flauta es augurio favorable para todos; tocar la cítara resulta positivo para una boda; los coros anuncian que nos vemos rodeados por la hipocresía y el engaño. Para los autores más modernos soñar con música en general es símbolo de armonía y de felicidad interior, aunque si es discordante puede producir sensación de inseguridad o angustia.

Mudanzas: avisa de que debemos cambiar radicalmente nuestra forma de actuar si queremos alcanzar el éxito en nuestras gestiones. Es un sueño que puede resultar muy beneficioso.

Nacimiento: simboliza el comienzo de algo nuevo, nuevos negocios o sociedades, relaciones que se inician o un cambio radical en nuestro comportamiento. También es señal de que vamos a recibir buenas noticias o de que va a aparecer inesperadamente alguien en nuestra vida que será beneficioso. Se debe aprovechar este momento para iniciar algún negocio o para llevar a cabo un cambio en nuestra situación laboral.

Nadar: este sueño representa la facilidad o la dificultad con que nos encontramos a la hora de desenvolvernos ante los acontecimientos. Cuando estamos en aguas tranquilas significa cosas buenas para nosotros como son el éxito y la prosperidad. Cuando estamos nadando en aguas tumultuosas es reflejo de que nos estamos encontrando muchas dificultades y de que tenemos graves inconvenientes para solucionar nuestros problemas, por lo que este sueño es un aviso para que seamos prudentes y corramos los menos riesgos posibles. Cuando vemos que no podemos regresar a la orilla indica que nos amenaza un gran peligro. Si soñamos que estamos aprendiendo a nadar sugiere que mantenemos unos fuertes lazos de dependencia respecto de otras personas. Es buen augurio soñar que se está participando en una competición, ya que esto es el reflejo de las energías y la fuerza que estamos poniendo para llevar adelante las empresas en que estamos comprometidos.

Naufragio: presenciar uno es mal augurio porque pronostica pérdidas financieras y anuncia que un peligro amenaza nuestras posesiones. Si nos vemos naufragando indica que se avecinan importantes peligros que nos van a afectar grandemente; pero si alguien nos socorre predice que personas importantes han intercedido por nosotros y que nos veremos a salvo de los peligros que nos amenazaban.

Navidad: éste es un sueño beneficioso para nuestras esperanzas, ya que indica que vamos a comenzar un nuevo período en la vida que va a ser más satisfactorio del que dejamos atrás. Es símbolo de éxito en cualquier tipo de gestión., especialmente las personales.

Niebla: verse inmerso en ella es símbolo de inseguridad e incertidumbre. Augura falta de confianza en nosotros mismos y anuncia que vacilaremos a la hora de tomar decisiones. Ante esta situación es fundamental tener mucha prudencia para evitar las equivocaciones. Si vemos en el sueño que la niebla se levanta quiere decir que se avecinan tiempos mejores en los que nuestros sueños se verán realizados. En el terreno de los afectos pasaremos por momentos complicados, pero los superaremos.

Noche: según aparezca tendrá uno u otro significado. Cuando es una noche clara y tranquila es buen augurio, ya que predice paz de espíritu y tranquilidad, mientras que si se presenta oscura e inquietante es augurio de días difíciles con abundantes fracasos. Se recomienda ser pacientes. Podemos pasar por un período afectivo bastante complicado.

Norte: representa el rumbo y la orientación que estamos dando a nuestra vida. Ante tal sueño debemos prestar atención hacia dónde nos dirigimos para recapacitar y ver si estamos obrando de forma correcta. También es símbolo de frialdad.

Números: los sueños con números han sido objeto de múltiples estudios desde la antigüedad hasta el día de hoy. Se presta a interpretaciones conflictivas, puesto que depende de muchos factores el significado que debemos atribuirle al sueño. Hay que tener en cuenta que el número por sí solo carece de significado y que se debe prestar mucha atención al contexto en el que aparece dentro del sueño. Esto no quiere decir que los números no tengan importancia, que sí la tienen, y mucha. Generalmente avisan de fechas que van a ser muy relevantes para nosotros. Cuando aparecen los números repetidamente en el sueño, indican que vamos a obtener grandes ganancias, probablemente en un juego de azar.

Obedecer: si nos vemos obedeciendo a otra persona el sueño aconseja que seamos más prudentes, ya que nuestra espontaneidad nos podría volver frágiles.

Objetivo: cumplir o no nuestros objetivos en el sueño tiene una estrecha relación con la realidad, pues en la medida en que veamos tengamos éxito en el sueño lo alcanzaremos en la vida real. Si fallamos presagia dificultades.

Obras: cuando vemos obras en edificios públicos el sueño dice que estamos planteando proyectos por encima de nuestras posibilidades y esto nos llevará a un fracaso rotundo. También es símbolo de penurias económicas producidas precisamente por los errores cometidos en el planteamiento de proyectos. Cuando nos encontramos con otro tipo de obras es augurio de un tiempo de espera por el que debemos pasar para conseguir que nuestras ideas se afiancen y así conseguir una mejora económica y afectiva.

Oeste: soñar con este punto cardinal siempre indica paz y tranquilidad. Si está asociado a otro sueño podemos contar con que suavizará los aspectos negativos de aquél y aumentará los aspectos positivos.

Órdenes: según se presenten significarán diferentes cosas. Cuando recibimos órdenes de un familiar indica que en este medio gozamos de armonía, pero cuando las recibimos de una persona desconocida predice que vamos a tener dificultades en el ambiente en que nos movemos. Cuando somos nosotros los que damos las órdenes a un familiar augura contrariedades y que nuestros deseos no se cumplirán a no ser que pongamos en marcha una gran fuerza de voluntad y aportemos trabajo y esfuerzo. Cuando damos órdenes a personas desconocidas es señal de afianzamiento en los negocios y de que gozamos del respeto de los demás en nuestra vida laboral.

Orgías: indica este sueño que nos estamos desviando del buen camino y que estamos perdiendo el tiempo con relaciones que serán muy perjudiciales, especialmente en el campo de los negocios. Las mismas relaciones que en la actualidad se nos presentan como amigas se convertirán en enemigas en un futuro próximo. Todo en este sueño nos dice que tenemos que extremar las medidas de precaución respecto a los que nos rodean y que debemos saber distinguir entre los buenos amigos y otras personas que sólo quieren nuestro perjuicio.

Orientación: si en el sueño se presenta la necesidad de elegir un camino debemos prestar atención, ya que indica que debemos ser cautos y tener cuidado en la elección de amigos y compañeros, ya que en función de cómo lo hagamos puede ser beneficioso o no para nuestra vida. Las decisiones que tomemos en esta época serán muy importantes para el futuro.

Acciones

Otoño: es un símbolo de nostalgia. Nos dice que aunque hayamos pasado la época dorada de la vida, el futuro aparece ante nosotros prometedor, puesto que está lleno de paz y seguridad. Si sentimos que estamos paseando sobre un colchón de hojas caídas augura estabilidad muy fuerte en el futuro. Por otro lado, es símbolo de paz en la familia. A pesar de todo ello, se recomienda precaución, porque pueden presentarse situaciones dificultosas que se resolverán a base de mucha inteligencia y tenacidad.

Partir: casi siempre representa nuestro deseo de romper con la situación actual. Tenemos una necesidad perentoria de romper con el pasado y de comenzar una nueva etapa de nuestra vida que, por otro lado, se presenta llena de buenos augurios, sobre todo a largo plazo. La toma de decisiones será muy importante para conseguir estos beneficios.

Patinar: significa que nos hayamos en una situación comprometida que nos empujará a tomar decisiones difíciles y algo arriesgadas. Debemos aprovechar nuestras capacidades para salir airosos del trance. Es mal presagio caer mientras se patina, ya que traerá mala suerte. Cuando vemos patinar a personas que conocemos indica que las iniciativas que serán fundamentales en la gestión de nuestras empresas no dependerán de nosotros y que hay que tener cuidado con los rivales en los negocios.

Peinarse: es un sueño de buen augurio, ya que predice que nuestra situación va a cambiar para mejorar y, sobre todo, que nuestros negocios prosperarán favorablemente.

Peligro: si soñamos que estamos en peligro pero logramos evitarlo es señal de que vamos a mejorar nuestra situación y de que el éxito coronará nuestros proyectos.

Persecución: perseguir a una persona en sueños es mal augurio, ya que presagia inconvenientes en los negocios, pues tendremos problemas a la hora de negociar; esta situación mejorará en el caso de que la persona a la que estamos persiguiendo se nos escape. Cuando los perseguidos somos nosotros podemos esperar problemas en la liquidación de algún negocio, por lo que se aconseja estar prevenido para no ser víctima de fraudes o engaños.

Petrificación: indica que estamos con las manos atadas para llevar a cabo las acciones que deseamos. Nos conviene relajarnos y poner en nuestros actos amor y ternura, pues sólo así solucionaremos nuestros problemas. La vida será más fácil si somos capaces de poner las cosas en su punto justo.

Política: es un sueño de mal agüero presidido por la traición. Indica que nos defraudarán todas las personas en las que habíamos depositado nuestras esperanzas, ya sean de nuestro círculo privado o personas apenas conocidas. El sueño recomienda gran prudencia a la hora de manifestar nuestra personalidad, ya que cualquier debilidad va a ser aprovechada por nuestros enemigos.

Primavera: indica que tras un período difícil por el que hemos pasado o estamos pasando va a abrirse ante nosotros un futuro prometedor lleno de esperanzas y de alegrías que también nos será beneficioso en el terreno material.

Quebrar: quebrar o romper un objeto es de mal agüero porque predice mala suerte e infortunio. También augura fracaso en los negocios y pérdidas económicas.

Quehaceres domésticos: con este sueño tenemos el deseo de librarnos de las contrariedades y de abandonar nuestras preocupaciones. Hemos de meditar profundamente sobre nuestra situación para poder tomar decisiones más acertadas. Cuando vemos que es otra persona la que hace los trabajos domésticos indica que contaremos con la ayuda suficiente para salir adelante, lo que aligerará las preocupaciones.

Quimera: sugiere que no debemos fiarnos de las fantasías y que tenemos que afianzarnos en la realidad. Los sueños pueden ser bonitos, pero nos alejarán de la realidad y esto puede ser muy peligroso.

Quitarse: ver que nos quitamos la ropa o cualquier complemento que usemos en el vestir augura novedades importantes para la mejora de nuestra vidas y para el cumplimiento de nuestros proyectos.

Queja: nos encontramos cuando soñamos con ellas ante serias dificultades que nos afectarán profundamente. Problemas afectivos y económicos. Nos espera un período de soledad y abandono. Nuestra salud también se resentira.

Reconciliación: el sueño significa lo que quiere decir la palabra. Indica que vamos a tener unas relaciones personales muy favorecidas y felices. Por otro lado, si rechazamos una reconciliación se nos avecinan problemas familiares y afectivos.

Relaciones sexuales: todos los autores han estudiado con detenimiento la influencia que ejerce este tipo de sueños en nuestra vida. Ya Artemidoro de Daldis daba en el siglo ii largas explicaciones al respecto: acostarse con la propia esposa cuando ella lo hace voluntariamente, lo permite y no se opone, es buen augurio para todos, puesto que la mujer significa la profesión del que lo sueña, la actividad con la que él tiene placer y aquello sobre lo que domina y manda; en cambio, si la mujer se opone a la relación o no se entrega, los significados serán lo contrario de los anteriormente descritos. La misma explicación sirve para el caso de una amante. Hacer el amor con una prostituta de un burdel significa la deshonra y gastos. Cuando se hace el amor con una bella desconocida es buen augurio para el que lo ha soñado, pues significa que va a conseguir cosas que son muy importantes; pero tiene el significado contrario en el caso de que la desconocida sea vieja y fea; las mujeres desconocidas son símbolo de los próximos acontecimientos, etc. Como podemos ver, este autor da un enfoque machista a la interpretación de los sueños sexuales.

Modernamente también Freud trabajó mucho para dar significado a este tipo de sueños que por su variedad de componentes, formas y situaciones, tienen interpretaciones muy diferentes, casi siempre contradictorias. Este doctor austriaco prestó especial atención a las relaciones incestuosas cometidas con el padre o la madre, de las que dice que tienen una fuerte raigambre en los problemas de la infancia que no han sido resueltos y que se manifiestan en este tipo de sueños. Sin embargo, todos los autores están de acuerdo en decir que si se sueña con unas relaciones sexuales normales, según el concepto que tiene la sociedad de la normalidad a este respecto, es sólo reflejo de los deseos que tenemos reprimidos.

Remar: este acto es el reflejo de nuestros esfuerzos. Cuando aparecen los remos en buen estado quiere decir que gracias a nuestro empeño vamos a conseguir todo aquello en lo que hayamos puesto nuestras esperanzas; nuestras gestiones se verán beneficiadas por agentes externos que aparecerán de forma imprevista. Si los remos están estropeados dice que a pesar de nuestro empuje difícilmente se cumplirán nuestra esperanzas, ya que estamos en un momento nefasto que nos será muy difícil remontar.

Reproches: aunque parezca paradójico, ser objeto de reproches por parte de los demás es buen augurio, ya que predice que nos enfrentamos a una época en la que veremos nuestros deseos cumplidos y en la que alcanzaremos nuestras metas con relativa facilidad.

Resbalar: es una manifestación de inseguridad, miedo y angustia. Si nos vemos resbalar quiere decir que nos encontraremos envueltos en dificultades y el equilibrio que tengamos en esta situación nos avisará de la resolución positiva o negativa que tendrá el problema. Es mal presagio caerse y ver resbalar a otros, porque dice que vamos a mantener una actitud negativa ante alguien a quien vamos a perjudicar.

Rescatar: simboliza el deseo que tenemos de salir de situaciones comprometidas. Debemos pedir toda la ayuda que sea necesaria y no dejar que nuestro orgullo nos perjudique. En el terreno profesional deberemos hacernos valer más ante los superiores y los compañeros.

Retraso: significa que existe una descompensación entre lo que hacemos y lo que queremos hacer; esto ocasionará contratiempos en nuestras actividades que nos conducirán a fracasos de los que no conseguiremos salir.

Rezar: indica sentimientos de culpa. También dice que estamos buscando ayuda en lo divino o en lo irracional para que nos saque de los apuros en los que estamos metidos.

Saltar: simboliza los deseos de superación que tenemos, lo que indica que cuando nos vemos saltar es que estamos superando los problemas con los que nos enfrentamos. Para algunos autores es señal de mala suerte, y en lo que todos coinciden es en que si lo que hacemos en el sueño es ver saltar a otras personas, es señal de triunfo sobre los opositores y enemigos.

Sembrar: indica que debemos hacer todos los esfuerzos necesarios para que nuestros proyectos den su fruto y que no hemos de despistarnos porque si no se irán al traste.

Serrar: significa que estamos en una situación que no es de nuestro agrado y que queremos cortar con ella. El objeto serrado nos dará más información y según el contexto en que se halle se deberán asociar a este sueño diferentes significados. Por ejemplo, si serramos una madera habrá que ver el significado que tiene esta madera concreta para hacer la interpretación correcta.

Silencio: cuando destaca anormalmente en un sueño simboliza complejo de culpabilidad respecto al sueño que estamos teniendo. También augura que se avecina una temporada muy calmada en la que nos sentiremos muy a gusto.

Soplar: cuando soplamos sobre un ascua para mantenerla viva indica que estamos haciendo un esfuerzo considerable por mantener vivas nuestras ilusiones, mientras que si soplamos para apagarlas el sueño muestra que estamos totalmente desilusionados y sin fuerzas para seguir luchando. Debemos ser animosos.

Sufrimiento: soñar con el sufrimiento traerá precisamente eso, sufrimiento. Anuncia malas relaciones con las personas a quienes tenemos afecto, malevolencia hacia nosotros por parte de los demás y actuaciones de falsos amigos por las que nos veremos muy perjudicados.

Suicidio: es mal augurio y pronostica perjuicios materiales y morales para la persona que sueña. Vamos a sufrir pérdidas personales muy importantes en nuestro ambiente familiar y también vamos a experimentar pérdidas económicas.

Sur: este punto cardinal es sinónimo de éxito y gloria. Los sueños en los que aparece suelen ser buenísimos augurios, porque predicen que vamos a alcanzar nuestras metas en todas aquellas actividades que nos planteemos.

Tempestad: es un sueño de mal agüero. Cuando la vemos acercarse podemos esperar que nuestras condiciones de vida cambien negativamente, porque la situación de nuestros negocios sufrirá un empeoramiento que acarreará también mermas de dinero que irán acompañadas de gastos imprevistos. En el terreno sentimental y familiar tampoco cabe esperar nada bueno, ya que se avecinan fuertes riñas familiares que nos obligarán a tomar partido por una u otra persona, situación que queríamos evitar pero que no hemos podido a causa de nuestra falta de decisión.

Tener niños: Artemidoro de Daldis nos dice que si son de uno mismo es un sueño desfavorable tanto para el hombre como para la mujer, dado que anuncia preocupaciones y sufrimientos. Sin embargo, soñar con niños de otras personas es de signo propicio.

Terremoto: es un fiel reflejo del desequilibrio. Augura inseguridad y temor e indica que debemos transformar nuestro carácter para alcanzar cotas de estabilidad, ya que las bases en las que tenemos fundamentadas nuestras ilusiones no son sólidas, por lo que cualquier contingencia, por nimia que sea, va a hacer que se tambalee nuestra vida. Si está asociado a sensaciones desagradables demuestra que estamos pasando por un período de abatimiento que nos hace estar muy tristes. Este sueño también marca un cambio repentino en nuestra situación causado por sucesos que no esperábamos. Generalmente este cambio se inclina hacia circunstancias menos favorables en las que sufriremos pérdidas afectivas y monetarias. También es un sueño que anuncia desgracias, enfermedades y muerte.

Torbellino: se interpreta que este sueño tiene mucho que ver con las vueltas que da la vida. Los acontecimientos tomarán un rumbo nuevo que no tiene por qué favorecernos ni perjudicarnos; simplemente cambiarán las cosas. LLevaremos una vida muy activa en la que el aburrimiento no tendrá lugar. Si no queremos padecer perjuicios en nuestros negocios debemos actuar deprisa y tomar rápidas decisiones. Nos veremos involucrados en situaciones que no tendrán nada que ver con nuestra forma de vida pero que no nos afectarán ostensiblemente. En términos generales se aconseja prudencia en esta etapa.

Tribunal: refleja que estamos inmersos en problemas familiares que tendremos que solucionar recurriendo a personas más autorizadas, por lo que podemos vernos abocados a resolverlos por medio de juicios que no en todos los casos nos serán favorables.

Trueno: en principio este sueño augura problemas, pues predice acontecimientos o la llegada de noticias que trastocarán nuestros planes haciéndonos dudar en las resoluciones que debemos tomar en el mundo de los negocios; pasaremos por una época confusa también respecto a las relaciones familiares. Todos estos inconvenientes se superarán en un breve plazo de tiempo, por lo que no hay que perder la esperanza.

Verano: es un sueño de muy buen augurio porque predice abundancia y éxito. Momento estupendo para iniciar negocios o dar empuje a los que ya tenemos. Profesionalmente será reconocida nuestra valía, lo que nos hará sentirnos muy orgullosos de nosotros mismos. En la vida familiar y afectiva todo marchará como la seda rodeado de un halo de alegría.

Viajar: significa que nuestra vida va a sufrir serias transformaciones porque nosotros lo hemos decidido así. Los cambios serán positivos o negativos en función de lo acertadas que hayan sido las decisiones tomadas. En cualquier caso, contaremos con el apoyo de las personas que nos quieren.

Visiones: cuando en nuestro sueño vemos visiones quiere decir que se va a cumplir al pie de la letra lo que aparece en ellas. No hay que darle otro tipo de explicación, ya que son fidedigno presagio de nuestro futuro. Este sueño no debe preocuparnos demasiado porque casi siempre se acompaña de sensaciones agradables.

Vuelo: esta actividad en sí no tiene ningún significado especial, ya que la interpretación se debe hacer de acuerdo con las circunstancias que lo rodeen; es decir, tendrá que ver con el paisaje sobre el que se vuela, las circunstancias en que lo hacemos, si tenemos o no compañía y otros factores. También debe considerarse si el que vuela es ajeno a nosotros. En general anuncia cambios que nos pueden ser muy beneficiosos si aprovechamos las circunstancias. En los juegos de azar podemos tener suerte, pero en ningún caso se deben hacer gastos extraordinarios. Suerte en el amor.

Zigzag: aparece ante nosotros un futuro que estará lleno de éxitos gracias al apoyo que vamos a recibir de personas muy influyentes.

Alimentos

Soñar con alimentos y bebidas nos descubre el mundo interior

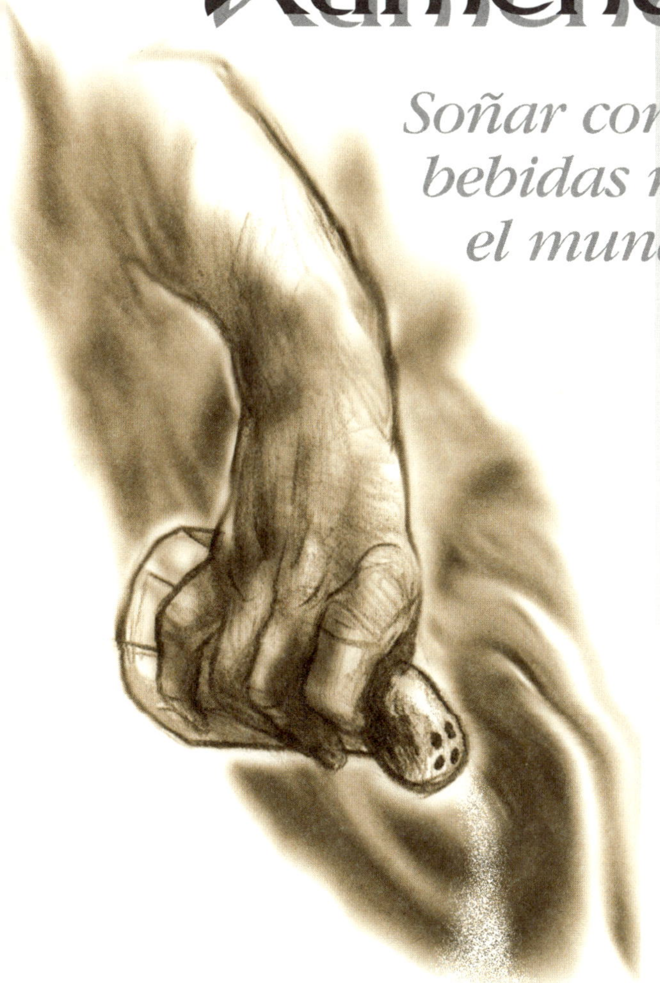

Alimentos y Bebidas

Los alimentos en los sueños juegan un papel importantísimo bien como protagonistas o formando parte del marco general. Aquí se interpretan los significados de los sueños de alimentos cuando forman parte del cuerpo principal. En otros sueños donde aparezcan en segundo plano debemos utilizar su significado para enfatizar el contenido del mismo.

Por ejemplo, en un sueño donde el significado principal nos diga que vamos a tener fortuna o que vamos a recibir riquezas, si en segundo plano aparece el aceite debemos considerar que éstas pueden escurrírsenos de las manos o que podemos resbalar y perder las buenas oportunidades si no obramos con precaución.

Generalmente, cuando vemos que compartimos nuestros alimentos con otras personas auspicia beneficios, sobre todo en el terreno económico, mientras que si son los otros los que comparten sus vituallas con nosotros indica que vamos a estar protegidos contra el peligro.

Pero estas apreciaciones son de índole general por lo que se debe analizar cada alimento por separado.

Es frecuente que aparezcan varios alimentos a la vez y el interpretador debe saber combinar adecuadamente los diversos significados para ofrecer una interpretación que sea la apropiada y esté exenta de errores.

Bien es verdad que podemos tener sueños en los que aparezcan varios alimentos y que se contradigan unos a otros. En estos casos el interpretador habrá de tener un conocimiento profundo de la personalidad del soñante para llegar a unas conclusiones acertadas.

En personas que han pasado en su vida situaciones de penuria o que en el momento del sueño están pasando por una fuerte crisis económica, los sueños con alimentos son muy frecuentes. Algunos autores aseguran que esto se debe a que el inconsciente está influido considerablemente por la situación y que, de alguna forma, el sujeto quiere premiarse frente a la adversidad.

Cuando aparecen alimentos a los que no podemos acceder a pesar de tener hambre significa que estamos frustrados en el aspecto material.

En lo referente al terreno afectivo los alimentos casi siempre indican el grado de satisfacción personal y la abundacia de ellos suele ser de buen augurio.

Hay sueños que nos indican la situación familiar con extrema fiabilidad como es el caso del ajo.

Un caso claro en el que soñar con el mismo alimento puede tener significados contradictorios es el de las almendras, que tienen siempre significado positivo, sea cual sea el contexto, excepto en el caso de que sean amargas, que contradice lo positivo y lo vuelve todo negativo.

Los sueños con cereales tienen mucho que ver con nuestras relaciones con el medio natural y con los animales y a las madres les marca las relaciones con los hijos.

Antiguamente estos sueños se asociaban con la riqueza y la abundancia en el terreno económico pero en la actualidad se cree que tienen mucho más que ver con los sentimientos.

Los sueños relacionados con peces que se comen están muy influidos por la percepción que tenga el soñante de las relaciones sexuales y tienen un trasfondo erótico muy importante.

Antiguamente los interpretadores de sueños daban a los sueños con alimentos las máxima importancia y se auguraba el porvenir basándose fundamentalmente en ellos.

En algunas épocas en que la interpretación de los sueños estaba prohibida (la Edad Media) sin embargo se hablaba libremente de los sueños cuando éstos estaban relacionados con los alimentos.

Por último, debemos decir que los sueños relacionados con alimentos dulces suelen ser un claro indicador de que situaciones difíciles van a ser muy pronto mejoradas.

Alimentos y Bebidas

Aceite: pisarlo supone resbalar en las gestiones que estamos llevando a cabo, tanto afectivas como económicas. Es un sueño que nos revela la inseguridad en la que estamos viviendo. Si somos ungidos quiere decir que estamos dispuestos a aprender todo aquello que se nos enseñe y sólo tiene efectos positivos cuando se sueña que se negocia con él.

Aceitunas: cuando las compartimos con otras personas es augurio de franca amistad. Si las vemos en grandes cantidades entablaremos conocimiento con personas campechanas y sinceras que serán muy beneficiosas para nosotros. Cuando las asociamos con un sentimiento desagradable nos anuncian penas ocultas y si las unimos a una sensación agradable nos dice que vamos a lograr la prosperidad en nuestras empresas. Cuando están en mal estado auguran problemas afectivos rodeados por la incomprensión.

Ajo: nuestra situación familiar se verá afectada gravemente, ya que se originarán luchas por dinero o bienes. Se espera de nosotros la paciencia y la inteligencia suficientes como para salir airosos de este trance.

Alcachofa: nos indica que a pesar de los inconvenientes con los que nos encontremos en el camino al final alcanzaremos nuestras metas. En el terreno afectivo nos podemos encontrar en un principio con trabas, pero finalmente las cosas saldrán como nosotros deseamos.

Alimentos: soñar con alimentos tiene muchos significados. Cuando éstos son de buena calidad y agradables al paladar significa que se nos presenta una temporada muy satisfactoria rodeada de éxito y alegrías; cuando los alimentos son amargos quiere decir que el futuro va a ser conflictivo y con graves problemas; si los estamos cocinando quiere decir que nos hallamos en excelentes relaciones con la familia, por lo que debemos luchar para seguir manteniéndolas.

Almendras: se avecinan momentos de grata felicidad a los que accederemos después de superar ciertas dificultades. Paz y felicidad en el hogar y nuestros negocios marcharán bien ofreciendo beneficios. En el caso de que sean almendras amargas nos encontraremos con dificultades y molestias y también padeceremos pérdidas económicas. No debemos esperar cambios en el terreno amoroso.

Anguila: indica que el futuro nos va a ofrecer una oportunidad de oro para obtener importantes beneficios. Debemos actuar con discreción y rapidez porque si se escurre de nuestras manos puede significar el fracaso de nuestros proyectos, ya que no hemos sabido aprovechar la oportunidad que se nos ofrecía. Cuando la vemos muerta indica que triunfaremos frente a nuestros adversarios.

Arroz: soñar con él es de buen augurio. Indica que tendremos nuestras necesidades básicas, como la alimenticia, cubiertas durante muchísimo tiempo; también predice prosperidad y alegría. Es de buen augurio para las relaciones amorosas.

Azúcar: si nos hallamos inmersos en una situación negativa o comprometida, este sueño significa que los males que padecemos se van a ver paliados. Por otro lado, el azúcar significa en general alegría. La vida familiar pasará por una etapa de paz y tranquilidad. En el terreno amoroso podemos esperar suerte.

Banquete: sueño positivo porque refleja la felicidad familiar. Tendremos excelentes relaciones con nuestras amistades y es un buen momento establecer nuevas relaciones que serán muy satisfactorias. En el aspecto económico no tendremos cambios dignos de mención.

Bebida: según el tipo de bebida este sueño significa diferentes cosas. Cuando lo que se bebe son licores en general presagia alegría y la celebración de ciertos acontecimientos. Cuando lo que se bebe es agua presagia tranquilidad. Beber agua aplaca la sed, lo que quiere decir que también es un bálsamo para nuestras angustias y nos transmite paz y tranquilidad. De todos modos, según sea el agua que bebamos nos presagiará distintas cosas, ya que si es oscura o de mal sabor nos augura penas y problemas sentimentales. El agua caliente presagia enfermedades y falta de trabajo. Cuando lo que se bebe es vinagre significa que tendremos graves conflictos con familiares o amigos muy allegados. Cuando tenemos sed y no hallamos bebida para aplacarla, quiere decir que nuestros deseos no se van a ver cumplidos. Cuando rompemos los recipientes en los que hemos bebido significa que vamos a librarnos de cualquier tipo de problemas que nos angustien.

Bombones: por un lado reflejan las pequeñas satisfacciones que nos damos y por otro indica que somos imprudentes respecto a ciertas personas que se aprovechan de esta circunstancia para perjudicarnos. También se aconseja prudencia en el terreno amoroso, pues se puede dar el caso de que seamos víctimas de la infidelidad. Es un buen momento para restablecer relaciones con personas conocidas, especialmente si son jóvenes. Buen momento para los juegos de azar.

Calabaza: es el símbolo de la sabiduría cuando está llena y con pepitas y de la ignorancia cuando se queda seca. Es de buen augurio. Esperanzas de conseguir éxitos financieros a corto plazo.

Carne: para los antiguos la carne en general era buen augurio, excepto la de cordero, que presagiaba la muerte de una persona allegada. La carne de buey predice poca actividad, pero no es básicamente negativa. La carne de cabra es beneficiosa para aquellos que se hallan inmersos en un conflicto. La más beneficiosa es la del cerdo, ya que siempre augura mejoras económicas y sociales. No es bueno comer carne cruda, ya que puede ser augurio de pérdida de algo o alguien que nos resultan muy valiosos. Comer carne de animales salvajes es un buenísimo augurio, ya que predice un éxito fulminante en la vida.

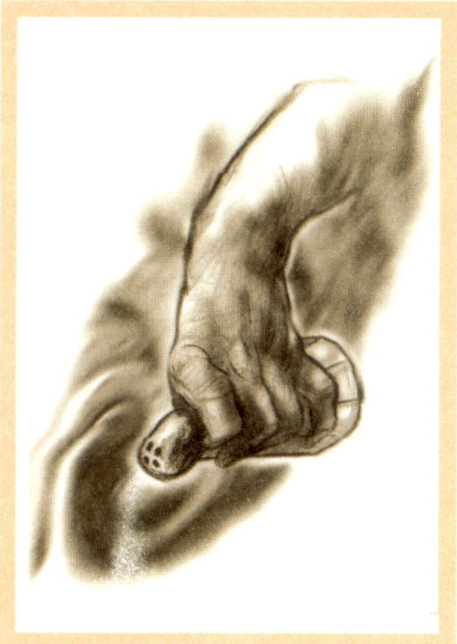

Castañas: al ser un fruto relacionado con el invierno indica escasez, por lo que nos sugiere que seamos prevenidos. Sin embargo, las castañas asadas nos auguran éxito y suerte.

Cebada: representa abundancia y prosperidad, lo mismo que el trigo y otros cereales. Podemos esperar parabienes en todas las facetas de la vida porque seremos tan beneficiados en el mundo de los negocios como en nuestras relaciones personales. Buen momento para probar suerte con los juegos de azar.

Cebollas: cuando están crudas anuncian pequeñas dificultades que no tendrán gran significado en el desarrollo de los acontecimientos. Si en cambio las vemos cocidas, indica que seremos presa de una inquietud exagerada que no nos dejará ver las cosas en su justa medida.

Cerezas: como casi siempre, el buen estado de este fruto es señal de que se van a producir acontecimientos agradables, mientras que si aparecen en malas condiciones o están podridas sólo podemos esperar desgracias. Cuando vemos robarlas es un mal augurio para la paz de nuestro hogar. Si lo que vemos es el árbol indica felicidad y alegrías afectivas rodeadas de buena suerte y de éxito. Las cerezas también anuncian pequeñas ganancias en juegos de azar.

Cerveza: algunos autores le dan una interpretación muy positiva a este sueño, pues indica que, a pesar de las dificultades con que nos encontremos, seremos capaces al final de llevar nuestros proyectos adelante consiguiendo el éxito. Por su parte, otros nos dicen que este sueño es mal augurio porque tomarla induce a la fragilidad y a problemas con nuestras relaciones, que resultarán afectadas negativamente, y que además sufriremos pérdida de dinero. Si nos vemos entrando en una cervecería indica que debemos reflexionar sobre nuestras posibilidades y así tomar las decisiones más adecuadas para nuestros fines, pero que debemos estar atentos porque somos propensos a caer en errores que tirarán por el suelo todas nuestras ilusiones.

Ciruelas: esta fruta tiene una clara relación con nuestra vida sexual. Tendremos experiencias gozosas cuando aparezcan maduras, mientras que si están verdes indican que debemos esperar, puesto que la otra persona no se halla preparada. Si las vemos verdes también predicen desilusiones.

Dulces: significa que nos harán pequeños regalos. También en otros aspectos de la vida recibiremos pequeñas sorpresas que serán muy agradables. Podemos esperar alguna ganancia imprevista.

Ensalada: es un sueño de mal agüero, porque avisa de que las relaciones con los demás van a sufrir por motivos de intereses. Problemas financieros seguidos de pérdidas. Vida familiar y afectiva turbulenta. Nos sentiremos víctimas de la incomprensión.

Espinacas: este sueño tiene que ver con nuestras capacidades físicas. Indica que nos encontramos en un momento muy satisfactorio y que gozamos del vigor suficiente para hacer frente a cualquier cosa que se nos presente.

Fresas: representan la sensualidad femenina. Comerlas en un sueño significa el deseo que tenemos de mantener una relación íntima y placentera con otra persona. Son el reflejo del amor tierno y de los sentimientos sinceros. Recibiremos el apoyo incondicional de alguna persona que nos aprecia sinceramente.

Fruta: con este sueño pasa lo mismo que con el de las flores. Según el tipo de fruta, su estado, color, aroma, etc. tendrá diferentes significados. Los antiguos daban mucho crédito a este tipo de sueños y los analizaban en profundidad: comer manzanas dulces y maduras resulta favorable; las manzanas ácidas son señal de discusiones y de luchas y las de invierno perjudiciales por ser agrias; los frutos secos indican confusión y tristeza y los higos, si están en su estación, son favorables, y si no anuncian calumnias e injurias; sin embargo los racimos de uvas, dentro y fuera de su estación, son siempre favorables, sobre todo para los que trabajan al aire libre; los melocotones, albaricoques y cerezas indican placeres pasajeros y engaños. Los autores más modernos han llegado a la conclusión de que soñar con fruta revela la presencia de deseo y apetito sexual; explican que si está verde es que todavía no hemos alcanzado nuestros objetivos o que se han visto frustrados, y si está madura señala que tenemos ante nosotros muchas oportunidades placenteras. Soñar con frutas sanas siempre es símbolo de éxito profesional y en los negocios que vendrá acompañado por ganancias económicas. Cuando las frutas están podridas o en mal estado es augurio de frustración, separaciones familiares o afectivas y fracaso en los negocios.

Gachas: indican que debemos hacer un cambio y acometer empresas más ligeras que sean más fáciles de llevar que las que teníamos hasta ahora, lo que no quiere decir que encontremos en ellas el mismo grado de satisfacción.

Alimentos y Bebidas

Girasol: esta planta es un claro símbolo de que nos van a hacer promesas que no se verán cumplidas, por lo que no debemos poner en ellas nuestras esperanzas.

Granada: si la vemos abierta es una clara invitación para que gocemos de los placeres de la vida y para que no nos reprimamos excesivamente.

Habas: su estructura simboliza el embrión humano. Los antiguos griegos y romanos creían que los espíritus se encarnaban a través de ellas. Los seguidores de Pitágoras tenían prohibida su ingestión, pues suponía la intromisión de otras almas en el mismo cuerpo. Es anuncio de futuros nacimientos dentro de la familia. Según Michel Devivier y Corinne Leonard, autores del Diccionario de los sueños, las habas predicen grandes querellas, discusiones y disputas, además de apremios de dinero y riesgo de enfermedad cuando no están en buen estado.

Hambre: representa la insatisfacción en general para cualquier aspecto de nuestra vida. Si soñamos que la calmamos quiere decir que hemos conseguido saciar nuestros deseos; pero hay que poner mucha atención en los medios que se han utilizado para conseguirlo. También augura un futuro próspero y feliz.

Harina: es uno de los símbolos de la prosperidad y la riqueza. Este sueño augura que tendremos todas nuestras necesidades básicas cubiertas, por lo que disfrutaremos de paz y tranquilidad. Avisa de que para alcanzar nuestros objetivos no podemos basarnos solamente en el trabajo duro, ya que también es necesaria una buena dosis de inteligencia y de suerte. Si en el sueño nos vemos moliendo harina es un anuncio de que recibiremos sorpresas muy agradables que serán buenas para nuestro futuro y de que nuestras actividades laborales nos reportarán unos beneficios insospechados que harán que nuestros negocios prosperen más cada día. Cuando estamos pasando la harina por el tamiz es símbolo de prudencia, lo que quiere decir que estamos actuando con mucha tranquilidad y que hacemos frente a los problemas con cierta frialdad. Cuando vemos que la harina que manejamos es de color negro, el sueño augura un próximo fallecimiento en el ambiente familiar. Es de muy mal agüero ver que la harina está invadida por parásitos, ya que predice la pobreza.

Higos: son símbolo de la abundancia y la fertilidad y también representan los deseos sexuales. Aconseja que disfrutemos de las ventajas que nos ofrece la vida. Encontrarse con una higuera seca es señal de esterilidad y pobreza. Si hemos sido muy exigentes con nosotros mismos tal vez sea el momento adecuado para bajar un poco la guardia y relajarnos, ya que si no lo hacemos llegaremos a un grado de estrés muy perjudicial. Cuando en el sueño nos vemos cogiendo higos es un augurio fenomenal para nuestros proyectos.

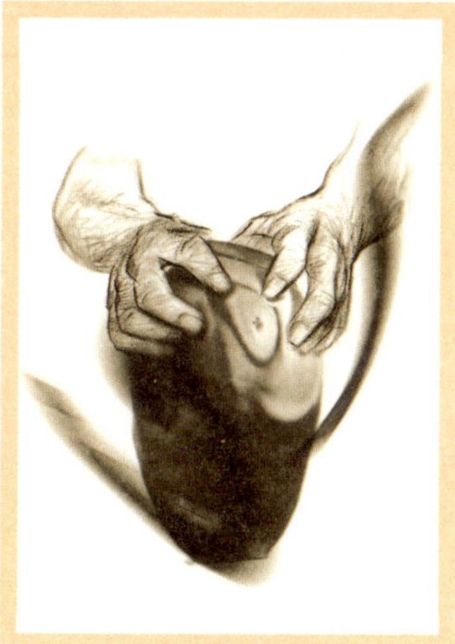

Huevos: por lo general es un sueño de buen agüero. Tanto si los vemos como si los comemos, los cocinamos o los regalamos, auguran momentos de felicidad y ganancias económicas. Si los dejamos caer, se rompen o están podridos no son positivos, ya que predicen peleas y maledicencia. Ver una canasta o un recipiente lleno de ellos anuncia éxito profesional.

Jamón: si está cocido refleja éxito en nuestros proyectos y ganancias financieras, mientras que si aparece crudo significa que, aunque vamos a alcanzar el éxito en nuestros proyectos, tendremos que pasar antes por una serie de dificultades que deberemos superar.

Leche: si una mujer joven sueña que tiene leche en el pecho le anuncia un próximo embarazo, mientras que si lo sueña una anciana es señal de prosperidad. A una soltera le predice su próxima boda. Sugiere abundancia y fertilidad, por lo que generalmente predice beneficios en todos los campos. Como se ve es un sueño de buen agüero. Habla de amor y ternura, éxito en las relaciones amorosas y afectivas. Buenas relaciones familiares, clima de alegría en el seno de la familia, apoyo por parte de los demás. Éxito y suerte en los negocios, muy buenas perspectivas laborales e importantes ganancias económicas. Si soñamos con que nos lavamos con leche es augurio de que vamos a cambiar hacia mejor en nuestros sentimientos. Sólo cuando la leche se derrama es símbolo de desavenencias y disputas.

Lechuga: mientras que unos autores dicen que indica tranquilidad y alegrías a las que siguen pérdidas, otros dicen que nos veremos inmersos en problemas familiares de corta duración y que padeceremos problemas económicos y de salud.

Legumbres: es funesto en todos los casos, a excepción del guisante, ya que su nombre quiere decir también persuasión. Las lentejas predicen luto. Solamente López Benedí nos dice cosas buenas respecto a las legumbres, puesto que para él sugieren una vida sencilla, sin complicaciones ni grandes expectativas, en la que pueden aparecer tan sólo pequeños inconvenientes.

Licor: simboliza debilidad de carácter y deseo de libertad. Si aparece en el sueño significa que algunas personas tratan de seducirnos. Cuidado con los proyectos, ya que pueden rozar la ilegalidad. En las gestiones que hagamos referentes a los intereses de la familia debemos ser prudentes, ya que podemos sufrir algunos daños económicos.

Limón: es un sueño de mal agüero, ya que presagia malas relaciones con todas las personas que nos rodean; la causa será nuestro carácter irascible. En el campo de los negocios no serán las cosas más gratas, ya que debemos esperar fracasos y pérdidas económicas. Sólo seremos afortunados en el campo de la salud, ya que físicamente nos encontraremos en plena forma.

Maíz: como el trigo y otros cereales, éste representa la fertilidad y la prosperidad.

Mantequilla: es símbolo de abundancia, sobre todo si soñamos que la estamos comiendo. Esta sueño promete éxito y prosperidad económica, seguridad y estabilidad. Si está rancia avisa de que vamos a ser objeto de cuchicheos y comadreos y probablemente de alguna traición.

Manzana: es símbolo de alimento material, sensual e intelectual. Soñar con ella significa que anteponemos el placer al deber. Si la manzana está jugosa sugiere satisfacción en las relaciones personales, mientras que si está verde sugiere penas y sufrimientos. Cuando está podrida o dentro tiene gusanos sólo podemos esperar desengaños. Cuando en el sueño no la comemos, sino que sólo la miramos, indica gran sensibilidad para los temas artísticos y madurez intelectual.

Melocotones: es un sueño de muy buen agüero, ya que indica que nuestras relaciones personales van a pasar por un momento mejor. Debemos aprovechar esta circunstancia para estrechar lazos con los demás y para poner en marcha aquellos proyectos que teníamos hace largo tiempo abandonados.

Melón: respecto a nuestra salud debemos tomar precauciones, pues se producirán cambios que nos pueden conducir a la enfermedad. Debemos ser más prudentes en nuestra relación con los otros, ya que si no padeceremos desavenencias y disgustos.

Miel: es el símbolo del producto de la laboriosidad. Este sueño sugiere que si somos tenaces y trabajadores, alcanzaremos el éxito. También augura buena salud y curación para los enfermos. Pasaremos unos ratos muy agradables rodeados de niños.

Mostaza: indica esta especia que debemos poner más empeño y esforzarnos más si queremos que nuestros deseos se vean cumplidos. Nos encontraremos con todo tipo de contrariedades y los que nos rodean criticarán nuestra forma de vida. Las relaciones personales se verán afectadas negativamente, pero más adelante veremos mejorar ostensiblemente la situación.

Nabo: es un mal augurio sobre todo en el terreno en el que están implicados los afectos. Anuncia infidelidades y malquerencias. Perderemos amigos y nos encontraremos solos.

Naranja: es una representación clara del placer que se obtiene en las relaciones sexuales y afectivas con otras personas. También simboliza la comunicación, por lo que soñar con ella implica que no vamos a tener ningún inconveniente con otras personas para que nos entiendan y que la palabra va a ser la vía por la cual alcanzaremos nuestros objetivos. Hay autores que opinan que soñar con naranjas augura placeres que se verán oscurecidos por contrariedades y que se padecerán circunstancias que harán peligrar nuestras posesiones. La visión de un naranjo predice felicidad afectiva y en el hogar.

Nuez: representa el esfuerzo que debemos hacer para superar las dificultades. Generalmente es un mal augurio porque predice disputas en el seno de la familia; seremos objeto de las envidias de los demás. También nos decepcionarán las personas en las que confiábamos. Para los antiguos la nuez era la representación del cerebro y según se encontrara el fruto así se hallaría aquél.

Ollas: son el símbolo de la vida hogareña y si nos vemos cocinando con ellas quiere decir que la paz y la armonía reina en nuestra casa. Cuando no se utilizan indican el miedo que sentimos ante la responsabilidad de sacar la familia adelante.

Ostra: cuando aparece en buenas condiciones o con perla dentro es un buen augurio, pues sólo predice felicidad y éxito económico; pero si está vacía anuncia que la mala suerte se cebará con nosotros y que padeceremos en nuestras actividades inconvenientes imprevistos.

Pan: presentamos aquí los significados diferentes que tenía para los antiguos soñar con este elemento básico de la alimentación y de los cuales hizo Artemidoro de Daldis una muy buena recopilación. Cuando se sueña que se come el pan al que se está acostumbrado es buena señal, mientras que si lo que se consume es otro tipo los resultados serán negativos; los panes de cebada son buenos para todos y los de harina de trigo y de cebada producen los mismos efectos. En la modernidad el pan representa en general los alimentos y los medios de subsistencia. Debemos dar una interpretación siempre esencial a los sueños con este elemento, pues nunca se refieren a algo superfluo. Hay que prestar especial atención a la forma con la que aparece en el sueño, ya que ésta le da distintos significados, sobre todo en el aspectos sexual; según su morfología puede ser un elemento masculino o femenino. Asimismo es símbolo de comunión espiritual y de deseo de compartir. Compartir pan fresco y blanco augura éxito financiero, felicidad en el hogar y en el amor. Si vemos que otros comen pan duro o de feo aspecto indica que nos hallamos ante numerosas preocupaciones y que nuestros negocios van a sufrir algún mal, también que vamos a tener problemas financieros y que se nos presenta un ambiente familiar no todo lo agradable que quisiéramos. Aunque pueda parezca lo contrario, comer pan caliente es mal augurio, porque presagia problemas de salud. Si poseemos gran cantidad de pan debemos ser prudentes, porque esto augura pérdidas económicas. La miga de pan representa la pobreza.

Pera: si la vemos en el árbol cuando ya está madura augura éxito y felicidad; pero es anuncio de mala suerte que nos veamos comiendo una pera, ya que esto augura contrariedades y malas noticias. También son indicio de separación y de penas cuando las vemos roídas por los gusanos.

Alimentos y Bebidas

Pescado: según la situación en que se encuentre va a indicar cosas diferentes. En términos generales es bueno comer pescado, sobre todo si está asado. Cuando se presenta en conserva es claro signo de que los proyectos que tenemos en marcha o los que vamos a empezar van a sufrir un retraso, aunque esto no nos impedirá alcanzar el triunfo con ellos, simplemente este aplazamiento se deberá a circunstancias ajenas a nosotros de fácil solución. Si el pescado está en malas condiciones supone penas y es un claro presagio de que la enfermedad va a hacer presa de nosotros o de alguna persona que nos es muy querida. El acto de pescar representa el deseo de ver cumplidas nuestras aspiraciones más secretas, para lo que debemos relajarnos y mostrarnos más naturales, ya que el encorsetamiento de nuestro carácter es lo que no permite que ciertas sensaciones salgan a la luz. Si aparece una pescadería predice que vamos a tener problemas con nuestros socios en los negocios o con los compañeros de trabajo, lo que dañará nuestra situación financiera. Y, finalmente, si lo que aparece en el sueño es un pescadero augura que alguien de nuestro entorno se va a aprovechar de nosotros y que tendremos que hacer todo tipo de concesiones para que se vean reconocidos nuestros derechos y nuestros méritos.

Piña: es un sueño de buen agüero que dice que si hacemos uso de la paciencia lograremos nuestras metas. Cuando nos vemos comprando una indica alegría en la familia y la posibilidad de hacer un largo viaje que será muy agradable.

Pilátano: es un símbolo fálico de las relaciones sexuales en general.

Pollitos: son símbolo de afecto, sencillez e ingenuidad.

Pulpo: es muy mal presagio, ya que augura que encontraremos fuertes dificultades que nos llegarán por diversos caminos. Seremos víctimas de las intrigas de nuestros adversarios, que saldrán triunfantes contra nosotros. Cuando nos vemos apresados por sus tentáculos quiere decir que, aparte de los males que nos rodean, hemos perdido el control de la situación. Un pulpo es nefasto.

Queso: como el queso sale de la leche, este sueño sugiere que a partir de cosas sin mucha importancia podemos construir proyectos que gocen de gran firmeza. Representa el desahogo financiero que permite ver el futuro con optimismo. Época de serenidad y paz que permitirá olvidar las penas anteriores. Cuando aparece en mal estado el sueño augura ciertos problemas económicos y de salud.

Sal: como en el mundo real, la sal es el símbolo de la conservación y la permanencia. Si la derramamos predice esterilidad y si nos la dan o la ofrecemos es señal de amistad. Algunas veces, sobre todo si se derrama, puede ser augurio de dificultades financieras y contrariedades en la vida familiar.

Salmón: representa la fuerza, el valor y el coraje con que nos enfrentamos a la vida, así como el instinto de conservación. Adquiriremos riquezas y éxitos gracias a nuestra paciencia y valentía. Se aconseja prudencia a la hora de entablar relaciones de cualquier tipo, pues en muchos casos es mejor vivir en soledad.

Sandía: debemos estar preparados ante una época que se avecina en la que tendremos múltiples problemas. Será necesario tener mucho cuidado con la salud.

Sed es un reflejo de que las cosas no marchan como sería de esperar, ya que nos encontramos en una situación de desamparo que nos hace difícil la vida. Si en el sueño conseguimos saciarla quiere decir que, a pesar de todo, hemos conseguido salir adelante y que se avecinan tiempos más satisfactorios; sólo en el caso de que hayamos saciado la sed con agua turbia indica que nuestras desgracias persistirán. Cuando no podemos calmar la sed de ningún modo es augurio de mala suerte y desgracia.

Uvas: son símbolo de alegría y de desinhibición. También presagian fertilidad y abundancia. Si las uvas que vemos son grandes y jugosas y están en buenas condiciones indica que tendremos éxito en los negocios y que es momento de iniciar empresas que nos serán de mucha utilidad y beneficiosas. Por el contrario, si se muestran en malas condiciones nos predicen preocupaciones de dinero y enfermedades. Las uvas pasas auguran contrariedades y problemas afectivos.

Verduras: en la antigüedad se daban curiosas interpretaciones a este tipo de sueños, ya que pensaban que soñar con verduras haría visible lo que está oculto; también pensaban que este sueño indicaba que las personas más cercanas nos odiaban y consumirlas significaba que íbamos a sufrir daños irreparables. Hoy los criterios son otros y si vemos las verduras cultivadas en un huerto y sanas son señal de beneficios económicos y ternura en las relaciones afectivas. Si las vemos cocinadas augura peleas en el entorno familiar.

Vino: es un sueño de buen o de mal agüero según el aspecto que presente el vino. Cuando es de buena calidad dice que debemos esperar sólo cosas buenas, mientras que si es de mala calidad o está picado avisa de que seremos víctimas de enfados y que tendremos problemas en nuestras relaciones.

Zanahoria: cuando está recién cosechada y se mantiene fresca augura alegría en la familia y entendimiento con los que nos rodean. Sin embargo, cuando está estropeada o podrida presagia que seremos responsables de la separación de otras personas.

Sueña

Animales

Los sueños con animales son altamente significativos

Animales

A medida que el hombre civilizado ha ido perdiendo su relación con los animales, puesto que ya no los necesita para transportarse o trabajar, los sueños que tienen relación con ellos van perdiendo frecuencia e importancia. En la actualidad, muchos sueños que antiguamente tenían relación con los caballos se ven sustituidos por instrumentos de transporte mecánicos como puede ser el tren, el coche, últimamente, el avión.

Está claro que la mayoría de los sueños están influidos por la propia situación, por lo que es más frecuente el sueño con animales entre aquellas personas que viven en el campo que entre las cosmopolitas.

Recientes estudios han observado entre tribus primitivas que sueños con animales, salvajes o domésticos, son los más frecuentes entre estas personas.

Como con otras cosas, los sueños con animales tienen significados tan diferentes como animales existen y no siempre se corresponden con la idiosincrasia del animal soñado.

Es frecuente también soñar con mutanciones humanas y animales (por ejemplo, una mujer con cabeza de tigre). Estos sueños son muy difíciles para el interpretador, que debe ser un experto y tomar en consideración todas las circunstancias para ofrecer un augurio fiable.

En este capítulo hablamos de los sueños en que el animal es el protagonista y se debe tener muy presente para la interpretación la relación que tiene con el hombre.

En términos generales, estos sueños se pueden clasificar en dos grandes grupos que son en el que el dominador es el hombre y en el que lo es el animal.

Por supuesto, en los sueños un animal salvaje no representa siempre peligro mientras que uno doméstico no garantiza que el augurio sea positivo.

Hay ejemplos claros como el de las ovejas en que su significado siempre es positivo, ofreciendo además un marco de serenidad y tranquilidad muy apreciado.

Aunque en la vida real los insectos suelen ser desagradables, en los sueños generalmente predican bondades y beneficios, y cuando aparecen en segundo plano siempre mejoran el augurio.

Los animales conocidos como nobles, como el caso del águila o del tigre, casi siempre magnifican las situaciones buenas y suavizan aquellas que se presentan desagradables.

El augur debe tener siempre muy presente el tamaño y el color porque éstos no siempre corresponden a los que tiene el animal en realidad.

Como en todos los demás casos, cuando el animal no aparece como protagonista habrá que analizarse la influencia que tiene sobre el objeto principal del sueño.

Animales

Abeja: todos los autores coinciden en que soñar con este insecto es un buen presagio ya que representa el trabajo y la laboriosidad; sin embargo, matar abejas significa la proximidad de males económicos, pues con ellas se sacrifica la actividad positiva de estos insectos.

Águila: es un animal majestuoso que predice el triunfo y la satisfacción en nuestras aspiraciones. Si el águila es la persona que sueña da sensación de poder al ver todo desde arriba, lo que nos dará seguridad en nuestros negocios y en nuestras relaciones. Este sueño siempre va asociado a un triunfo económico de gran envergadura. En el aspecto amoroso no seremos tan afortunados porque tendremos problemas.

Alacrán: avisa de que debemos relajarnos ya que nos encontramos en un período de crisis en el que no hacemos más que dar vueltas a los problemas que tenemos, por lo que no podemos hacer un planteamiento frío y conciso de nuestra situación. Todo esto será perjudicial para nuestro trabajo, en el que nos encontraremos con algunos problemas que no podremos solucionar fácilmente.

Alas: nos dan libertad para llevar a cabo todo aquello que teníamos pensado y que no nos atrevíamos a hacer, ya que este sueño nos augura éxito en nuestros proyectos. Siempre presagian felicidad. Es un momento estupendo para iniciar cualquier negocio, pues se verá culminado por el éxito.

Animales: soñar con animales tiene muy diferentes significados según la circunstancia en la que se presenten. Debemos hacer mucho caso a los mensajes que nos transmitan, pues casi siempre son beneficiosos para nosotros. Si soñamos con animales domésticos en una situación agradable significa que nuestra vida familiar funciona bien, que la afectividad se ve recompensada y que en el aspecto económico no tenemos problemas; sin embargo, si se asocia con sensaciones desagradables quiere decir todo lo contrario, por lo que hay que cuidar las relaciones con las personas que nos importan y prestar la máxima atención a nuestros negocios. Cuando lo que hacemos en nuestro sueño es dar de comer a un animal significa felicidad presente o en un próximo futuro, pero matar a un animal doméstico nos traerá la desgracia y la ruina. Si lo cuidamos indica que recibiremos la ayuda necesaria para alcanzar nuestros logros y si lo acariciamos tendremos toda la protección necesaria por parte de nuestros conocidos y amigos. Los animales salvajes representan la vida fuera del hogar. Si soñamos con ellos con sensación de agrado quiere decir que nuestras amistades y negocios van viento en popa; sin embargo, si están asociados con sensaciones desagradables veremos cómo se van al traste nuestros negocios y cómo tenemos problemas con nuestras amistades y conocidos. Cuando en el sueño se mantiene una lucha con un animal salvaje y se le vence quiere decir que vamos a ser capaces de enfrentarnos a nuestras dificultades y salir airosos de la situación.

Araña: tiene relación con las trampas. Debemos tener mucho cuidado con las que nos puedan tender y también con las que nos podamos tender nosotros mismos. También indica que vamos a tener ciertos problemas con la justicia. Si conseguimos desprendernos de su tela significa que vamos a salir airosos de los problemas antes indicados.

Ardilla: tiene que ver con la coquetería y las relaciones superficiales. Cuando la encontramos en libertad nos indica que se avecinan buenos tiempos para la familia en los que se gozará de gran felicidad, mientras que si vemos cómo la mata alguien significa que algún miembro de nuestra familia va a caer enfermo.

Asno: este humilde animal representa nuestro cuerpo como soporte vivo de las actividades de nuestra existencia. Según sea el sueño tendrá distintos significados. Ver un asno gordo y cargado augura éxito, felicidad y ganancias económicas, mientras que si es flaco quiere decir todo lo contrario. Cuando lo vemos cabalgando podemos esperar buenas noticias y si lo vemos decaído o moribundo augura el fracaso de nuestras empresas. Cuando el asno corre solo es señal de malas noticias y si lo oímos rebuznar predice que sufriremos una afrenta. Es de buen augurio comprar un asno y de malo venderlo. Predice prosperidad y abundancia ver nacer uno de estos animales.

Aves: se asocian a veces a los deseos que tenemos de libertad, pero generalmente es un sueño de mal augurio porque predice que vamos a tener problemas con las personas de nuestro entorno a causa de habladurías poco fundamentadas.

Avestruz: indica que a pesar de que nos cueste un gran esfuerzo debemos hacer frente a las situaciones desagradables de la vida. Es también símbolo de imprudencia. Cuando aparecen en grupo anuncia un viaje.

Avispas: predicen dificultades en todos los campos: problemas familiares y afectivos y pérdidas en los negocios. Esta situación sólo se verá superada si en nuestro sueño logramos matarlas. También auguran problemas de poca importancia en el terreno amoroso que se superarán sin dificultad pero a los que deberemos prestar mucha atención.

Balido: escucharlo nos sugiere que no prestemos atención a los comentarios sobre nosotros que hagan los demás, pues sus opiniones no tienen ningún tipo de fundamento, por lo que hacer caso de ellas significaría desviarnos de nuestros objetivos. En general nos aconseja que no hagamos caso de otras opiniones, ya que el criterio que estamos siguiendo para llevar nuestra vida hacia adelante es el más acertado.

Ballena: representa una gran fuerza que surge de las profundidades de nuestro inconsciente, una fuerza que si sabemos encauzar adecuadamente será muy beneficiosa. No debemos intentar luchar contra ella, será inútil. Nuestra pareja ejercerá su fuerza para hacernos entrar en razón ante situaciones en las que nos mostrábamos reticentes.

Buey: es signo de resistencia y de seguridad en las acciones de toda índole. Ver bueyes gordos es sinónimo de alegría en el hogar, mientras que los flacos nos auguran miseria y pobreza. Verlos en otras circunstancias suele ser de buen augurio, excepto si los vemos durmiendo, porque ello indica que vamos a tener dificultades en un futuro próximo. Si soñamos que los matamos indica que vamos a vencer a la adversidad logrando nuestros fines y además augura riqueza y prosperidad.

Búho: el búho es un animal que siempre ha representado la sabiduría y la discreción. Soñar con él es muy positivo si sabemos aprovechar sus enseñanzas. Aconseja discreción y prudencia y si somos capaces de seguir su ejemplo nos facilitará mucho la vida, tanto en las relaciones interpersonales como en el mundo de los negocios.

Buitre: aconseja lo mismo que el búho, pero aquí debemos extremar la prudencia porque estamos rodeados de personas que están esperando nuestros fallos para aprovecharse de ellos, bien en su propio beneficio o para hundirnos porque no nos quieren bien. Si somos capaces de obrar con la prudencia precisa, este sueño no es de mal augurio, sólo de aviso. También nos advierte en el terreno afectivo que seamos más prudentes y demos nuestro cariño sólo a las personas que lo merecen.

Caballo: es símbolo de fuerza y pasión. Soñar con él indica que debemos controlar nuestras pasiones y llevarlas por buen camino para que el resultado nos sea favorable. También advierte que las pasiones desbocadas nos llevarán a la ruina moral y económica. De todos modos, este sueño tiene múltiples significados según la relaciones que establezcamos en él con el caballo. Si le llevamos por las bridas significa que somos capaces de encauzar nuestra vida por los caminos que más nos convienen, a pesar de que nuestras pasiones nos hagan jugadas que a veces nos hacen vacilar. Si el caballo se encabrita podemos esperar poco éxito en los proyectos financieros. Cuando nos bajamos de uno porque sentimos que está agotado nos indica que se avecina una larga época de espera para nuestros proyectos y que debemos obrar con prudencia ante los demás. También es muy importante el color del caballo; generalmente los colores claros van unidos al éxito y los oscuros al fracaso.

Cabestro: en algún sentido nos estamos dejando tiranizar o esclavizar por otros, por lo que debemos poner urgentemente remedio a esta situación antes de que sea demasiado tarde y nos perjudique irremediablemente.

Cabra: la interpretación varía según se trate de una cabra en libertad o de una doméstica. En el primer caso sugiere libertad, agilidad y capricho, mientras que en el segundo sugiere calma y tranquilidad. El macho cabrío representa desde la antigüedad la potencia sexual. Algunas personas sueñan con el macho cabrío asociado con el mal o con el diablo, lo que significa automarginación y que nosotros mismos nos estamos condenando por aquello que consideramos que hacemos mal. Ante el sueño de la cabra debemos tener mucha prudencia en todos nuestros actos y también debemos desconfiar de los consejos que nos den para no resultar perjudicados. Por otro lado, este animal predice que podemos conseguir un cierto éxito en los negocios siempre que hagamos gala de prudencia.

Camello: se avecina un largo período en el que deberemos hacer gala de coraje y perseverancia. Es conveniente que hagamos acopio de dinero, pues se avecinan muchos gastos. El camello muerto indica enfermedad o fallecimiento en la familia.

Cangrejo: si aparece en nuestros sueños es un claro indicador de que no debemos dejarnos llevar por las apariencias y que debemos poner freno a nuestros prejuicios. Avisa de que estamos rodeados por personas que nos malquieren y debemos ser prudentes. Sólo en el caso de que lo capturemos o lo matemos podremos poner fin a la maledicencia de la que somos objeto.

Carpa: este pez representa las emociones afectivas. Si la pescamos podemos esperar éxito en todos las facetas de la vida. Sin embargo, cuando nos la comemos presagia que se avecinan preocupaciones económicas y gastos imprevistos.

Caza: refleja un cierto espíritu aventurero que puede ser muy beneficioso si sabemos encauzarlo hacia buenos propósitos. En general es un sueño de buen augurio porque nos predice éxito y ganancias. Cuando la caza es infructuosa podemos esperar ciertas preocupaciones de índole económica. Si soñamos con caza furtiva indica que vamos a tener serios contratiempos con personas de cierta autoridad.

Cerdas: para los antiguos soñar que se tienen cerdas en el cuerpo predice peligros fuertes y es símbolo de esclavitud y de desgracias. Sin embargo, los autores modernos predicen todo lo contrario y tener cerdas es sinónimo de perspectivas felices, abundancia, éxito en los negocios, estado de salud inmejorable y muchísimo éxito en las relaciones interpersonales.

Cerdo: sobre todo cuando se presenta como una hembra que está amamantando a sus cachorros augura suerte y abundancia. Podemos esperar felicidad en el hogar.

Ciervo: está asociado directamente con el éxito profesional y social. Indica que nos espera un futuro lleno de comodidades en el que no sufriremos ningún sobresalto. Si vemos a una hembra todas las apreciaciones anteriores se verán suavizadas por la ternura. Es mal augurio verlo correr o comer su carne.

Cigarrra: este pequeño animal es un mal augurio en todo lo que se refiere a temas económicos. Tendremos problemas graves en los negocios y nuestra vida laboral se verá seriamente afectada. No debemos contar con la ayuda de los demás y sólo conseguiremos salir de esta mala situación gracias a nuestro propio esfuerzo y al empeño que pongamos. La constancia es la virtud más apreciada en estas situaciones.

Cigüeña: refleja felicidad familiar y anuncia próximos nacimientos. No tiene incidencia en la economía. Podemos esperar una larga temporada de bienestar.

Cisne: simboliza la elegancia y la armonía y puede presagiar éxito y fortuna. Es un momento propicio para iniciar proyectos. Es mal augurio cuando es negro y señal de duelo si lo oímos cantar.

Codorniz: anuncia infidelidades y traiciones en el campo sentimental. También podemos esperar pérdida de amistades.

Colmena: es el símbolo de la organización social. Cuando está asociado a sensaciones agradables predice riqueza y prosperidad. Para las mujeres presagia fecundidad. Tendremos fortuna en el amor, ya que encontraremos a alguien que va a ser muy importante para nosotros.

Concha: en general aparece en los sueños como símbolo de la mujer. Cuando el soñante es un hombre este sueño tiene claras connotaciones eróticas. En general es un sueño de buen agüero porque predice estabilidad y franqueza.

Conejo: augura éxitos y felicidad, excepto cuando lo matan o ya está muerto porque quiere decir que la incertidumbre va a hacer presa en nosotros lo que hará que tomemos malas decisiones en los negocios y que no nos sintamos seguros en las relaciones afectivas.

Cordero: puede ser un sueño muy positivo cuando se asocia con la candidez y la ingenuidad; pero también es negativo cuando se asocia con la negatividad, con no querer ver las realidades de la vida. Es augurio de felicidad que proporcionarán los hijos y sus acciones. Si el cordero está muerto es anuncio de enfermedades y penalidades.

Cuerno: simboliza la abundancia y la prosperidad. Nuestro carácter arriesgado nos va a llevar por derroteros que nos conducirán hacia el éxito. Si los vemos rotos significa que nuestra salud se verá directamente afectada. Vernos con cuernos indica que somos víctimas de la humillación y el engaño. Cuando los lleva otra persona anuncia preocupaciones.

Cuervo: en la antigüedad se le consideraba el mensajero de los dioses y portador de buenas noticias, aunque en la actualidad se le da una interpretación contraria y se le considera de mal agüero, anuncio de calamidades e incluso de la muerte. De todos modos no se le debe prestar demasiada atención.

Culebra: es siempre símbolo de pérdidas que podemos padecer en nuestros bienes materiales o en el campo afectivo. Estas pérdidas pueden ocasionarlas nuestras actitudes o bien pueden ser ajenas a ellas. Cuando matamos la culebra es señal de que hemos vencido a todos nuestros adversarios y de que vamos a recuperar parte las pérdidas que hayamos sufrido

Cocodrilo: estamos rodeaos por todas partes de las malas intenciones y de la traición. Mucha prudencia porque recibiremos males de personas de las que no los esperábamos. Hay que prestar especial atención a las acciones de los competidores en los negocios

Delfín: indica que nos hallamos en el buen camino, por lo que deberemos conservar las mismas actitudes que teníamos hasta el momento hacia las cosas y las personas. Cuando se ve un delfín fuera del agua puede predecir la muerte de uno de nuestros amigos.

Dragón: la lucha con un dragón significa el trabajo y la constancia que ponemos en la lucha contra las dificultades de la vida. Cuando lo vemos presagia problemas en el ámbito profesional o en el familiar. Debemos temer un peligro inminente si lo vemos echando llamas por la boca. Si lo matamos o lo apresamos quiere decir que triunfaremos ante todas las adversidades. Cuando en el transcurso de un sueño aparezca sólo una parte de este animal quiere decir lo mismo, pero con menores consecuencias.

Elefante: es un claro símbolo de la fuerza, la prosperidad, la longevidad y la memoria. Cuando nos vemos dando de comer a uno quiere decir que alguna persona influyente contará con nuestro apoyo. Soñar que nos montamos en él asegura el éxito en los negocios, mientras que si le vemos en un circo predice situaciones desagradables. Es muy buen presagio ver a un elefante con su cría. No tiene especial incidencia en nuestra vida afectiva.

Erizo: es sinónimo de luchas y enfrentamientos. Deberemos tener especial cuidado con quienes nos rodean, ya que seremos víctimas de maledicencia y malas acciones por su parte. Nuestros enemigos tendrán éxito si soñamos que nos pinchamos con un erizo.

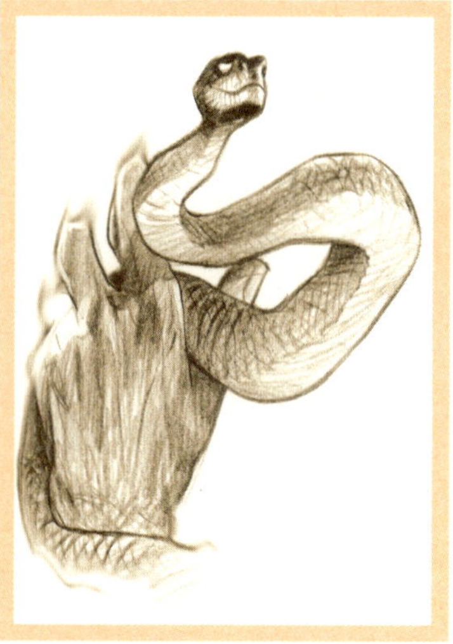

Escamas: representan irracionalidad y tendencias pasionales. Si son de reptil seremos víctimas de relaciones hipócritas, de traición y de calumnias. Nos encontraremos inmersos en situaciones de peligro de poca importancia.

Escarabajo: soñar con escarabajos es siempre un buen presagio, ya que augura éxito en los negocios y avisa de que tendremos momentos de intensa felicidad que no esperábamos. Es un buen momento para iniciar empresas de cualquier tipo, ya que se verán coronadas con el éxito.

Faisán: simboliza la luz del día y la vigilancia, aunque soñar con uno es mal augurio, ya que es portador de preocupaciones para el medio familiar y problemas graves en los negocios.

Foca: es símbolo de soledad afectiva, aunque también puede ser reflejo de soltería o virginidad no deseadas que no se ha sabido superar a causa de una educación muy estricta o de prejuicios religiosos. Debemos tener presente que nunca es tarde y poner remedio a esta situación, ya que si lo conseguimos nos encontraremos en un estado de felicidad que será bastante beneficioso para nosotros. No tiene ningún significado en el aspecto económico.

Gacela: es un sueño de buen agüero siempre. Este animal representa la sensualidad, la belleza, la agilidad y la agudeza visual. Es la imagen del ser amado. Casi todos los autores coinciden en que debe interpretarse como una mujer, pero más bien representa el complemento sexual de cada uno. Es símbolo de alegría y felicidad, trae con ella buenos augurios en todos los campos, pero especialmente en todo aquello que tiene relación con los sentimientos.

Gallina: símbolo de cuestiones superficiales que no afectan a nuestra vida. Cuando vemos un gallinero lleno es símbolo de cuchicheos y comadreos. Si vemos a una gallina poner un huevo blanco nos augura un pequeño beneficio, mientras que si es moreno nos encontraremos ante un pequeño inconveniente.

Gallo: es símbolo de vigilancia y orgullo. Generalmente trae buenas noticias y nos advierte para que siempre llevemos la cabeza alta y con dignidad. Cuando vemos que un gallo nos ataca quiere decir que debemos tranquilizarnos; estamos sometiendo a nuestro organismo a una situación de estrés que es totalmente innecesaria, ya que podemos resolver los problemas con mucha mayor tranquilidad de lo que creemos. Debemos evitar todos los enfrentamientos que nos puedan dar disgustos.

Ganado: representa la riqueza y la abundancia en mayor o menor medida según el tamaño del rebaño que veamos y en función también del estado en el que se encuentren las reses. Cuando el ganado está en perfectas condiciones nos indica ganancias y éxitos a todos los niveles; cuando lo vemos enfermo o con mal aspecto predice ganancias económicas pero de menor cuantía de lo esperado.

Gato: por ser este animal muy venerado en ciertas culturas, a los sueños relacionados con él siempre se les ha dado un significado que concierne a la situación del alma de la persona que sueña. Suele ser el arquetipo de lo femenino, con lo que se le relaciona muy estrechamente. Casi todos los sueños relacionados con gatos son de mal agüero porque significan lo que el gato representa: traición y perfidia. Si estamos acariciando a uno predice un período de disputas y discusiones con la mayoría de las personas que conocemos y que, además, esas discusiones desembocarán en un callejón del que nos será muy difícil salir. Pelear con un gato o echarle fuera significa que tenemos un adversario peligroso que está empeñado en hacernos daño y del que si no tenemos mucho cuidado recibiremos perjuicios económicos que afectarán profundamente a nuestra situación. En general, soñar con gatos indica que debemos ser muy prudentes en todos los campos de la vida, pues la traición y el engaño nos acechan y nos pueden ocasionar males irremediables.

Golondrina: pronostica tiempos venideros en los que seremos felices. También es símbolo de la tranquilidad y de la pureza. Cuando la oímos gorjear anuncia buenas noticias. En el caso de que veamos que muere o que se va de nuestra casa es presagio de malas noticias y de desgracia.

Gorila: nos sentimos amenazados por otras personas que nos obligan a hacer cosas que no queremos. Tendremos graves perjuicios si no cambiamos nuestras costumbres.

Gorrión: es mal augurio. Aconseja que nos libremos de cierto tipo de amistades que bajo una apariencia de bondad son perjudiciales para nosotros. Tendremos problemas de dinero y seremos víctimas de maledicencia.

Grillo: cuando oímos a este animal cantando en el campo es augurio de paz y tranquilidad. Cuando estamos preocupados puede convertirse en una gran molestia que indica que debemos de dejar de dar vueltas a nuestros problemas e intentar verlos con perspectiva y serenidad. En el terreno afectivo por lo general es símbolo de felicidad y alegría que irán acompañadas de gran tranquilidad en el hogar.

Grulla: soñar con este pájaro es mal augurio, pues advierte que veremos nuestra situación financiera tambalearse por deudas contraídas o de hurtos de los que hemos sido víctimas. En esto contaremos con apoyo.

Gusano: en principio es un sueño desagradable, ya que recuerda la corrupción. Anuncia que no debemos entristecernos por nuestros fallos y defectos, puesto que como del gusano sale la mariposa, también de nuestros fallos saldrá el éxito y por medio del esfuerzo conseguiremos amor y felicidad. Si es útil, como el de seda, quiere decir que debemos tener esperanza, ya que se avecinan gratificaciones y éxitos; pero si es un parásito deben temerse perjuicios, sobre todo económicos. Hay que tener especial cuidado con la vida profesional.

Halcón: se ha convertido en el símbolo de la elevación espiritual, del triunfo de lo inferior sobre lo superior. Si soñamos que lo capturamos es augurio de alegrías y si no lo logramos quiere decir que hemos desaprovechado una ocasión de oro para alcanzar el triunfo en nuestros proyectos. Si lo vemos volar quiere decir que pronto recibiremos noticias. También indica que éste es un buen momento para fijarnos un objetivo, ya que tendremos muchas probabilidades de alcanzarlo.

Hiena: representa las bajas pasiones y la cobardía. Nos hallamos o nos hallaremos en un futuro próximo en una situación delicada en los negocios que provocará pérdidas inesperadas. Seremos víctimas de las intrigas de otros, lo que nos ocasionará graves perjuicios. Debemos intentar aprovechar todas las ventajas que se nos presenten, pues estaremos muy necesitados de la buena suerte para salir adelante. Cuando matamos una hiena quiere decir que tras esta situación delicada por la que estamos pasando vendrán tiempos mejores y todos los problemas se irán solucionando lentamente.

Hipopótamo: es el símbolo de los impulsos y de las bajas pasiones. Debemos estar atentos, porque si nos dejamos arrastrar por la inercia no lograremos ningún placer y al final nos veremos dominados por el hastío. Se recomienda fuerza de espíritu y voluntad.

Hormigas: representan el trabajo organizado y los éxitos conseguidos a base de esfuerzo y tesón. Cuando vemos que nos invaden el cuerpo significa que padecemos de una sintomatología paranoica, que será más o menos grave según el número de hormigas, por lo que es conveniente acudir a un profesional. Cuando vemos destruir un hormiguero el sueño nos augura desamparo y desgracias.

Ibis: significa que recibiremos noticias felices que nos van a tranquilizar.

Iguana: en la realización de nuestros proyectos nos encontraremos con sobresaltos que no traerán consecuencias particulares. Gran estabilidad familiar.

Insectos: estos pequeños animales simbolizan los sentimientos negativos que albergamos hacia los demás, como el odio y la envidia. Si soñamos con una casa que está llena de ellos quiere decir que sentimos desconfianza y resentimiento hacia las personas que nos rodean o, por lo menos, hacia un determinado número de ellas. También significa que tenemos mucho miedo de lo que puedan pensar de nosotros los demás, porque nos hallamos en una época en la que somos especialmente vulnerables. En algunos casos indica que mantenemos en nuestro interior impulsos o sentimientos que somos incapaces de manifestar y que poco a poco van deteriorando nuestro carácter y nuestra relación con otras personas. En general es un sueño de mal agüero, ya que presagia preocupaciones y dificultades y anuncia que nos engañarán en los negocios.

Jabalí: representa el coraje y la respuesta que damos a las agresiones exteriores. Si utilizamos su fuerza seremos capaces de conseguir todo lo que deseamos; pero si osamos enfrentarnos con él seremos víctimas de nuestra propia conciencia, lo que nos hará la vida imposible. Por otro lado, es muy corriente que represente a un adversario particularmente peligroso, lo que nos indica que debemos obrar con astucia y prudencia, pues puede hacer fracasar nuestros proyectos y echar por tierra todas nuestras esperanzas. Cuando somos capaces de capturarlo o matarlo es muy buen augurio, porque presagia el éxito.

Jaguar: significa que nuestros enemigos están planeando acciones desleales para que tengamos pérdidas y que cuentan con gran apoyo para hacerlo, mientras que nosotros carecemos de él. Pérdidas económicas importantes.

Ladrar: cuando se oye ladrar a un perro es siempre un mal augurio, pues se avecinan tiempos en los que nos hallaremos rodeados de personas que quieren nuestro mal y se nos presentarán graves problemas. Si somos capaces de hacer que el perro deje de ladrar es augurio de que los obstáculos serán superados, pero siempre a base de tesón y trabajo.

Langosta: estos animales son los protagonistas de las terribles plagas, por lo que existe la posibilidad cercana de ruina o de desolación. Habremos de tomar medidas rápidamente para evitar que esto suceda.

Langostinos: es símbolo de seguridad y de prosperidad financiera. Se acerca una época de gran bienestar que será propicia para iniciar nuevas gestiones económicas.

Lechuza: augurio nefasto. Es señal de malas noticias, fracasos, acontecimientos dolorosos, presagio de enfermedades y de separaciones de parejas. Cuando la oímos ulular es una señal inequívoca de fallecimiento de algún allegado.

León: es símbolo de seguridad, poder y sabiduría, representada en muchos casos por la figura del padre, aunque su condición de animal salvaje le hace parecer cruel y dominante. Es recurrente el sueño de vernos luchando con un león; si salimos vencedores de la contienda significa el triunfo sobre las circunstancias adversas que nos rodean, triunfo que generalmente se consigue a base de trabajo y tesón. Cuando vemos a un león en libertad indica que tenemos cerca a alguien que puede ser peligroso para nuestros planes. Si vemos que somos atacados por él y que no conseguimos vencerlo predice peligros por parte de un enemigo muy poderoso que puede hacer fracasar nuestros planes y provocarnos graves daños. Si lo que soñamos es que conseguimos amaestrar lo sugiere que alcanzaremos el respeto de todas las personas que nos rodean y que seremos afortunados en el mundo de los negocios. Por último, ver una familia de leones con sus cachorros es símbolo de felicidad y alegría en el terreno familiar.

Libélula: significa la inconstancia y la ligereza que imprimimos a nuestros actos e indica que somos incapaces de prestar atención a los objetivos que nos hemos propuesto y que nuestros pensamientos se hallan dispersos.

Lobo: indica ferocidad y crueldad y también los instintos básicos. Este sueño sugiere que somos personas propensas a pedir perdón cuando cometemos algún error, pero que somos incapaces de concederlo si otros nos ofenden. Soñar con lobos indica que estamos rodeados de enemigos y de personas que nos traicionan y engañan, por lo que se aconseja ser muy prudentes, sobre todo a la hora de seguir los consejos que nos dan. Cuando en el sueño matamos o cazamos al lobo significa que hemos sido capaces de vencer a los enemigos que nos rodean y que hemos alcanzado el éxito gracias a nuestra valentía y fuerza de voluntad.

Mariposa: es símbolo de inconstancia y de ligereza. Tendremos una época en la que seremos inconstantes en todo, lo que perjudicará a los proyectos. Tendremos que adoptar una actitud más firme si queremos salir con bien de ciertos proyectos que tenemos en marcha. Cuando nos vemos atrapando a una mariposa quiere decir que vamos a tener una relación sentimental de corta duración.

Mariquita: este insecto es la imagen de la armonía y de la felicidad. Augura que recibiremos buenas noticias.

Mirlo: es símbolo de murmuraciones y habladurías de las que conseguiremos sacar cierta información que puede sernos útil.

Mono: suelen representar nuestra propia caricatura y es un sueño, por lo general, de mal agüero, porque predice que nos vamos a encontrar con adversarios de cierta envergadura a los que no nos será fácil vencer. En el campo de los negocios veremos fracasar nuestras iniciativas y experimentaremos pérdidas económicas. Seremos víctimas de robos y engaños y en general estaremos rodeados de múltiples dificultades.

Murciélago: suscita temor y repugnancia, quizá por estar asociado a lo nocturno y a lo tenebroso.

Nido: es el símbolo del hogar y la familia, por lo que puede interpretarse como un signo de protección. Cuando aparece un nido de víboras es señal de traición. Los nidos de pájaro pueden interpretarse de diferentes maneras; si lo vemos lleno de pájaros o de huevos simboliza la felicidad del hogar y que tendremos pronto nuevos nacimientos en la familia, mientras que si el nido está abandonado simboliza el desamparo.

Ocas: simbolizan la satisfacción afectiva, por lo que deberemos esperar un futuro lleno de felicidad en el que nuestras relaciones familiares serán muy satisfactorias y conseguiremos grandes logros en el terreno afectivo.

Oso: indica que tenemos cerca un fuerte adversario que con su astucia y malas artes nos hará pasar por momentos muy difíciles, ya que será una persona de poder e influyente. Nuestras condiciones de vida se verán en peligro a causa de la mala marcha de nuestros negocios. En el aspecto profesional nos sentiremos infravalorados y esto afectará a nuestras relaciones personales, ya que estaremos frecuentemente de mal talante. Sólo en el caso de que fuéramos capaces de matar al oso sería un buen presagio.

Oveja: soñar con este animal es siempre muy buen augurio. En el campo de los negocios y profesional nos veremos premiados con grandes éxitos, ya que alcanzaremos el reconocimiento personal y una gran mejora en nuestros bienes. Sólo en el caso en que aparezca una oveja enferma, en malas condiciones o muerta, es mal presagio, pues predice dificultades y peligro, tanto en el hogar como en el resto de las actividades.

Paloma: es el símbolo de la paz por excelencia. También significa amor, armonía, conocimiento, esperanza y recuperación de la felicidad perdida. Según el color que tenga debe interpretarse de diferentes maneras. Sólo en el caso de que soñemos que la paloma arrulla será mal presagio, pues augura el fallecimiento de una persona muy querida.

Pantera: suele representar a una mujer astuta que se acerca a nosotros con fines poco claros, pues pretende manipularnos y perjudicarnos. Para los hombres puede querer decir que se verán manejados por cierto tipo de relaciones sexuales. En términos generales, este animal es símbolo de astucia y traición, de la que vamos a ser objeto; por ello deberemos ser especialmente cautos, ya que nuestra vida social puede estar seriamente amenazada. Cuando cazamos o matamos a la pantera es señal de que hemos salido airosos de todas las trampas que se nos han puesto.

Pavo: ver un pavo significa comodidad y serenidad en el seno de la familia y relaciones sinceras con las amistades. Verse en el sueño vendiendo un pavo es anuncio de miseria.

Peces: son un símbolo claro de lo que nos depara el destino. Cuando son de gran tamaño y están vivos auguran éxitos y el cumplimiento de nuestros deseos; pero si vemos que intentamos pescarlos y que se escurren de las manos nos indica que se avecinan desilusiones y épocas difíciles. Es de buena suerte comer pescado y de mala matar peces o verlos muertos.

Perro: generalmente es el símbolo de la fidelidad y la compañía, como lo son los perros en la realidad. Sin embargo, hay que ser prudentes, ya que puede aparecer en nuestros sueño como fiel guardián de algo que deseamos, por lo que se pondrá en contra nuestra. A veces representa el deseo que tenemos de ser amados y la necesidad de tener a alguien que comparta nuestra vida porque nos encontramos solos. Cuando es bueno y fiel anuncia la paz en el hogar y la avenencia con los amigos. Si está perdido y resulta amenazante nos avisa de que un peligroso y fuerte adversario nos va a perjudicar y nos causará problemas. Cuando nos vemos mordidos por un perro augura el éxito a nuestros enemigos lo que, por supuesto, será perjudicial para nuestros intereses.

Pulgas: simbolizan estos animales trastornos de poca importancia y molestias con las que nos encontraremos en el transcurso de nuestras gestiones.

Rana: soñar con este animal se asocia con sensaciones desagradables, posiblemente por su aspecto o por el hábitat en el que se desenvuelve. Puesto que vive en el agua y en la tierra representa la dualidad en el comportamiento, por lo que debemos tener cuidado con las personas que nos halagan y parece que nos quieren, ya que a nuestras espaldas pueden traicionarnos y dañar nuestros intereses. Nosotros también tendremos comportamientos poco éticos.

Rata: es mal augurio, ya que representa los actos malignos. Simboliza las grandes pasiones cuando degeneran; también el rencor, los celos y la envidia. Si aparece en gran número indica que todas sus facultades nocivas se verán intensificadas, por lo que el sueño será un pésimo augurio. Puede ser positivo ver que se matan ratas, aunque esto sólo significará que tenemos un cierto ascendiente sobre nuestros rivales, pero en ningún caso quiere decir que los tengamos sometidos.

Animales

Rebaño: para la gente que vive del campo soñar con rebaños en buenas condiciones es símbolo de riqueza, y si éstos no tienen buen aspecto predice fracasos y pérdidas económicas. Sin embargo, para el resto de personas el sueño avisa de que tenemos una personalidad débil y de que nos escondemos entre los demás para que nuestras carencias no sean visibles. Este es un sueño muy frecuente entre las personas que viven en grandes ciudades.

Reptil: símbolo por excelencia de los bajos instintos, refleja los bajos sentimientos y la frialdad desprovista de amor en los sentimientos. Es mal augurio en los negocios, ya que estos animales representan a los enemigos en el campo profesional; por ello, si vemos reptiles fuertes y con buena salud debemos prever ataques de los contrarios que nos van a dejar en muy mala situación. Pasaremos por pruebas que serán muy dolorosas y de las que nos recuperaremos con mucha lentitud. Se recomienda mucha precaución en todos los actos, pues este sueño augura cambios en nuestro modo de vida que pueden ser muy perjudiciales. Si vemos gran cantidad de reptiles significa que todas las premoniciones de este sueño se agravan.

Sapo: este sueño tiene las mismas interpretaciones que el de la rana pero aumentadas.

Serpiente: tiene significación fálica. También tiene que ver con el conocimiento y la sabiduría. Este animal augura que vamos a adquirir conocimientos beneficiosos.

Telaraña: dice que debemos tener mucho cuidado con nuestros adversarios, ya que en estos momentos están preparando trampas contra nosotros para hacernos caer en situaciones de las que nos será muy difícil salir y que tendrán nefastas consecuencias.

Tigre: es el representante de nuestros enemigos. Cuando aparece particularmente feroz quiere decir que estamos rodeados de adversarios que amenazan nuestras empresas, por lo que es muy peligroso. Sólo paliaremos sus daños si soñamos que somos capaces de capturarlo o de matarlo.

Toro: indica que personas poderosas van a tomar decisiones que influirán decisivamente en nosotros. Cuando vemos al toro quiere decir que nos hallamos en situación de peligro y que debemos protegernos lo mejor que podamos, situación tanto más peligrosa cuanto más furioso esté el toro. Si conseguimos cazarlo o matarlo indica que, eventualmente, acabarán nuestros problemas.

Tortuga: este sueño es la representación de la longevidad, la protección y la lentitud. Casi siempre anuncia una temporada de pausa en nuestra vida en la que dejaremos en suspenso nuestros negocios y nos marcaremos un descanso en la vida afectiva. Después de esta época vendrán tiempos muy venturosos en todos los terrenos que nos proporcionarán grandes satisfacciones en todos los ámbitos de la vida.

Ubre: cuando vemos unas ubres de animal doméstico que están llenas podemos esperar prosperidad y abundancia.

Ulular: es de mal agüero porque presagia malas noticias. Pesares y daños afectivos. En el terreno profesional tampoco contaremos con demasiada suerte.

Urraca: es un animal charlatán, ladrón y envidioso; soñar con ella previene de las personas que nos rodean que reúnen estas características. Generalmente es mal presagio, pues anuncia noticias falsas y que nuestro ambiente se verá invadido por los cotilleos y las murmuraciones. Seremos víctimas de la calumnia, que nos hará sufrir mucho.

Vaca: se la asocia con la tierra, la bondad, la paciencia y, a veces, con la estupidez. Según la apariencia que adquiera tendrá múltiples significados. Una vaca sana y gorda siempre es símbolo de abundancia y felicidad. Si la vaca es flaca augura al soñante penalidades y pérdidas económicas; a veces puede ser el augurio de la más grande de las miserias. El significado del sueño se verá más fortalecido si este animal aparece en rebaño.

Vampiro: indica que estamos rodeados por personas indeseables que se aprovecharán de nosotros para su propio beneficio. Por otro lado dice que gracias a nuestra entereza y habilidad seremos capaces de salir de situaciones conflictivas en las que podríamos vernos inmersos.

Yegua: representa a la mujer y todos los sueños que tienen relación con yeguas están referidos a ellas. Es presagio de algún acontecimiento que tendrá que ver con la propia esposa o con cualquier persona del sexo femenino que sea muy allegada a nosotros.

Sueña

Colores

Los colores y sus diversas tonalidades expresan en los sueños nuestros sentimientos

Gran enciclopedia de
Los Sueños

Colores

Nadie sueña con «un nada» en color, esto quiere decir que los colores son siempre un complemento al sueño y nunca los protagonistas, aunque hay veces en que influyen tanto que es lo primero que se debe analizar. Esto ocurre cuando vemos todo teñido de rojo o azul, por ejemplo, y en esos casos debe dársele la máxima prioridad.

Sin embargo, en la mayoría de los sueños son los colores un componente más que sólo sirve para dar más fuerza, en un sentido o en otro, al significado general del sueño.

Por lo general, los colores claros son de índole positiva mientras que los oscuros suelen ser de mal augurio, aunque esto siempre no es así.

A veces ocurre que aparecen objetos o animales con colores inusuales, como por ejemplo un río de aguas rosas o un gato verde. En estos casos también hay que prestar especial atención a su significado puesto que influirá determinantemente en nuestro futuro.

Cuando aparecen los colores habituales en los objetos adecuados no debe prestársele especial atención.

Si los colores aparecen velados quiere decir que el significado general del sueño se verá altamente atenuado por diversas circunstancias.

Amarillo: es el símbolo de la intuición y la inteligencia, por lo que si ponemos en funcionamiento estas dos actitudes tendremos éxito en los diversos campos de la vida. También es el símbolo del aire. Estaremos en una situación privilegiada para llevar felicidad a nuestros allegados.

Arco iris: el arco iris es la mezcla de la luz con el agua, ambos elementos positivos. Si vemos uno con luminosos colores y con nitidez es símbolo de éxito; pero si está desdibujado nos quiere avisar de posibles fracasos e indica que actuemos con prudencia.

Azul: este color está relacionado con los ideales espirituales y también simboliza nuestras emociones y sentimientos. A veces puede ser un aviso para no caer en la sensiblería.

Blanco: puede ser un símbolo de júbilo o de duelo. En la cultura occidental supone la alegría y el éxito. En un sueño donde predomine este color deberemos ver un futuro lleno de posibilidades y prosperidad. Tendremos muy buena suerte, que deberemos aprovechar al máximo, ya que conseguiremos con ella el éxito en nuestros negocios. La vida profesional se nos presenta llena de reconocimiento por parte de los demás. Alegría familiar y afectiva.

Colores: soñar con colores está muy relacionado con las actividades vitales. Según el color que vaya asociado a los elementos del sueño, éstos pueden ser símbolo de alegrías o de pesares. Como es previsible, los colores claros y brillantes van asociados a los sentimientos de alegría y los oscuros y apagados a los sentimientos de tristeza. No es muy frecuente que en el sueño aparezca el color puro, ya que casi siempre son mezclas de varios de ellos. Cuando se siente rechazo hacia un color es sinónimo de cobardía y miedo a enfrentarse a las situaciones de la vida, no importa la dificultad que entrañen. Los blancos y negros no pueden considerase colores, por lo que están fuera de esta interpretación.

Colores

Gris: es símbolo de la indiferencia y de la indeterminación. Cuando nos vemos envueltos por una niebla grisácea indica que tenemos temores inconscientes que debemos sacar a la luz; hasta ahora los teníamos reprimidos y nos ocasionaban problemas que éramos incapaces de solucionar. Si conseguimos hacerlo hallaremos la solución a todos los inconvenientes que tengamos.

Negro: es un sueño de mal agüero. Está asociado con el fracaso en los negocios y en la vida laboral; también tiene implicaciones nefastas en la vida afectiva y familiar. No debemos ser pesimistas, puesto que después de una temporada en la que todo nos saldrá mal volveremos a ver la luz y las cosas empezarán a mejorar.

Pardo: es un color que infunde serenidad. Es el símbolo de la tierra y de la maternidad. Se avecinan unos tiempos muy tranquilos en los que podremos llevar a cabo nuestras empresas sin grandes sobresaltos. Fortuna en el amor.

Rojo: es este color el símbolo del fuego y de la pasión. También representa la guerra y los impulsos sexuales. Debemos añadir sus características a los sueños en los que este color predomine. Predice éxito en las relaciones amorosas.

Verde: es este color el símbolo de la regeneración continua de la naturaleza, por lo que indica felicidad y prosperidad; pero hay que tener cuidado si se asocia con la jungla, ya que así significa que nos acechan graves peligros de naturaleza desconocida. Deberemos tener paciencia si estamos pendientes de alguna resolución pues este sueño indica que no es todavía el momento apropiado.

Violeta: representa esta flor la humildad. Augura que podemos esperar ternura y amor. En el aspecto económico no tiene ninguna incidencia.

Sueña

Enfermedades

Sueños relacionados con las enfermedades y sus curas

Gran enciclopedia de Los Sueños

Enfermedades

Para los augures de la antigüedad los sueños con enfermedades, sus curas y todas las personas u objetos que tuvieran relación con ellas revestían una importancia capital.

La observación de las vísceras de animales y la interpretación de los sueños referentes a enfermedades eran la base de las predicciones y el pueblo llano creía firmemente en ellas.

Aunque dé otra impresión, soñar con enfermedades no siempre es de mal presagio e incluso algunas nos predicen beneficios a todos los niveles.

Cuando soñamos con curas, medicamentos o remedios, así como con médicos y sanadores debemos también tener presente lo que significan las enfermedades a las que hacen referencia para dar a estos sueños una acertada interpretación.

Es verdad que las personas hipocondríacas son mucho más propensas a soñar con enfermedadades y todo lo relacionado con ellas debido a que el subconsciente juega un papel muy importante en el mundo onírico. Estas personas, dadas sus especiales características, piensan que estos sueños son una clara manifestación de que van a ocurrir hechos desastrosos pero esto no es así.

Cuando una persona sana sueña con que cae enferma, suele significar que va a tener problemas de mayor o menor intensidad pero de todos modos hay que analizar minuciosamente el contexto en que aparece el mal para obtener un resultado satisfactorio en cuanto a la veracidad de la predicción.

Vernos enfermos con dolencias que se perciben a simple vista casi siempre indica que por algún motivo ocultamos nuestro verdadero yo disimulando la propia personalidad.

No debemos temer ver a nuestros seres más queridos enfermos en el sueño porque no es necesariamente de mal augurio ni quiere decir que vayan a enfermar. Hay casos en los que incluso puede predecir bienes de todo tipo para nuestro ser querido.

Si lo que aparecen son achaques o pequeñas dolencias debemos esperar leves trastornos de fácil solución.

No podemos dejar de hacer referencia al papel que juega el médico o sanador dada su gran importancia. Este personaje suele aparecer como hilo conductor de los sucesos acaecidos en el sueño y según el papel que juegue en él será su influencia positiva o negativa.

Artemidoro de Daldis consideraba que el papel del médico era de especial importancia y que su aparición en los sueños referentes a enfermedades ofrecía un claro signo positivo aunque el sueño en general fuera nefasto. Los interpretadores actuales son propensos a pensar que este personaje representa la autoridad y que su aparición en cualquier sueño deja a los otros significados en segundo plano.

En cuanto a las medicinas y otros objetos que se utilizan para aliviar y a curar las enfermedades, son el componente que redondea e impone matices en el significado del sueño y sólo son de gran importancia cuando aparecen solos sin asociarse a la enfermedad.

Un sueño muy frecuente es aquel en el que queremos decir algo y no podemos hablar, lo que produce un elevado estado de angustia. Los sueños en los que no podemos expresarnos a causa de alguna deficiendica física expresan claramente el estado de ansiedad en el que se halla el individuo aunque casi siempre también indican que va a ser una situación transitoria.

Por último, en algunos casos sólo indican el temor subconsciente que tiene el individuo ante cualquier alteración de su organismo que le impida ser independiente y actuar según su propio criterio.

Absceso: indica que tenemos algo que hace que los demás no nos vean con nuestra apariencia real. Por su aspecto puede resultar desagradable, pero en el fondo es un símbolo de beneficios y de buena salud. Debemos tener cuidado con las personas que se acercan a nosotros, ya que lo harán por sacar algún beneficio y esto nos perjudicará. Si prestamos la atención adecuada a este sueño nos será de gran utilidad, ya que nos previene de circunstancias negativas para nosotros.

Achaques: aparecerán contrariedades que serán el fruto de irregularidades cometidas durante cierto tiempo. Es un buen momento para hacernos un chequeo. Debemos encauzar nuestra vida hacia otro rumbo que sea más confortable y dejar de lado pequeños inconvenientes que nos están haciendo la vida imposible. Aunque nos sentiremos frustrados no debemos desanimarnos, porque pronto hallaremos solución para los problemas.

Afonía: si padecemos afonía quiere decir que estamos siendo presa fácil de personas que quieren manipularnos. Debemos recuperar nuestra capacidad a base de resolución y fuerza de voluntad y no ceder ante los deseos de los demás que estén en contra de los nuestros.

Agonía: este sueño es precursor de circunstancias muy difíciles, sobre todo en el terreno afectivo. Podemos perder a alguien no por su muerte real, sino porque nos abandone y no vuelva jamás a causa de nuestro mal comportamiento.

Apoplegía: debemos prestar mucha atención a este sueño porque nos indica que estamos perdiendo el control sobre nuestros intereses. Cuando sufrimos un ataque quiere decir que hemos sido presa del temor, pero que sus consecuencias se olvidarán rápidamente. Cuando lo sufre otra persona indica que provocaremos temor a los demás.

Arrugas: son el símbolo de la experiencia que nos da la vida. Si nos vemos con arrugas indica que hemos sido capaces de aprender de todos los acontecimientos por los que hemos pasado. Sin embargo, sobre todo en las mujeres, verse con arrugas también puede significar el miedo que sentimos por envejecer.

Artrosis: refleja algún tipo de rigidez moral, psicológica o social que no nos permite mostrarnos tal cual somos y que nos hará vernos en dificultades si no hacemos algo por suavizarla.

Autopsia: cuando se sueña con que se realiza nuestra propia autopsia es un buen momento para hacer una reflexión sobre nosotros mismos, sobre todo en lo que se refiere a los sentimientos. También es un buen momento para reflexionar sobre aquello que nos rodea y para hacer un estudio minucioso de nuestros negocios, en los que tal vez haya que incluir cambios profundos. Este sueño no concierne para nada a la vida afectiva.

Cáncer: es uno de los sueños más frecuentes, probablemente por el temor que nos inspira esta enfermedad, y también es uno de los sueños de peor presagio, ya que anuncia enfermedad y males, la pérdida de algún miembro o la de un familiar o persona muy allegada por la que sentimos mucho afecto. Ante este sueño hay que tener una especial prevención contra las infecciones y contra todas aquellas enfermedades que se transmiten con facilidad (tuberculosis, sida, etc.).

Enfermedad: soñar con cualquier tipo de enfermedad les sucede a aquellas personas que tienen algún problema psicológico que todavía no han advertido. Este sueño supone en todo caso conflictos o falta de seguridad. Conlleva siempre sinsabores y pesares. Se esperan conflictos familiares y la gravedad de la enfermedad indicará la gravedad de dichos conflictos. Si soñamos que sanamos quiere decir que hemos sido capaces de superar problemas familiares graves o que, en todo caso, estamos en vía de solucionarlos. Si lo que soñamos es que padecemos una enfermedad y además nos encontramos solos, sin ayuda ni compañía, es un anuncio de que nos veremos en situaciones comprometidas sin ninguna ayuda ni apoyo por parte de nuestros allegados, sean familiares o no.

Estornudo: representa la aparición de algo inesperado que puede ser bueno o malo. Si estornudamos con facilidad anuncia éxito y suerte, mientas que si lo hacemos con dificultad augura pena y decepción.

Hemorragia: en general representa pérdida de energía, por lo que nos advierte para que tengamos especial cuidado en lo referente a nuestra salud y a nuestra alimentación. Esta pérdida también puede manifestarse en el trabajo, en el que rendiremos menos de lo habitual.

Herida: es el símbolo de daños morales o afectivos que sufrimos en silencio. El sueño aconseja que saquemos a la luz lo que nos contraría, porque seguir guardándolo en el interior va a suponer rencores y resentimientos que irán haciendo cada vez más difíciles las relaciones. Si estamos enfrentados con alguna persona querida advierte que es buen momento para poner en claro las cosas y conseguir así un acercamiento que nos liberará de sufrimientos que nos están haciendo mucho daño. Si hacemos una herida a otra persona significa que vamos a perder la amistad con alguien que realmente nos importa y que alguien nos cure un herida habla de un apoyo inesperado.

Jaqueca: sufrir jaquecas en sueños indica que vamos a tener problemas de corta duración pero recurrentes.

Jarabe: tras un período relativamente largo en el que tendremos problemas de cierta gravedad, se abre ante nosotros un futuro agradable en que que resolveremos todos los inconvenientes que venían aquejándonos.

Llaga: tendremos problemas de salud en los que estaremos acompañados de la ayuda y la compresión de alguien muy querido. En el aspecto económico es mal augurio porque predice pérdidas.

Medicamentos: representan la ayuda y el apoyo que vamos a recibir, lo que después de haber pasado una mala época nos permitirá asumir resoluciones acertadas para nuestros problemas. Esta ayuda será inesperada y por ello mucho más agradable. Si asociamos su toma con una sensación agradable sugiere el éxito sin hacer ningún esfuerzo.

Médico: es un símbolo de apoyo, aunque si hablamos con uno en nuestros sueños significa que nos hallamos ante problemas insolubles; sin embargo, es un buen momento para iniciar cualquier actividad de negocios. Si soñamos con que somos nosotros el médico podemos esperar que se van a aliviar en cierta medida nuestros problemas y que además las personas que nos rodean nos tendrán en alta estima gracias a la actitud que tomemos ante esos problemas.

Narcóticos: estaremos en peligro de inmiscuirnos en empresas o actividades ilícitas, a lo que nos veremos abocados por nuestras relaciones, y esto nos causará problemas con la justicia y además nos proporcionará pérdidas financieras.

Náusea: nos acechan peligros que harán tambalearse nuestra estabilidad. Hay que ser precavidos y observar a los que nos rodean, porque podríamos recibir algún mal de su parte.

Obesidad: augura un futuro lleno de éxitos que no nos atrevíamos a imaginar. Los negocios, así como las relaciones familiares y afectivas se verán muy beneficiados, lo que nos hará sentirnos muy felices.

Parto: en algunas ocasiones es el simple deseo de ver cumplida una ilusión de paternidad. Generalmente se le atribuye el significado del nacimiento de un proyecto o del inicio de nuevas relaciones que se habían estado esperando mucho tiempo. Lo más significativo es que representa el esfuerzo y la espera que preceden al inicio de algo que nos ha costado mucho realizar. Para una mujer siempre es presagio de felicidad. Si nos vemos asistiendo a un parto complicado y doloroso augura dificultades, penas y enfermedades en el futuro.

Quemaduras: vernos quemados o que nos estamos quemando sugiere que en nuestras actividades estamos manteniendo un ritmo muy alto, por lo que se nos aconseja bajarlo para no llegar a situaciones de estrés que serían perjudiciales para nosotros. Se recomienda calma y serenidad. Cuando son objetos los que vemos quemados en el sueño es mal presagio, ya que indica pérdidas económicas y fracaso con las amistades; también se corre el riesgo de contraer grandes deudas.

Quiste: debemos ser rápidos en la toma de decisiones respecto a nuestros asuntos, ya que de otro modo tendremos algunos disgustos. Puede que estemos amenazados por algunos peligros, pero conseguiremos salir airosos si ponemos un poco de cuidado en nuestras gestiones.

Úlcera: si nos vemos afectados por ella quiere decir que nos enfrentamos a situaciones que no van a ser agradables para nosotros, ya que estaremos rodeados de personas que no nos quieren bien y que nos perjudicarán en la medida que puedan. Se auguran pérdidas económicas.

Ungüento: si presenta un aspecto agradable y tiene buen olor quiere decir que nuestras relaciones tanto de negocios como personales son amistosas y agradables.

Sueña

Plantas

Plantas, flores, árboles, y arbustos aparecen frecuentemente en los sueños

Plantas

El significado que se ha dado a los sueños que hacen referencia a las plantas y flores ya forma parte de la cultura popular. El hombre primitivo utilizaba las plantas como medicinas y les atribuían facultades específicas a cada una lo que con el tiempo la ciencia ha demostrado su veracidad.

Evidentemente, en el mundo moderno árboles, arbustos, flores y plantas no influyen tanto en la vida diaria del hombre como lo hacían en la antigüedad ya que, como hemos dicho, aparte de servir de alimentos se utilizaban como curas para las enfermedades y como pócimas y tratamientos de belleza. Incluso en algunos casos se utilizaban para ahuyentar el mal en sus diversas manifestaciones. De todo lo anteriormente expuesto ha surgido una tradición que llega hasta nuestros días.

La interpretación del sueño tiene una clara concordancia con las características propias de las plantas y sus aplicaciones. Se deben tener muy en cuenta los colores que presentan y asociar su significado.

Acabamos diciendo que los sueños con árboles y con arbustos robustos tienen una clara conexión con las cosas sólidas de la vida como son los sentimientos y las creencias profundas.

Abeto: este árbol de hoja perenne es de muy buen augurio. Representa felicidad, serenidad y paz. Es beneficioso para las relaciones de amistad y da seguridad. Nuestras empresas se verán favorecidas por una racha de buena suerte.

Abrojos: representan obstáculos ligeros que surgen en el camino y que estaremos en condiciones de apartar del mismo. No deben temerse porque aunque aparentemente las dificultades son grandes, enseguida encontraremos el medio para salvarlas; siempre tendrán un origen ajeno a nosotros, lo que quiere decir que no podremos hacer nada para que no surjan.

Agricultura: este sueño está estrechamente relacionado con el crecimiento de nuestra personalidad. Si nos vemos arando el campo indica que necesitamos más constancia para ver nuestros proyectos coronados por el éxito. Cuando nos vemos abonando indica que debemos tener más cuidado con nuestras amistades y personas conocidas porque las estamos dejando algo de lado. De cualquier manera, vernos como agricultores es de buen presagio, ya que nos augura éxitos profesionales y en el terreno personal paz y felicidad.

Amapola: simboliza placeres sencillos como pueden ser las conversaciones amables en la intimidad del hogar. Serenidad y placidez. En el aspecto profesional gozaremos de una época de gran estabilidad que será muy buena para afianzarnos en nuestro puesto.

Árbol: el árbol representa la propia personalidad. En el caso de que el árbol sea frondoso y fuerte quiere decir que nos encontramos en una situación inmejorable para llevar a cabo nuestros deseos; si por el contrario el árbol está pelado o marchito, debemos tener mucho cuidado con todo aquello que hacemos, pues podemos fracasar. Si soñamos que trepamos a un árbol y conseguimos sentarnos en su copa quiere decir que vamos a alcanzar la coronación de todos nuestros deseos y si nos caemos en el intento indica que vamos a pasar por dificultades pero que, al final, conseguiremos aquello que nos hayamos propuesto.

Bosque: significa lo desconocido, en el caso de nuestra mente el inconsciente y nuestros más ocultos pensamientos. Soñar con bosques siempre da sensación de incertidumbre y desconocimiento y sólo en el caso en que estemos paseando por uno en el que sintamos sensación de paz nos dará seguridad y conocimiento de nuestros propios sentimientos. Si en el sueño nos perdemos en él y es oscuro y sombrío indica que somos presa de malos pensamientos, tabúes y represiones, por lo que nos será muy conveniente buscar ayuda externa para poner nuestros pensamientos en claro, ya que nos encontramos en una situación de angustia que nos hace muy difícil vivir. Todo lo anterior se verá reflejado en nuestra vida afectiva, por lo que tendremos algún problema con la persona amada.

Cardo: simboliza las asperezas y el desagrado que padeceremos como fruto de desengaños sufridos. También es símbolo de pobreza y soledad. Nos veremos maltratados por los otros.

Césped: siempre que esté en buen estado y ubicado en el emplazamiento oportuno, indica que seremos felices pues todo nos saldrá bien, obtendremos grandes ganancias y nuestra vida afectiva se verá coronada por el éxito. Cuando aparece descuidado o reseco es mal augurio, porque predice incomodidades y trastornos que darán al traste con nuestros proyectos y que por causa de ello nuestra vida familiar y afectiva se verán dañadas. Es de buenísima suerte vernos cortando el césped, ya que predice cambios muy beneficiosos.

Ciprés: es símbolo de duelo y augura una pérdida próxima. También predice pérdidas de índole económica.

Clavel: representa el amor y la pasión cuando es rojo y la delicadeza de sentimientos y la ternura cuando es blanco.

Espiga: independientemente del origen que ésta tenga, siempre que se vea dorada y reluciente significa la fecundidad, la madurez y la sabiduría, y además es buen presagio para las acciones que se quieran emprender, ya que se verán cornadas por el éxito; según se vean afectadas por plagas, por el mal tiempo u otros fenómenos, esas virtudes quedarán más o menos menguadas.

Flores: es un sueño recurrente. Cada autor tiene su propia interpretación y cada flor tiene un significado específico. Dada la variedad de interpretaciones nos ceñiremos a las más corrientes. En general las flores representan alegría y son un buen augurio. Los antiguos veían en ellas lo espiritual y todo lo relacionado con el alma y el amor. Según los distintos colores tienen un significado diferente. Se dice que cuando arrancamos una flor significa que queremos vernos unidos a una persona que por diversas circunstancias hasta el momento se presenta inaccesible; pero este sueño augura que pronto se verán vencidos los impedimentos y que podremos hacer realidad nuestras ilusiones. Cuando soñamos que las olemos indica que hemos dejado pasar una oportunidad muy importante que no volverá a presentarse. Cuando el sueño nos ofrece unas flores ajadas y marchitas sugiere una temporada de desengaños y desilusiones, aunque no debemos dejarnos vencer por ellas y debemos luchar, ya que antes o después saldremos de esa situación y vendrán épocas más agradables para nosotros. Es buen augurio soñar que se plantan flores, ya que presagia que se avecina una época de fecundidad y progreso, sobre todo en los temas relacionados con el dinero. También es muy buen augurio soñar que se regalan flores, pues esto predice éxito en nuestras relaciones amorosas.

Helecho: es el símbolo de la protección que tenemos contra las malas intenciones de los que nos rodean. Simboliza la ternura y augura un amor sincero.

Hiedra: es el símbolo de la fidelidad. Indica que estamos rodeados por personas que sienten hacia nosotros amor sincero. Sólo podemos esperar beneficios de los familiares y de las amistades.

Hierba: muchos y diferentes significados se atribuyen a los sueños con hierba, ya que según ésta se halle puede tener diferentes interpretaciones. Si el sueño lo asociamos a una situación placentera, como que estamos sentados en ella disfrutando, quiere decir que estamos haraganeando y perdiendo el tiempo, malgastando nuestra vida en cosas que no tienen importancia y dejando de lado todo lo que es realmente importante; pero si reaccionamos a tiempo todavía podemos recuperar la esperanza y alcanzar metas que sean positivas. Si la hierba está seca y estropeada sugiere que hemos renunciado a todas las cosas positivas de nuestra vida, pero que si reaccionamos a tiempo todavía seremos capaces de conseguir logros importantes. Si las hierbas son gruesas y fuertes y de un verdor intenso, indica prosperidad y desahogo financiero, alegría y felicidad. Cuando soñamos que las cortamos avisa para que seamos más prudentes ante las situaciones que se vayan presentando, porque de lo contrario nos veremos abocados a situaciones delicadas que nos harán infelices. Si nos comemos las hierbas es síntoma de pérdidas de dinero y fracaso en los negocios. Por otro lado, si son malignas indica fracaso en las empresas que tengamos que llevar a cabo por mucho esfuerzo que pongamos en ello, y si son medicinales auguran que alguna persona de nuestro entorno familiar o afectivo va a sufrir una enfermedad grave, aunque con esperanza de rápida curación.

Hinojo: es un símbolo de rejuvenecimiento, por lo que verlo en sueños si estamos enfermos anuncia una próxima recuperación. También nos anuncia que nuestros negocios tendrán un resurgimiento inesperado. Se avecinan ganancias de dinero y éxito en las empresas.

Hojas: cuando están verdes indican éxitos en todos los campos, mientras que si se caen o están muertas auguran fracaso y mala suerte. Las hojas marchitas también son indicio de enfermedad.

Hortensia: simboliza la belleza fría y la frigidez.

Jacinto: siempre es señal de amor y felicidad. Nos veremos rodeados por la ternura de nuestros seres queridos y nuestra vida gozará de gran paz y tranquilidad. Debemos aprovechar esta buena racha en el campo laboral.

Jardín: al ser un sitio ordenado frente a la naturaleza salvaje, el jardín representa nuestra conciencia y todo lo relacionado con ella; también todo lo calculado frente a lo espontáneo. En Oriente se identifica el jardín como el lugar adecuado para todo tipo de relaciones amorosas, por lo que en su tradición soñar con uno significa que se verán cumplidos todos aquellos anhelos que tengamos en el campo sentimental y también en el erótico. Si el jardín es claro, limpio, ordenado, bonito en una palabra, quiere decir que estamos ante una situación en la que nuestro equilibrio psicológico se halla en perfectas condiciones, lo que no ocurre cuando soñamos con un jardín oscuro, deteriorado, feo. También tiene significado propio respeto al amor: encontrarse en un jardín que nos agrada mucho augura que vamos a encontrar un amor muy fuerte que nos puede durar incluso toda la vida. Cuando el jardín está protegido por una valla indica que también nos sentiremos protegidos y apoyados en todas nuestras decisiones. Si el jardín es estropeado a propósito y desbastado, nos advierte que vamos a vivir algunas peleas y a padecer envidias y ataques violentos. Cuando está estropeado pero aparecen en el sueño indicios de que va a repararse y a dejarse en buenas condiciones, predice el fin de los problemas y que todos las preocupaciones se van a desvanecer.

Jazmín: significa lealtad, amabilidad, delicadeza y dulzura, que daremos y recibiremos indistintamente. Este sueño es un buen augurio, ya que predice una época de gran tranquilidad en todos los aspectos, pero sobre todo en el afectivo. Se verán también muy favorecidas las relaciones amorosas.

Junco: simboliza la docilidad y la inconstancia. Cuando soñamos con ellos significa que no somos capaces de mantener nuestras promesas a pesar de la buena voluntad que pongamos en ello y que, además, somos inconstantes. Si entablamos negocios con amistades o conocidos corremos el riesgo de perderlos por nuestra culpa, ya que no seremos capaces de afrontaremos las responsabilidades que dichos negocios conlleven.

Laurel: representa la victoria y la posibilidad de encontrar a alguien que nos guíe en la vida y nos lleve por el camino del éxito. También presagia que vamos a recibir recompensas y honores y que la posición social de la que disfrutamos se va a ver considerablemente beneficiada. Apoyo por parte de los amigos e incluso por parte de personas que nos son casi desconocidas y de las que no lo esperábamos. Todas estas circunstancias favorables acarrearán ganancias de dinero.

Lilas: representan un enamoramiento ingenuo y lleno de ternura, aunque será de corta duración.

Lirio: es esta flor símbolo de pureza cuando es blanca, mientras que si es de cualquier otro color representa las pasiones humanas.

Magnolia: esta flor simboliza la armonía en el terreno de las relaciones sociales, asegurándonos éxito en este campo.

Malva: indica sencillez y es un augurio de prosperidad y de estabilidad en los negocios.

Margarita: símboliza la ingenuidad, la sencillez y el enamoramiento no exento de pasión.

Mejorana: en este sueño los diversos autores aportan interpretaciones contradictorias, ya que mientras unos dicen que es el símbolo del consuelo otros argumentan que predice una amarga decepción y que seremos pasto de la nostalgia.

Mimosa: representa la delicadeza de sentimientos y la dulzura. Soñar con ella significa que estamos rodeados de cariño, lo que nos hace tener grandes esperanzas en el porvenir.

Muérdago: representa salud, regeneración fortaleza y bienestar. Sugiere que se avecinan tiempos en los que alcanzaremos la felicidad y nuestros proyectos se verán cumplidos.

Narciso: esta flor es una clara señal de vanidad y egocentrismo. Puede significar que vamos a correr un grave peligro por habernos dormido en los laureles o que estamos perdiendo tanto el tiempo en vanagloriarnos que no somos capaces de ver el peligro que nos acecha. También simboliza la infidelidad. Se recomienda ser humilde para no cansar a las personas cercanas.

Nenúfar: debemos tener cuidado y refrenar nuestra pasión, porque nos puede llevar a situaciones peligrosas. Anuncia peligros inesperados que nos afectarán mucho.

Olivo: es buen augurio porque representa la armonía y la tranquilidad. Trae buenas expectativas para nuestra vida futura, en la que todo será éxito y triunfo, conseguido sobre todo gracias a la capacidad que vamos a tener de tomarnos las cosas con tranquilidad. Esto nos permitirá tomar decisiones muy beneficiosas. Las relaciones sociales y afectivas estarán rodeadas de un clima de confianza muy positivo. Indica que es un buen momento para iniciar una relación amorosa, ya que de ella puede surgir un amor puro y duradero.

Ortigas: simbolizan falsedad, traición y crueldad que rodean nuestras relaciones. Nos engañarán en todos los terrenos tanto en el afectivo como en el de los negocios lo que provocará pérdidas financieras. También simbolizan la lujuria.

Paja: este sueño tiene una relación estrecha con el mundo laboral y de los negocios y también con los aspectos económicos. Si la vemos sana, distribuida en haces y con buen aspecto quiere decir que nuestros negocios marchan viento en popa; pero si aparece con su aspecto natural, es decir, diseminada sin orden ni concierto, es un mal augurio porque prevé ruina, grandes pérdidas de dinero y situaciones en las que nuestras posesiones se verán muy perjudicadas.

Pensamiento: se refiere a la flor con dicho nombre. Soñar con ella invita a la reflexión y a la meditación, cosas necesarias para una toma de decisiones clara y eficaz. Nos veremos necesitados de paz y silencio para meditar.

Plantas: cuando nos vemos cuidándolas y regándolas quiere decir que prestamos una gran atención a nuestros seres queridos. Verlas en sueños es muy buen augurio, pues sólo pronostican cosas positivas: buena marcha de los negocios y en la vida laboral, familia feliz y salud a prueba de bomba.

Ramo: es un símbolo positivo que generalmente indica amor y buenas intenciones con los demás. Cuando lo recibimos es señal de alegría y felicidad y significa que del futuro sólo podemos esperar cosas buenas; también puede ser señal de un próximo enlace. Si las flores del ramo están marchitas y estropeadas el sueño predice enfermedad y separación.

Roble: es el símbolo de la fuerza y el poder. Debe interpretarse como una gran energía que hace que triunfemos en los asuntos que llevamos entre manos y además simboliza la fuerza de carácter que nos permitirá afrontar sin miedo las dificultades de la vida. Cuando aparece seco o talado indica que estamos padeciendo un debilitamiento de nuestro carácter y mala suerte. La visión de este árbol en sueños es buen augurio para los negocios, ya que presagia éxito en todas las gestiones.

Rosa: merece especial interpretación dentro del mundo de las flores. Es el símbolo de los sentimientos y de la pasión. Cuando la vemos en capullo augura que vamos a encontrar un amor que nos hará muy felices, y si las cogemos pronostican una próxima boda para el soñador. Es un mal augurio pincharse con las espinas, ya que anuncia penas y sinsabores. En función del color en que aparezcan tendrán distintos significados: blancas, pureza; rojas, pasión ardiente; amarillas, celos; rosadas, ternura y amor.

Semillas: son la imagen de los proyectos. Cuando son de buena calidad indican el éxito y evolución favorable para todo tipo de situaciones. Cuando en el sueño las estamos sembrando quiere decir que pronto vamos a poner en marcha proyectos que serán exitosos.

Tilo: símbolo de tranquilidad, serenidad, amistad y ternura. Nuestros amigos nos quieren. Si padecíamos alguna enfermedad augura que nuestra salud va a mejorar ostensiblemente.

Trébol: indica que si somos capaces de equilibrar las fuerzas y habilidades que poseemos seremos dueños de nuestro futuro, que se presenta sin problemas y lleno de placeres.

Trigo: es un sueño de muy buen agüero, como todos los que tienen que ver con los cereales, porque predice fertilidad y abundancia. Al verse favorecidos nuestros negocios y tener ganancias económicas considerables también nuestra vida afectiva y familiar mejorará. Cuando aparece el trigo en malas condiciones es señal de miseria.

Zarzas: significa que las relaciones con los familiares y demás allegados se tornarán muy difíciles. También podemos esperar pérdidas económicas y problemas laborales.

Sueña

Lugares

Soñar con lugares determinados revelan las inquietudes de nuestro subconsciente

Lugares

Lugares y situaciones están fuertemente entrelazados tanto en la vigilia como en los sueños, por lo que analizar el significado de los primeros cobra una especialísima importancia.

Es frecuente que soñemos con situaciones determinadas en lugares completamente imposibles y también que un lugar tenga características o fragmentos de otros (por ejemplo: podemos vernos en una casa en la que la cocina o el baño correspondan a otra). También podemos encontrar a algunas personas en lugares en los que nunca estarían en la vida real.

Hay que diferenciar entre los sueños que «ocurren» en un lugar y aquellos en los que el lugar en sí es el protagonista.

En el primer caso sólo se considerará el significado del lugar como complemento que apoye el del sueño, mientras que si es el protagonista habrá que analizar todas sus características, como si es un lugar al aire libre o cerrado, si es natural como una montaña o creado por el hombre como un túnel; la luz y el color predominantes y las personas, animales y objetos que se encuentran en él.

Los lugares naturales, como ríos o barrancos, tienen mucho que ver con la naturaleza primitiva y con los más profundos sentimientos. Hay que considerar que cuando el hombre sueña se desliga de los artificios y está mucho más anclado en los principios primitivos que gobiernan nuestros instintos.

El oniromante debe analizar con el máximo esmero todas las características de los lugares para dar un significado acertado del sueño sin olvidar que dejar de lado el más minimo detalle puede llevarle a interpretaciones erróneas.

Los lugares que tienen relación con las instituciones humanas, como son los tribunales de justicia o las cárceles, tienen una fuerte relación con el comportamiento del soñante respecto a los demás, y soñar con ellos saca a relucir los sentimientos más recónditos.

Soñar que se está encerrado en un lugar oscuro y desagradable del que no se puede salir supone un escape para el subconsciente atormentado por una situación complicada a la que no se sabe o no se puede hacer frente.

Los sueños en los que nos encontramos en lugares apacibles y soleados transmiten a nuestra mente una sensación de paz y tranquilidad que tal vez necesitemos.

A veces se tienen sueños recurrentes con un determinado lugar. En ese caso debemos analizar tanto el sueño como los propios sentimientos muy detenidamente ya que suele ser un claro indicador de que nos hallamos ante una situación complicada a la que no ponemos remedio porque volvemos siempre al punto de partida.

Por último, advertir que si en nuestro sueño aparecen lugares que son comunes en nuestra vida no debemos prestar demasiada atención, desviándola hacia lugares que nos sean desconocidos donde debemos analizar el sueño con más minuciosidad.

Lugares

Abismo: representa peligro. Hallarse ante un abismo indica que hay que tener cuidado con nuestros bienes y nuestras relaciones, ya que no están a salvo. Sin embargo, si somos capaces de escalar la pendiente es augurio de felicidad.

Academia: soñar con esta institución indica que se debe prestar mucha atención hacia todo lo que se pueda aprender y a las personas que nos puedan enseñar algo. Asociada a una sensación de desagrado sugiere ampliar conocimientos y si se sueña que se es miembro de una augura sufrimientos y decepciones. En cualquier caso, indica que es un buen momento para dedicarlo al aprendizaje de alguna materia.

Acantilado: llegar a la cima supone éxito y seguridad y deslizarse o precipitarse por él da resultados negativos a todas aquellas acciones que estemos dispuestos a emprender. En el terreno afectivo podemos esperar engaños y traición.

Acera: hay que tener mucha prudencia cuando nos vemos caminando por una, puesto que ello quiere decir que no nos estamos dando cuenta de algún peligro que nos acecha. Cuando vemos que subimos a una quiere decir que hemos escalado un puesto en nuestra situación social, mientras que bajar de ella avisa de una pérdida grave que nos dejará indefensos ante problemas venideros. Pero estamos a tiempo de salvar estas situaciones si actuamos con rapidez.

Aduana: generalmente cuando se sueña que se ha llegado a una aduana significa que hemos concluido o que vamos a concluir próximamente todos los asuntos que tengamos a medias y que nos vamos a embarcar en próximos proyectos, pero sólo después de haber concluido los primeros. También quiere decir que nos podemos encontrar fuertes obstáculos para la conclusión de nuestros asuntos, pero que los superaremos con un poco de buena voluntad. Si en nuestro sueño conseguimos pasar la aduana sin problemas es sinónimo de grandes éxitos en todo aquello que estemos gestionando y que debemos aprovechar esta época de buena suerte que se abre ante nosotros. Sin embargo, si no logramos pasar quiere decir que debemos ser muy prudentes en la conclusión de nuestros negocios para que no se vayan al traste.

Aire: representa nuestros pensamientos. Si es sano significa acontecimientos alegres, puros sentimientos y afectividad a flor de piel. En el caso de que el aire sea húmedo o viciado nos avisa de que tenemos una relación que nos produce angustia y de la que debemos separarnos o, por lo menos, hemos de replanteárnosla.

Albergue: debemos seguir adelante con nuestros proyectos con todo el empuje del que seamos capaces, ya que por muy dura que sea la marcha siempre encontraremos el momento de reposo necesario para adquirir fuerzas y poder seguir nuestro camino.

Aldea: soñar con esto indica el deseo que tenemos de paz y tranquilidad. Cuando aparece en nuestro sueño significa que vamos a estrechar lazos con personas que serán muy beneficiosas para nosotros y vamos a gozar de una paz familiar fuera de lo común. En los negocios nos irán bien las cosas, pero en estos momentos no serán lo más importante de nuestra vida, pues preferimos el trato humano.

Antesala: no practicar la virtud de la paciencia nos está perjudicando, por lo que este sueño aconseja que seamos más pacientes en el futuro, ya que nos beneficiará. Es un buen momento para poner en marcha proyectos que teníamos abandonados.

Apartamento: soñar con apartamentos está muy relacionado con nuestra propia casa y con nuestra vida interior. Si el apartamento es agradable significa que estamos en una buena situación; si es al contrario significa que pasamos por una temporada de desagrado con nosotros mismos. Si es muy luminoso está relacionado con la situación financiera, que será muy favorable. Cuando es feo y oscuro indica que estamos ante conflictos graves y perjuicios morales.

Arroyo: un arroyo de aguas claras que fluye con facilidad es símbolo de alegría y satisfacción e indica que nuestra vida afectiva va viento en popa, mientras que si las aguas están turbias significa que tenemos conflictos emocionales. Seremos víctimas de un desengaño muy fuerte si vemos un arroyo seco.

Astros: están relacionados con el principio y el fin de las cosas. Según sea nuestro sueño puede contener distintos augurios: si se ve uno brillante será signo de felicidad y éxito; si lo que vemos es caer un astro, anuncia que vamos a enfrentarnos con problemas y, sobre todo, con pérdidas económicas no recuperables.

Atajo: indica que tenemos cierta impaciencia por conseguir el éxito. No debemos preocuparnos ni precipitarnos, porque este sueño dice que a pesar de todos los inconvenientes con los que nos vamos a encontrar en nuestro camino, al final conseguiremos alcanzar todas las metas que nos hemos propuesto, dado que nuestras iniciativas han sido acertadas.

Avenida: cuando es amplia y luminosa significa que hemos tomado un rumbo en la vida plenamente satisfactorio. Cuanto más se estreche más comprimido será nuestro proyecto vital. El terreno laboral se verá influenciado por las condiciones de la vida afectiva.

Balcón: salir a él es símbolo claro de una apertura hacia el exterior, mostrarnos como somos, y también de que se avecina una época en la que debemos dar un respiro a nuestras actividades. Es premonitorio de accidentes y de que algún peligro acecha a nuestra familia. Si lo vemos desmoronarse es signo de que nuestros proyectos se irán al traste por circunstancias que no hemos podido prever y que no podemos afrontar. Cuando está florido significa lo mismo que la ventana, armonía familiar y paz de espíritu.

Balneario: este sueño significa el descanso. Nos habla de un futuro tranquilo y equilibrado, en el que seremos más conscientes de nuestras posibilidades. Augura paz familiar. Si no tenemos pareja es probable que encontremos una que, además, será un amor que durará mucho tiempo, incluso toda la vida si sabemos cuidarlo bien.

Banca: soñar con la banca es en general un mal augurio. Las relaciones con la familia y los amigos se presentan especialmente dificultosas. En el aspecto económico tendremos gravísimos problemas, pues predice que se presenta una temporada de gastos imprevistos y de importantes pérdidas. También podemos encontrarnos en situaciones en las que nuestra reputación salga malparada. Soñar que tenemos relaciones con un banquero también quiere decir que tendremos pérdidas economicas importantes.

Baños: lavarse en un lugar agradable, bien iluminado y limpio significa prosperidad para los que tienen buena salud y la cura para quienes están enfermos. Cuando nos bañamos con aguas tibias que produce de este modo la naturaleza quiere decir que los enfermos sanarán.

Bazar: es un sueño de mal augurio, ya que indica que nuestros proyectos van a fracasar y nuestras esperanzas se verán frustradas. Anuncia pérdidas económicas. Cuando aparece bien provisto nos indica que nuestros conocimientos son suficientes para hacer frente a las situaciones que nos surjan en la vida. Cuando está vacío aconseja que nos informemos bien, porque nuestros proyectos se pueden tambalear a causa del desconocimiento que tenemos sobre la materia. A veces predice que va a haber un cambio importante en nuestra vida.

Cabaña: el estado en que se encuentre dice mucho en relación con la interpretación de este sueño que, en términos generales, evoca la vida natural en medio del campo y en contacto con la naturaleza. Es símbolo de sencillez de costumbres y refleja las relaciones claras y directas. Este sueño suele interpretarse como la reacción del ser humano ante la vida deshumanizada y llena de automatismos de la que quiere huir para encontrarse en un entorno más natural y más sencillo. En definitiva, cuando soñamos con cabañas estamos buscando la naturalidad en nuestra vida. Cuando la vemos nos indica que vamos a tener dificultades para materializar nuestras aspiraciones y que vamos a sentirnos decepcionados en múltiples actividades. Cuando nos refugiamos en la cabaña estamos viendo ante nosotros la posibilidad de solucionar problemas que hasta ese momento nos estaban preocupando mucho.

Café: tiene diversos significados según se trate del local en que se consume o de la bebida en sí. Respecto al local debemos saber que este sueño indica que estamos rodeados de circunstancias especiales en las que se nos aconseja que tomemos decisiones, lo que debe hacerse con mucha prudencia y reflexionando mucho para que se den las circunstancias más acertadas; además nos predice que los cambios que suframos serán beneficiosos. Cuando nos vemos como dueños de uno de estos locales el sueño nos augura éxito económico. Respecto a la bebida, debemos decir que el beber café es el reflejo de que nuestra vida familiar marcha viento en popa y que esta situación se prolongará en el tiempo. Sin embargo, si nos vemos tirando café es anuncio de problemas con las personas que nos rodean. Los posos del café adquieren un significado especial, ya que desde la antigüedad han sido objeto de múltiples estudios, pero en general auguran beneficios y felicidad en todos los aspectos de la vida.

Callejón: es un sueño recurrente en muchas personas que se suelen despertar con sensación de ahogo y opresión. Significa pobreza y miseria llevadas al límite.

Camino: está relacionado con el rumbo de nuestra vida, por lo que si es un camino agradable nos augura buenos sentimientos por parte de los que nos rodean, mientras que si es oscuro o tortuoso predice molestias e impedimentos.

Campo: según sea el campo que aparece en nuestros sueños tendrá distintos significados. Si es un campo de labranza que está cuidado y cultivado augura que los proyectos que tengamos para un futuro próximo se van a a cumplir con facilidad y además que estamos muy bien considerados por quienes nos rodean. Si el campo está yermo y abandonado presagia en cambio decepciones, preocupaciones y que nuestros proyectos no se van a cumplir. Soñar que vivimos en el campo es sinónimo de prosperidad y riqueza.

Cárcel: significa que estamos marginados por los demás, que nos hacen tener algún sentimiento de culpa por nuestras acciones. No debemos hacer caso, hemos de salir del ostracismo y mostrarnos tal como somos, ya que antes o después deberán aceptarnos. Con la familia tendremos buenas relaciones.

Casa: está relacionada muy estrechamente con lo que somos en nuestro interior. Cuando es luminosa y agradable quiere decir que estamos muy contentos con nosotros mismos y que vamos a tener una temporada de paz y tranquilidad sin sobresaltos económicos. En caso contrario, la casa indica que tenemos conflictos interiores a los que podremos poner solución con un poco de voluntad, sobre todo si aceptamos cómo son los demás, ya que nuestros interés en cambiar a los allegados es lo que nos produce más insatisfacción. Cuando soñamos que estamos construyendo nuestra casa es símbolo de se van a cumplir nuestros deseos y proyectos financieros; si es sólida, los buenos augurios tendrán efecto durante muchísimo tiempo. Cuando estamos realizando reparaciones quiere decir que nos estamos replanteando nuestra vida, lo que puede ser buen augurio si no nos engañamos a nosotros mismos. Hay que tener mucho cuidado con esto último, pues podemos pasar de una situación de estabilidad y felicidad a otra de inseguridad y problemas. Símbolo de cansancio sería cuando que nos viéramos abandonados en nuestra propia casa, lo que advierte que hemos de descansar una temporada para luego tomar con más fuerza nuestros asuntos y poder llevarlos a buen fin. Se recomienda tener cuidado con las habladurías en el caso de que soñemos con una casa deteriorada.

Castillo: es este lugar el arquetipo junguiano del self o sí mismo. Representa la solidez de nuestra vida. Generalmente es buen presagio, ya que augura éxito y tranquilidad; también puede anunciar progreso social y económico. Sólo en el caso de que esté en ruinas podremos prever dificultades financieras.

Catedral: a pesar de que augura momentos difíciles, también nos dice que podremos contar con el apoyo de los demás para salir de las malas situaciones. Por muy malos que hayan sido los tiempos, al final recuperamos la felicidad.

Caverna: si nos encontramos dentro es señal de que somos víctimas de la soledad y del desamparo; pero nuestra situación mejorará si logramos salir de ella.

Cementerio: otro de los sueños recurrentes. Soñar con cementerios revela obsesión por la vida y la muerte que, en ciertos casos, debería ser tratada por un profesional, ya que estos sueños conllevan estados de tristeza que pueden ser patológicos. Las personas que sueñan con cementerios suelen ser temerosas, asustadizas y propensas a las depresiones. Es importante prestar mucha atención a este tipo de sueños, ya que en ellos subyacen los temores que ha arrastrado el hombre durante todos los siglos de su existencia. Hay que ser muy prudente y sobre todo, como se ha dicho antes, acudir a un profesional para que nos ayude.

Cine: puede indicar que estamos viviendo una situación que no refleja la realidad. Es un buen momento para aclarar malentendidos que hayan surgido con otras personas y también para poner en orden nuestros negocios y nuestros papeles. Se puede esperar un cambio favorable en la situación. Estamos en un compás de espera que nos produce angustia, pero debemos tener presente que pasará pronto y que las cosas se van a ir aclarando.

Colina: representa, en términos generales, una mejora en nuestra situación. Si nos vemos subiendo por ella augura éxitos financieros y el progreso de nuestros negocios, que será más o menos fácil en la medida en que lo haya sido la subida. Cuando nos vemos llegando a la cima indica que nuestras ambiciones se van a ver satisfechas. Cuando nos vemos oteando el horizonte desde allí indica que estamos proyectando cambios que nos van a ser beneficiosos. Solamente en el caso de caer por la ladera es mal augurio, porque presagia fracaso y decepción.

Convento: refleja la necesidad que tenemos de huir de los conflictos y de las responsabilidades. A menos que en la vida real existan deseos de emprender una vida religiosa, revela inmadurez. Debemos hacer frente a las circunstancias lo mejor que podamos, ya que esto nos irá endureciendo y así poco a poco nuestro carácter se fortalecerá.

Cumbre: representa las metas que queremos alcanzar y que conseguiremos si conseguimos coronarla. Cuando llegamos a la cima augura triunfo en lo que nos hayamos propuesto.

Cielo: simboliza nuestras aspiraciones y deseos, tanto en el aspecto espiritual como en el material. Será buen augurio un cielo soleado, ya que promete el éxito en nuestras aspiraciones. El cielo estrellado es sinónimo de paz y tranquilidad. Debemos poner más romanticismo en nuestras relaciones amorosas.

Desfiladero: tenemos problemas de muy difícil solución. El desfiladero simboliza la angustia que sentimos ante ellos. Se recomienda muchísima prudencia a la hora de tomar decisiones.

Desierto: tanto el desierto como los paisajes áridos no pueden tener otro significado que la soledad y la muerte. Cuando la sensación que va aparejada a este sueño es negativa indica que vamos a pasar por una época de aislamiento y soledad, generalmente provocados por nosotros mismos, ya que no estamos interesados en nada. Es fácil que esta circunstancia conduzca a una grave depresión o a una etapa antisocial. Toda esta situación podemos cambiarla si hacemos un importante esfuerzo para remontar este sentimiento de apatía que nos invade y comenzamos a trabajar en todos los campos con una actitud positiva y también sacando fuerzas de flaqueza, pues nos va a costar mucho cambiar de actitud. Debemos buscar algo o alguien que dé un nuevo sentido a nuestra vida para que nos sea más fácil remontar esta situación de desapego, por lo que debemos intentar poner proyectos en marcha que, si resistimos, serán de gran éxito. De todas formas, soñar con el desierto siempre indica que se va a poner nuestra resistencia a prueba tanto en el terreno económico como en el sentimental. En el campo de la salud también nos veremos afectados, por lo que deberemos ser especialmente cuidadosos.

Desván: representa este lugar cada vez menos frecuente el inconsciente donde vamos guardando todo aquello que no nos atrevemos a sacar a la luz, lo que produce rencores que nos llevarán a graves disputas. Debemos recapacitar y ordenar nuestras ideas, pues pasamos por una época de gran confusión que no nos permite tomar decisiones con toda la frialdad que sería de desear. Si actuamos sin premeditación tendremos graves perjuicios.

Encrucijada: nos encontramos ante la perspectiva de un cambio de situación que si queremos que sea favorable deberemos asumir con total responsabilidad. En estos momentos son muy importantes las decisiones que tomemos porque van a influir en el resto de nuestra vida.

Estación: en cualquiera de los casos en que aparezca una estación en nuestros sueños tiene algo que ver con viajes, ya sean de signo positivo o negativo, lo que se determinará por las circunstancias que rodean a dicho viaje. También augura que recibiremos noticias que de alguna manera afectarán a nuestro entorno profesional y familiar.

Fábrica: representa nuestra actividad laboral, que se verá afectada en función del estado en que se encuentre la fábrica. Cuando está funcionando a pleno rendimiento, sin problemas y con buenos resultados, augura un próximo futuro profesional lleno de éxitos; por el contrario, si está vacía, sin producir, debemos tener mucho cuidado, ya que nos augura la pérdida del empleo o el fracaso total en nuestros negocios. Ante este sueño debemos ser muy decididos para poner remedio a todos los males que se avecinan, pues así al final saldremos adelante. También tendremos problemas de dinero que a su vez se solucionarán si aportamos esa decisión que nos es tan necesaria.

Faro: soñar con un faro significa ayuda y a la vez prudencia; ayuda que recibiremos en los peores momentos y que nos servirá para encontrar la luz y la solución a nuestros problemas; prudencia porque nos indica que deberemos tener mucho cuidado en la negociación de los asuntos pendientes, ya que si no obramos con precaución nos veremos en graves problemas.

Farmacia: estamos inmersos en una situación difícil de la que afortunadamente saldremos pronto gracias a la ayuda y el apoyo que recibiremos de personas conocidas.

Granja: es el símbolo de los negocios y del bienestar en general. Si nos vemos en una que estamos administrando bien y que da sus frutos indica que en la vida real también las cosas marcharán adecuadamente. Si vemos que la granja está abandonada o que tiene pérdidas es una llamada de atención, ya que sugiere que estamos haciendo algo mal en la administración de nuestros bienes que nos causará ligeras dificultades. En general es un sueño de muy buen agüero.

Habitación: representa nuestro físico y las relaciones que tenemos con los demás, también las circunstancias que nos rodean. Es símbolo de aislamiento si no se ven en ella puerta ni ventanas, en cuyo caso debemos plantearnos seriamente nuestra actitud hacia los demás. Aconseja ser más abiertos en las relaciones y más amables en general, ya que este cambio nos beneficiará grandemente.

Harén: éste es un sueño que para todos los autores tiene un significado claramente distinto para hombres y mujeres. Para un hombre significa que va a sufrir contrariedades y riesgos que no esperaba y que no ha podido prever, ya que se encuentra inmerso en entretenimientos que lo alejan de la vida real; se le aconseja que adopte una actitud más madura para poder hacer frente a todas las circunstancias que se le presenten y así no sufrir los inconvenientes a los que hasta el momento se exponía. Para un mujer tiene un significado bien distinto, ya que representa el ansia que tiene de alcanzar una posición social a la que hasta el momento le era muy difícil acceder y también indica que quiere alcanzar una elevada posición económica, para lo que está dispuesta a renunciar a todo lo que sea necesario, incluso a su valoración personal, y está dispuesta a convertirse en una mujer objeto. Este sueño, en general, augura éxito y alegría de vivir.

Hospital: es siempre un sueño de advertencia. Anuncia que sentimos temor de adquirir alguna enfermedad o reticencia en poner en marcha un proyecto. Siempre va unido a graves preocupaciones, tanto en lo afectivo como en lo profesional. Si soñamos que estamos en un hospital es un mal augurio, porque es reflejo de inestabilidad y temor, mientras que si nos vemos curados y que salimos de él anuncia tiempos felices y de gran fecundidad, así como la apertura de distintas perspectivas para nuevos proyectos que serán exitosos.

Hotel: cuando soñamos que vivimos en un hotel quiere decir que despreciamos la vida hogareña que estamos llevando y que estaríamos dispuestos a sacrificarla a cambio de más lujo o comodidades. También predice próximos viajes. En el caso de que soñemos que somos dueños o encargados de un hotel indica que queremos ejercer dominio e influencia sobre los demás, pero que es una actitud que tenemos reprimida. En el caso de que nos veamos perdidos en un establecimiento de este tipo sufriremos la incomprensión por parte de los demás. En algún caso es símbolo de celos. También significa un cambio en nuestras vidas y según la circunstancia agradable o desagradable con que esté asociado este sueño se nos presenta el futuro. Éxito en las relaciones personales.

Iglesia: sueño de múltiples interpretaciones. La iglesia simboliza la comunidad y nuestra relación con ella, que puede ser satisfactoria o muy conflictiva. Si es pequeña produce sentimiento de recogimiento y paz espiritual, mientras que si es grande quiere decir que, de alguna manera, estamos manejados por el poder institucionalizado y esto no nos gusta. En cualquier caso, ver una iglesia, sean cuales sean sus características, es presagio de que vamos a recibir buenas noticias. Cuando entramos en una augura que tendremos paz y tranquilidad, mientras que si nos encontramos de repente con ella nos predice que vamos a tener consuelo después de unos tiempos difíciles. Cuando soñamos que estamos rezando en una es símbolo de nostalgia muy fuerte por tiempos pasados. Ver construir una iglesia es presagio de felicidad para el que lo sueña y para sus allegados. Cuando vemos que la derruyen, la prenden fuego o la estropean, anuncia que se avecinan circunstancias desagradables y que vamos a ser presa de la aflicción. Sentiremos una gran vergüenza y padeceremos humillaciones si soñamos que somos expulsados de una iglesia y si salimos y no podemos entrar augura retrasos en los proyectos profesionales y preocupaciones familiares.

Infierno: tiene un claro simbolismo con el subconsciente y según sean esos sueños, asociados con sensaciones agradables o desagradables, así será su significado. De todos modos, las personas que sueñan con el infierno tienen graves problemas para sacar al exterior su verdadero yo, lo que las lleva a ser auténticos desconocidos incluso para sus más allegados. Suele ser un sueño recurrente. Es cierto que al despertar se suele sentir miedo o culpabilidad, precisamente porque se trata de personas muy reprimidas.

Si estamos en el infierno quiere decir que nos sentimos perseguidos por nuestros enemigos y que esta persecución nos hará actuar de una forma desfavorable para nuestros intereses, mientras que si soñamos que salimos de él indica que alcanzaremos el triunfo en todo aquello que tengamos en marcha e incluso en los nuevos proyectos.

Isla: simboliza la salvación en medio de situaciones desesperadas. A pesar de ello hay que tener mucho cuidado, ya que si la isla es muy pequeña puede significar que nos estamos metiendo en una trampa que a simple vista nos parece la solución a nuestros problemas, pero que, a largo plazo, puede resultar mortal. Soñar con islas puede significar que se nos avecinan aventuras y misterios muy interesantes que nos harán vivir situaciones muy placenteras; pero debemos ser muy precavidos para que no nos lleve a situaciones difíciles. Es mucho mejor buscar satisfacciones en terrenos más cercanos y conocidos que nos producirán alegrías más grandes. Si vemos la isla de lejos indica que se avecinan viajes muy placenteros e inesperados a sitios exóticos, probablemente acompañados por personas muy agradables.

Kermesse: simboliza la desilusión. Nuestros negocios no marcharán bien, ni tampoco las relaciones amorosas. Veremos cómo se desvanecen las esperanzas. Se recomienda un período de reflexión antes de comenzar con nuevos proyectos.

Laberinto: soñar con él representa los círculos viciosos en los que a veces nos encontramos por diversos motivos. Avisa contra las obsesiones y los inconvenientes pequeños o grandes que a veces nos hacen la vida imposible. Es la imagen de la duda, de la indecisión y del miedo. Las personas que sueñan con este objeto suelen ser inmaduras y tener falta de carácter. Si soñamos que logramos salir del laberinto podemos sentirnos contentos, porque significa que a pesar de nuestra falta de carácter un golpe de suerte nos sacará de las situaciones conflictivas y nos pondrá en camino del logro de nuestros aspiraciones; pero habrá que tomar precauciones especiales para no caer de golpe otra vez en la indecisión y en los temores. El laberinto es, sobre todo, la imagen de situaciones complejas que nos afectan en determinados momentos de la vida. Estas situaciones se pueden dar en el terreno profesional y en el familiar y se resolverán fácilmente si hacemos acopio de valor y somos capaces de tomar decisiones que, aunque de momento nos parezcan duras, a largo plazo serán beneficiosas para todos. Cuando soñamos que a base de esfuerzo o de inteligencia conseguimos salir del laberinto quiere decir que tomaremos resoluciones acertadas, aunque no debemos abandonar nunca la precaución. En el terreno de los negocios nos encontraremos con situaciones muy delicadas.

Lago: soñar con un lago de aguas tranquilas simboliza nuestra paz interior y quiere decir que estamos de acuerdo con nosotros mismos. Si, por el contrario, la superficie es turbulenta, significa las contrariedades que padecemos en nuestro interior. Si vemos un lago con vegetación alrededor indica satisfacción afectiva, mientras que si aparece desolado es señal de soledad y desamor. Cuando pasamos de una orilla a otra del lago sin sufrir inconvenientes, significa que afrontaremos con éxito cambios que van a producirse y que nuestra situación, tanto económica como afectiva, va a mejorar sensiblemente.

Luna: es uno de los símbolos más arquetípicos y representa a la naturaleza femenina. Tiene una estrecha relación con el inconsciente y afecta a las emociones. Habitualmente se le da una interpretación romántica respecto a los asuntos amorosos. Según López Benedí y siguiendo también la creencia general, cuando estamos soñando que vemos un bonito paisaje iluminado por la luna quiere decir que estamos en un período de enamoramiento y de ilusiones creadas sobre otra persona; es un buen momento para iniciar relaciones y dar rienda suelta a la pasión. Las distintas fases marcan la intensidad de estas emociones; por ejemplo, si vemos luna nueva quiere decir que nos encontramos en el momento de más plenitud, mientras que si la vemos en cuarto menguante indica que nos estamos enfriando. Para otros autores significa un cambio considerable en nuestras vidas que será de gran éxito cuando la luna está llena. Cuando se halla en cuarto creciente es buen momento para iniciar o seguir con proyectos, pues éstos se verán coronados por el éxito; también quiere decir que tendremos grandes éxitos en el campo afectivo. Cuando la luna, esté en la fase que esté, se encuentra rodeada de un halo, es mal augurio, pues simboliza que todo lo que queremos está destinado al fracaso y que cumplir nuestros objetivos se va a convertir en una tarea muy dificultosa.

Llanura: es siempre símbolo de liberación que nos traerá paz y felicidad.

Mar: sueño recurrente que aparece bajo diversas formas. Si estamos ante un mar calmo y luminoso cabe esperar suerte, éxito y triunfo, tanto material como espiritual. Cuando vemos un mar agitado y turbio se avecina una temporada de conflictos que debemos afrontar con una fuerte dosis de serenidad, ya que así se verán prontamente resueltos. Cuando soñamos que nos caemos al mar es símbolo de fracaso y de que nos hallamos ante una situación típica cuya resolución dependerá de la actitud que tomemos, también debemos esperar cambios que no resultarán en ningún modo favorables. Navegar por el mar augura un período de euforia que deberemos aprovechar, ya que no se va a presentar muy a menudo. Ver aguas profundas es perspectiva de situaciones confortables y tranquilas.

Mercado: este es otro de esos sueños que se prestan a múltiples interpretaciones, ya que puede estar rodeado de diversas circunstancias y se deberá tener muy en cuenta el contexto en el que se produce. En términos generales, un mercado limpio, que ofrece muchas mercancías y que aparentemente funciona con regularidad es símbolo de éxito y felicidad, mientras que si está vacío, sucio o no reúne las condiciones indispensables augura el fracaso en los negocios.

Mina: miraremos en nuestro interior con la intención de encontrar algo nuevo que nos ayude. Obtendremos éxito al final de un camino lleno de inconvenientes.

Monasterio: los sueños con monasterios son un claro indicio de que necesitamos o deseamos retirarnos de la vida activa, pues tenemos una gran necesidad de paz y tranquilidad para poner en orden nuestros pensamientos. Eso también es símbolo de paz interior y de tranquilidad.

Montaña: es el símbolo del poder y de la fuerza que empleamos para enfrentarnos con nuestras penalidades. Soñar con ella es buen o mal augurio según se presente. Cuando simplemente vemos una montaña augura malos tiempos para los negocios y fracaso en la vida profesional. Si estamos escalando una pero somos capaces de llegar a la cima, quiere decir que alcanzaremos éxito en nuestros proyectos y que superaremos aquellos obstáculos que se presenten, mientras que si nos caemos durante la ascensión es anuncio de decepciones y fracasos.

Morgue: es un sueño de muy mal agüero, pues siempre presagia tristezas y penas sin solución. Las perspectivas son negativas y debemos declinar cualquier ayuda que se nos ofrezca, ya que irá en detrimento nuestro.

Museo: es símbolo de inquietudes culturales y de que se estima mucho la exquisitez. Puede significar una elevación del espíritu, menos en el caso de que lo veamos sucio o descuidado, en cuyo caso nos dice que, a pesar de haber alcanzado el nivel intelectual que queríamos, no nos sentimos muy a gusto, ya que no tenemos a nadie con quien compartirlo.

Oasis: es este lugar símbolo de la creatividad y de la abundancia. Se verán cumplidos nuestros sueños de realizar un viaje que había sido aplazado en otras ocasiones. Si soñamos que lo abandonamos significa que dejamos atrás una etapa positiva para entrar en otra que nos traerá penuria y escasez.

Paisaje: deben tenerse presentes todos los elementos que lo conforman y el contexto en el que se encuentra, ya que es un sueño de múltiples interpretaciones. Hay que tener en cuenta si el paisaje es arbolado, desértico, encajonado, abierto, luminoso, oscuro, adornado con construcciones humanas o totalmente salvaje y así hasta el infinito. De cualquier modo, soñar con un paisaje bonito y luminoso está asociado a las cosas buenas de la vida, mientras que los tenebrosos están asociados a las malas. Cuando nos vemos contemplándolo quiere decir que estamos marcando un compás de espera, un período de reflexión que será bueno para nuestras futuras decisiones.

Paraíso: a veces este sueño indica que, aunque sea de manera inconsciente, tenemos el deseo de una vida más fácil en la que podamos conseguir nuestros anhelos con el mínimo esfuerzo. También es augurio de una época de felicidad y alegría en la que nuestros proyectos profesionales se verán coronados por el éxito; nuestra vida afectiva y amorosa nos depara asimismo momentos muy felices.

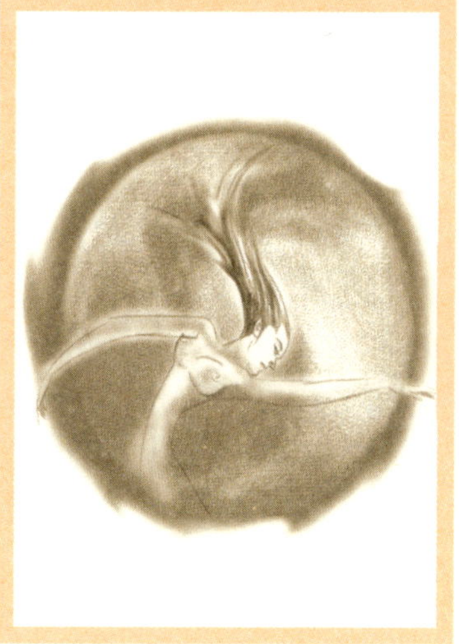

Parque: augura que tendremos momentos apacibles y felices después de una larga temporada de penas y sufrimiento. También induce a la reflexión, puesto que la visión de un parque nos previene de que debemos ser cautos a la hora de tomar decisiones y que deberemos hacerlo con mucha tranquilidad.

Paseo: si lo damos en solitario quiere decir que no estamos contentos con la situación que nos rodea, por lo que haremos uso de todos los medios posibles para que nos libren de ella. Esta situación estará acompañado de una sensación de soledad y de pena. Si damos un paseo con una persona que goza de nuestra estima el sueño augura que próximamente vamos a tener un encuentro o una reconciliación con alguien que nos importa mucho y que esto servirá para que entremos en una época muy feliz de nuestra vida. Si el paseo se da con personas desconocidas augura un cambio de situación que nos beneficiará.

Pasillo: atravesar un pasillo (corto o largo) puede tener significados contradictorios. Aunque es un sueño que siempre dice que vamos a pasar de una situación a otra, en el caso de un pasillo limpio e iluminado significa que es para mejorar, mientras que si el pasillo está estropeado u oscuro indica que el cambio que vamos a sufrir va a ser para peor.

Playa: si lo que soñamos es que llegamos a una después de un naufragio es un claro símbolo de salvación y de que vamos a alcanzar la seguridad que veníamos persiguiendo desde hace tiempo; significa también que recibiremos apoyo para realizar nuestros planes. Si vamos a la playa para descansar quiere decir que estamos necesitados precisamente de eso: de descanso; una temporada de receso en las actividades nos vendrá muy bien y nos permitirá recomenzar el trabajo con más fuerza. Si en el sueño acudimos a una playa muy concurrida es un claro signo de que nuestra vida social irá en aumento. Cuando lo que encontramos es una playa llena de guijarros, hay que tener mucho cuidado en el terreno de los negocios, puesto que el sueño nos aconseja mucha prudencia en este terreno, ya que es probable que si no tenemos cuidado suframos importantes pérdidas económicas. Finalmente, ante estos sueños debemos hacer caso omiso de las provocaciones de las que seamos objeto, ya que así no nos veremos envueltos en situaciones comprometidas.

Posada: si acabamos de pasar por una mala época en nuestra vida y soñamos que nos encontramos en una posada, quiere decir que al fin vamos a encontrar refugio para nuestros males y que las cosas se van a ir solucionando. A partir de aquí obtendremos éxito en nuestras gestiones y en el campo afectivo; también veremos cambios que nos serán favorables. Si lo que aparece en nuestro sueño es un posadero avisa de que tenemos que prestar una especial atención en los negocios y que debemos prevenirnos de las demás personas sin por ello dejar de mostrarnos amables.

Pozo: en general, ver un pozo un buen augurio, ya que pronostica que vamos a tener éxito económico y nos dice también que es un buen momento para iniciar negocios. Si el pozo aparece lleno de agua predice que nuestra posición social se va a ver muy favorecida y si lo que soñamos es que sacamos agua de él vaticina que pronto vamos a entablar nuevas relaciones que van a ser muy beneficiosas para nosotros. Sin embargo, ver el pozo agotado y en malas condiciones no augura nada bueno, ya que predice una época de mala situación económica y serios conflictos en otros terrenos. Si caemos en un pozo es señal inequívoca de fracaso, por lo que en este caso se recomienda mucha astucia.

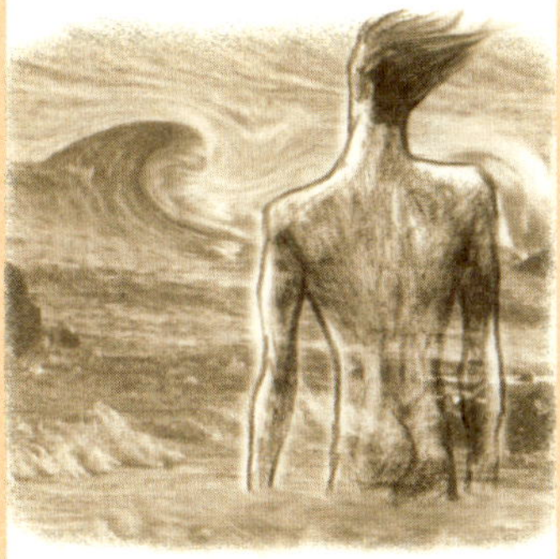

Pradera: sugiere libertad, amplitud, alegría y esperanza. Es un buen augurio. Señala que es un momento muy adecuado para probar suerte con los juegos de azar.

Precipicio: es la representación de las penas y los fracasos y un elemento muy importante en las premoniciones. Ver un precipicio siempre supone que vamos a tener fracasos en el mundo de los negocios ocasionados por fuertes trabas insalvables. En nuestra vida profesional no es de esperar nada bueno, ya que nos veremos amenazados por competidores que serán más fuertes que nosotros y nos ganarán la partida. En el campo afectivo y familiar estaremos tan rodeados de problemas que no sabremos por dónde empezar a solucionarlos. Sólo en el caso de que nos alejemos del precipicio veremos que las cosas se empiezan a arreglar y recuperaremos nuestra confianza.

Puente: sueño de múltiples interpretaciones que han ido variando a lo largo de la historia. Representa

Interpreta

el vínculo establecido entre cosas que están separadas pero que tienden a unirse y permite la comunicación entre ellas. Hay que tener en cuenta tanto la naturaleza como las características del puente, la forma, el color, el material del que está construido y su situación para darle al sueño su justo significado. Soñar con puentes siempre indica un cambio en la situación que estamos viviendo y debemos entender que vamos a concluir un período de nuestra vida para entrar en otro que en ocasiones será más importante. Cuando es un puente sólido y bien construido es muy buen augurio, ya que nos dice que debemos avanzar sin miedo pues estamos en un magnífico momento en el que cualquier cosa que hagamos nos saldrá bien. Si vemos que entramos en un puente pero encontramos trabas quiere decir que en la nueva etapa de nuestra vida nos encontraremos con dificultades, pero que a pesar de todo conseguiremos llegar a la otra orilla salvándolas y lo que aparece ante nosotros es todo de signo positivo. Sólo en el caso de que nos encontremos un puente en malas condiciones habremos de temer dificultades. Por último, pasar por debajo es de mal agüero, pues presagia fracasos.

Puerto: al ser un punto de entrada y salida, tiene una estrecha relación con el nacimiento y la muerte. Generalmente es un buen augurio, pues pronostica modificaciones en nuestra forma de vida que nos conducirán por caminos felices y exitosos.

Refugio: este sueño indica que vamos a recibir un apoyo que nos permitirá salir de momento de una mala situación en la que nos hayamos metidos. Si soñamos que estamos buscando uno augura que pasaremos por momentos delicados llenos de preocupaciones y contrariedades, mientras que si conseguimos entrar en él quiere decir que podremos sobrellevar lo anterior gracias al apoyo que encontraremos en otras personas.

Río: este sueño presagia cambios importantes y el advenimiento de noticias que supondrán un giro inesperado en nuestra vida. Al ser un elemento de múltiples facetas como extensión, anchura, situación, la forma de sus riberas, etc. se presta a diversas interpretaciones. Si es de aguas claras, que corren a su ritmo sin estancarse, el panorama está rodeado de luz y tenemos buenas sensaciones asociadas al sueño, es un símbolo claro del cumplimiento de nuestras ilusiones y augura paz y felicidad. Por el contrario, si es un río de aguas turbias y se encuentra en un contexto sombrío quiere decir que nos vamos a enfrentar con serias contrariedades para alcanzar nuestros fines, ya que los proyectos toparán con barreras muy difíciles de saltar y además no nos veremos apoyados por las personas de las que esperábamos ayuda; también es un claro anuncio de pérdidas económicas y de riñas familiares. Es de buena suerte bañarse en un río, aunque si lo hacemos contracorriente significa que hallaremos dificultades, pero que al final alcanzaremos el éxito.

Sótano: cuando nos hallamos en uno es símbolo de que se avecinan contrariedades y sinsabores que nos harán difícil la vida mientras, que si logramos salir de él es señal de que nuestra situación mejorará y de que recibiremos propuestas muy interesantes en el campo laboral.

Taberna: este sueño quiere decir que se avecina una época de espera después de una temporada agitada, un período en el que tomaremos decisiones que favorecerán los proyectos que tengamos en marcha. Es un buen momento para iniciar nuevas amistades.

Lugares

Teatro: sea cual sea nuestro papel en la obra de teatro que aparece en el sueño, lo que debemos analizar aquí son los actos que transcurren en la obra, ya que influirán grandemente en nuestras acciones cotidianas. Si la acción se desarrolla en un ambiente favorable y feliz podemos esperar beneficios; por el contrario, si lo que prima es el drama, augura acontecimientos penosos en el futuro. Para muchos autores soñar con el teatro es un claro símbolo de frustración y auguran que vamos a tener un fracaso estrepitoso en nuestras gestiones, también pérdidas económicas.

Umbral: se avecinan acontecimientos importantes que harán que nuestra vida sufra un fuerte cambio al que deberemos adaptarnos. Si estamos próximos a cruzar el umbral de una casa deberemos tener en consideración el tipo de persona que nos vamos a encontrar, las características de la casa y el ambiente que se respira en ella para darle a este sueño el significado apropiado.

Universidad: debemos echar una mirada atrás y analizar nuestro pasado, ya que en estos momentos se abre ante nosotros un panorama que nos puede ser muy beneficioso si hacemos uso de la experiencia. Tendremos en nuestra mano la oportunidad de ejercer diversas actividades que ampliarán nuestro conocimiento y que serán muy beneficiosas, por lo que es muy importante la elección que hagamos. Quizá debamos abandonar algún proyecto que teníamos en mente, ya que seguramente fracasará. Hagamos uso de todo lo nuevo porque de ello sacaremos experiencias muy positivas. Es un buen momento para iniciar cualquier clase de estudio.

Universo: propicia la serenidad y la calma. Es un buen momento para realizar todo tipo de actividades creativas.

Valle: cuando aparece alegre y luminoso no podemos menos que esperar grandes beneficios en todos los campos, éxito imparable en los negocias y amor y felicidad en el aspecto privado. Si aparece sombrío indica que debemos tener paciencia, ya que a un período malo va a suceder una época en la que se van a solucionar los problemas y en la que gozaremos de paz y felicidad.

Volcán: alguna situación, buena o mala, que se estaba fraguando desde hacía un tiempo va a explotar. Se avecinan acontecimientos particularmente violentos que serán contrarios a nuestros intereses económicos. En el aspecto afectivo nos veremos sometidos por las pasiones, que no nos dejarán ver con frialdad lo que tenemos delante. Si el volcán se apaga quiere decir que poco a poco iremos girando hacia un clima más pacífico y en el aspecto de los negocios se puede esperar una época de tranquilidad y estabilidad.

Yacimiento de minerales: quiere decir que después de una época en la que habremos hecho grandes sacrificios para lograr nuestras metas, alcanzaremos por fin el éxito, aunque tendremos que ser muy prudentes pues cualquier fallo nos abocará a pérdidas económicas de cierta importancia.

Zanja: cuando nos encontramos con una zanja no podemos esperar más que dificultades en todos los aspectos de la vida, tanto económicos y profesionales como afectivos. En el caso de que nos veamos saltando por encima de ella conseguiremos poner remedio a las malas situaciones y salir adelante. Si caemos en una los augurios no pueden ser peores, ya que nos veremos superados por grandes dificultades que nos abruman. Cuando rellenamos una zanja quiere decir que poco a poco los problemas, por muy graves que sean, se irán solucionando.

Zoo: es un buen momento para enfrentarnos a nuestros enemigos cuando soñamos con este lugar, ya que saldremos airosos de tal confrontación y lograremos hacernos respetar por ellos, lo que redundará en un gran beneficio para nuestros negocios y hará más placentera nuestra vida familiar. Buen momento para los juegos de azar.

Sueña

Objetos

Los sueños donde los objetos son protagonistas resultan los más frecuentes

Objetos

Los sueños con objetos, como puede suponerse, son múltiples ya que las cosas existentes son innumerables. Por eso es imposible hacer una breve referencia y una somera clasificación. Sin embargo, queremos desde aquí dejar constancia de los puntos más importantes que deben considerarse.

Aquella persona que se disponga a interpretar un sueño en el que el protagonista en un objeto lo primero que debe hacer es clasificarlo de manera que no pueda ser confundido con ningún otro. A continuación debe proceder a ubicarlo en el contexto exacto en el que aparece y si está relacionado directamente con alguna persona o animal. Después se debe saber si el tamaño proporcional es el adecuado o si aparece desmesuradamente grande o pequeño. El color, la textura y el aroma son también elmentos que se deben considerar.

Una vez que hayamos ubicado el objeto en su punto justo debemos determinar mediante la información recibida si es el protagonista del sueño o una simple comparsa. Tras determinar ya que todas las demás circunstancias del sueño giran alrededor de él podemos proceder a su interpretación.

Como en todos los casos, no siempre objetos agradables son reflejos de buen augurio y los desagradables de malo, por lo que se recomienda a la persona que vaya a interpretar el sueño que se haga con una buena bibliografía de consulta.

La aparición de objetos comunes en nuestra vida no reviste demasiada importancia y se debe prestar mucha atención cuando aparecen cosas que nos son desconocidas.

Por supuesto y a causa del espacio de que disponemos, que en las páginas siguientes sólo aparecen aquellos objetos que se consideran más comunes en los sueños y a los que los estudiosos han prestado mayor atención.

Es curioso apreciar que en los sueños del hombre moderno aparecen cosas propias del más remoto pasado (por ejemplo: carros o norias para sacar agua) pero no adquieren ningún significado especial.

También es frecuente soñar con objetos que anhelamos pero esto no tiene ningún significado onírico sino que sólo refleja nuestros deseos.

Aquella persona que tenga gran interés en saber interpretar los sueños relacionados con cosas deben remitirse al estudio de la obra de Antifonte que hizo una importante recopilación de la interpretación de los sueños relacionados con cosas en la Antigüedad y que no ha sido superada hasta la fecha.

Objetos

Abanico: cuando es utilizado por otra persona significa deslealtad, intriga o relaciones no sinceras. Utilizado para dar aire indica que se tienen deseos de hacer nuevos planes o de iniciar cualquier tipo de actividad.

Abrevadero: es señal de tranquilidad y reposo y augurio de buenas noticias. Si está vacío puede indicar pérdidas, aunque de poca importancia. Si soñamos que estamos bebiendo en él es un claro indicativo de que estamos llevando nuestra vida por caminos equivocados y que nos conviene reflexionar y conducirnos hacia otros manantiales más adecuados.

Abrigo: siempre es una señal de protección. Cuando llevamos el propio indica que estamos protegidos contra los males y que tenemos seguridad en nosotros mismos y cuando se lleva el de otro quiere decir que alguien nos protege y nos cuida. En el caso de que nos presten un abrigo tendremos que afrontar una situación difícil de la que saldremos airosos. Cuando el abrigo lo lleva otra persona quiere decir que pronto recibiremos apoyo en nuestras empresas. Si se pierde supone pérdida de amistad, de seguridad y da mala suerte.

Acero: todos los autores coinciden en que soñar con este metal representa el logro de nuestros esfuerzos, triunfo conseguido gracias a nuestra fuerza de voluntad y al trabajo. La perseverancia domina todas nuestras acciones y gracias a ella lograremos nuestros fines. También es augurio de éxitos financieros y amorosos. Asociado a una sensación de alegría significa éxito en nuestras relaciones personales preferentemente en todas aquellas de relación de pareja.

Ácido: soñar con él quiere decir que tenemos relaciones muy complicadas con todos aquellos que nos rodean y que, además, esta situación es difícil de resolver. Ante este sueño hay que ser prudente con lo que se dice a los demás, ya que lo pueden tomar como una crítica que les haga volverse en contra nuestra y perjudicarnos.

También representa discusiones y broncas.

Acuarela: cuando se sueña con este tipo de pintura indica que damos la imagen de lo que no somos. Nos dice que estamos atravesando unos momentos difíciles, pero que dentro de ellos también habrá ocasiones de paz, ternura y tranquilidad.

Acuario: cuando en nuestros sueños observamos un acuario en el que nadan los peces es signo de tranquilidad y estabilidad. Si está vacío puede significar que vamos a padecer graves problemas afectivos ocasionados por la incomprensión de los nuestros.

Acueducto: si se halla en buenas condiciones significa prosperidad y abundancia de bienes materiales; si, por el contrario, está en ruinas, indica pobreza y malas condiciones de vida. En el amor tendremos suerte.

Agua: este elemento es uno de los que aparecen en los sueños con más frecuencia. El agua como origen de vida representa la relación con la madre (el seno materno) y la vida y los sentimientos. Según sea puede tener distintos significados: si es limpia y transparente, alegría y bendiciones; sin embargo, si es sucia nos indica problemas, amenazas, mala gestión en los negocios, dificultades en las relaciones con los demás; si es agua que sirve para regar es símbolo de abundancia y éxito.

Agujas: son símbolo de dolores y problemas pequeños a los que debemos prestar atención, ya que poco a poco irán minando nuestras defensas. Si se sueña que se están utilizando para fabricar algo quiere decir que nuestros proyectos se irán convirtiendo lentamente en realidad, por lo que se recomienda un poco de paciencia. Cuidado si se da el caso de que la aguja se pierde, ya que esto nos traerá una serie de pequeños problemas a los que deberemos enfrentarnos.

Ajedrez: representa la reflexión sobre las estrategias de la vida. Saber medir los riesgos y tomar posiciones de defensa y ataque es muy importante. Debemos estar dispuestos a hacer ciertas concesiones con vistas a un logro a largo plazo más importante. Hemos de tener paciencia y observar muy atentamente todo lo que ocurre alrededor. Debemos tener presente en todo momento que lo primordial no son las ganancias sin importancia a corto plazo, sino que habremos de aprender a esperar para conseguir éxitos de mayor envergadura. Triunfaremos en nuestras acciones siempre que se vean acompañadas de la paciencia, ya que debemos tener en cuenta que nos podemos encontrar con adversarios muy poderosos a los que lograremos vencer si actuamos prudentemente. Si nos hacen jaque mate quiere decir que no hemos obrado como deberíamos, por lo que nuestros proyectos se irán al traste.

Ajuar: presagio de bodas y nacimientos en nuestro círculo familiar. Alegrías afectivas. En el aspecto económico no sufriremos cambios notables.

Alfombra: en términos generales es sinónimo de bienestar y comodidad. Si la encontramos en lugares inadecuados puede significar que no hemos sido todo lo escrupulosos que deberíamos para alcanzar nuestros propios fines.

Alforjas: si están repletas auguran éxitos económicos, mientras que si están vacías dicen que nos encontraremos en una situación de miseria. Debemos tener especial cuidado con las personas que queremos porque se producirán circunstancias en las que los malentendidos pueden ocasionarnos problemas.

Altar: el significado más evidente de este sueño está relacionado con el matrimonio. Según se presente quiere decir que estamos deseosos de contraer matrimonio o bien que estamos en esta situación viviendo grandes alegrías. Para las personas religiosas significa recogimiento y oración.

Amatista: representa el sentido común que debemos aplicar en el campo profesional y de los negocios, pero por otro lado nos advierte de que vamos a padecer dificultades sentimentales.

Ambulancia: vamos a recibir ayuda para superar las dificultades en las que estamos inmersos. Siempre es augurio de problemas que, en el caso de que la ambulancia lleve la luz encendida, superaremos con relativa facilidad.

Amuleto: significa que tenemos un deseo muy fuerte de manejar a las personas que nos rodean para que hagan nuestra voluntad. Si mantenemos esta actitud podemos tener problemas, ya que las personas que nos rodean quieren actuar por su propia cuenta.

Andamio: si vemos en el sueño un andamio indica que nuestra situación, tanto económica como afectiva, es buena. Es señal de confianza depositada en nosotros mismos. Cuando lo vemos caer indica que debemos de tomar precauciones, ya que la situación de beneficio de la que gozamos se puede ver amenazada por algunos inconvenientes.

Andrajos: verse cubierto de andrajos es un claro símbolo de que hemos caído en una situación en la que reina el abandono acompañado de la decadencia moral, que pueden haber sido ocasionados por una depresión. Se aconseja ponernos en guardia porque esta situación nos va a llevar a un estado de miseria del que va a ser muy difícil salir. Debemos reaccionar rápidamente para salir de este estado debiendo echar mano de todos los recursos que surjan en nuestro camino. Se aconseja buen humor.

Anillo: simboliza los lazos que nos unen a otras personas proporcionándonos seguridad, pues pertenecemos a un grupo y vamos a ser protegidos por él. Ver un anillo de boda que llevamos puesto indica felicidad conyugal o el compromiso de una boda. Si nos lo quitamos o lo perdemos augura una próxima separación.

Anteojos: debemos prestar más atención a todo lo que nos rodea, ya que hasta ahora no hemos valorado las cosas que ocurren a nuestro alrededor y si lo hacemos podemos sacar grandes beneficios. Es conveniente que prestemos más atención también a nuestra pareja, ya que se halla necesitada de nuestro cariño.

Antigüedades: se recomienda echar una mirada atrás y analizar nuestro pasado, ya que gracias a ello no cometeremos determinados errores en el futuro. Es un sueño de buen augurio que pronostica ganancias inesperadas gracias a la ayuda de alguna persona muy influyente. Si no tenemos pareja es probable que encontremos una.

Antorcha: cuando está encendida es de buen augurio porque significa que las circunstancias nos son favorables y que estamos predispuestos a compartir nuestras ganancias y felicidad. Cuando la vemos apagarse indica que perderemos amigos y estaremos tristes. Las relaciones de pareja se verán afectadas por situaciones imprevistas.

Arena: vamos a vernos envueltos en situaciones que estarán poco claras y que requerirán de nosotros serias decisiones para poder solucionar los problemas. En el ámbito de los negocios padeceremos una situación incierta que se verá agravada por nuestros temores. También indica que en el hogar y con los amigos debemos obrar con prudencia.

Armadura: debemos desarrollar más nuestra personalidad, porque este sueño nos indica que nos hemos rodeado de una coraza para no expresar nuestros sentimientos, lo que nos ha traído problemas afectivos de cierta gravedad. Por otro lado estamos bien defendidos contra las adversidades de la vida.

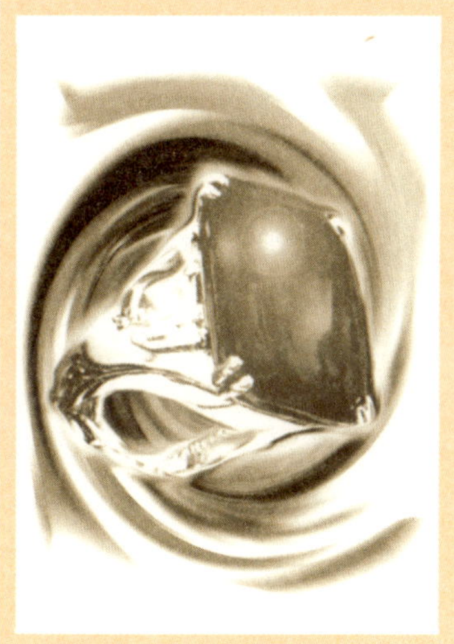

Armario: cuando vemos uno bien provisto y ordenado predice éxitos afectivos y financieros. Cuando lo vemos vacío indica que vamos a padecer todo tipo de problemas y que nuestra salud se va resentir. Cuidado si lo vemos venderse porque augura miseria. Es una buena ocasión para probar suerte con los juegos de azar.

Armas: siempre presagian perjuicios y traiciones. Si soñamos con ellas quiere decir que nos veremos rodeados de traición, pérdidas económicas y situaciones desagradables a todos los niveles. Si somos nosotros los que usamos el arma y acertamos en su objetivo quiere decir que, a pesar de todo, salvaremos las dificultades y saldremos triunfantes de todos los problemas; sin embargo, si erramos quiere decir que nos veremos envueltos durante mucho tiempo en serias dificultades que se resolverán judicialmente.

Ascensor: indica tanto subidas como bajadas en la escala social y en el terreno de los negocios. Si lo que hacemos es utilizarlo para subir quiere decir que vamos a dar un paso de gigante en nuestra situación financiera. Si lo usamos para bajar augura una época de dificultades y, sobre todo, de retrasos en alcanzar éxito en nuestros negocios.

Asiento: es representativo de la situación en que nos encontramos. Cuanto más confortable y sólido sea, mejor nos sentiremos en las circunstancias de la vida. Si se rompe o cae indica que vamos a ser víctimas del fracaso y de la mala suerte.

Ataúd: soñar con ataúdes es muy frecuente. Cuando nos encontramos dentro quiere decir que seremos abandonados por aquellas personas a las que queremos y cuando el que se encuentra dentro es un desconocido nos augura un peligro cercano, por lo que deberemos actuar con la máxima prudencia, sobre todo en lo que se refiere a las enfermedades.

Autobús: este medio de locomoción supone un cambio en nuestra vida en el que también estarán implicadas directa o indirectamente otras personas. No es un sueño ni de buen ni de mal augurio, pues ello vendrá determinado según los elementos que lo rodeen. Cuando vemos que estamos conduciéndolo indica que somos nosotros los que hemos tomado la iniciativa para el cambio de vida. Si vemos que el autobús se estropea, predice que el cambio que vamos a experimentar encontrará en su camino diversas dificultades.

Autómata: es un sueño que nos advierte de que a causa de la frialdad con la que acometemos todas las acciones en nuestra vida, estamos perdiendo la capacidad creativa y la ternura. Debemos hacernos con las riendas de nuestros asuntos y no confiar a nadie la marcha de los negocios, ya que de esa manera pueden fracasar.

Automóvil: cuando lo conducimos quiere decir que somos capaces de dirigir nuestra vida con cierta facilidad; pero cuando quien lo conduce es otro indica que no somos capaces hacerlo, pues nos encontramos impotentes para producir ningún cambio y siempre estamos a expensas de lo que decidan los demás. También cuando lo conducimos quiere decir que nuestra situación va a cambiar y que se van a producir acontecimientos de buen o mal agüero, según esté asociado con sentimientos agradables o desagradables respectivamente. En el terreno económico tendremos suerte.

Azufre: significa el continuo deseo de renovación. Aconseja que potenciemos nuestra actividad para conseguir mejores resultados en nuestras empresas. Es recomendable el trabajo duro y el empeño. Nuestros sentimientos pueden verse influenciados por situaciones externas que nos llevarán a discusiones familiares de cierta importancia.

Balanza: indica que vamos a ser jueces en algunos conflictos entre personas allegadas a nosotros y que, en el caso de que no podamos equilibrarla, seremos incapaces de solucionarlos. Habrá algunas dificultades en el terreno amoroso, pero se superarán gracias a los acertados criterios que aportaremos en las discusiones.

Ballesta: simboliza la proyección de nuestra personalidad hacia el futuro. Según con la fuerza que veamos que se maneja, este sueño será de más felicidad en su interpretación. Esto se puede aplicar a todos los campos de nuestra vida.

Balsa: indica que estamos pasando por momentos inestables y que necesitamos tomar un nuevo rumbo para encauzar nuestra vida. Si la balsa zozobra es presagio de mala suerte y desgracia. Si nos vemos en el agua agarrados a ella indica que vamos a recibir una ayuda inapreciable por parte de personas desconocidas.

Objetos

Bandera: representa la hegemonía de una entidad de cualquier tipo, generalmente política. Sugiere que necesitamos aliento y apoyo de los demás para cumplir con nuestros objetivos. Cuando vemos la bandera nacional indica que vamos a alcanzar el triunfo en nuestros proyectos una vez que hayamos vencido grandes dificultades. Cuando la vemos rota o por los suelos significa todo lo contrario, ya que predice el fracaso en los negocios y que podemos ser objeto de humillaciones por parte de los demás.

Bañera: si la observamos desde el exterior indica que vamos a pasar por un período en el que veremos sometida a prueba nuestra capacidad emocional y donde la salud correrá peligro por diversas causas. Sin embargo, si nos estamos bañando en ella quiere decir que nos vamos a recuperar de nuestros males dentro de un clima familiar muy beneficioso.

Barandilla: dará seguridad si se encuentra en buen estado, pues gracias a nuestros amigos seremos capaces de afrontar problemas. Si se halla rota o fuera de uso indica que seremos objeto de abandono y que tendremos que hacer frente a los problemas en soledad.

Barco: es uno de los sueños más conflictivos con los que nos podemos encontrar, ya que presenta múltiples significados. El barco aúna en sí dos de los elementos más importantes, la tierra y el agua, contrario el uno del otro, ya que la tierra representa la solidez y la realidad y el agua los sueños y los ideales. Cuando lo que hacemos es preparar un viaje en barco, es de magnífico augurio en lo que respecta a nuestros sueños y también indica que vamos a sufrir un cambio muy favorable en nuestra situación, tanto social como económica, y que se avecina el éxito en todos los proyectos de negocios que tengamos en curso o que vayamos a emprender. Sólo en el caso de que este barco esté navegando en aguas sucias o revueltas es de mal augurio, ya que significa preocupaciones y dice que debemos tener el máximo cuidado en lo que respecta a nuestros negocios.

Barrera: encontrarnos con una en sueños tiene contradicciones, pues indica que nos hallaremos en dificultades, pero que por otra parte seremos capaces de solucionar. Si nos vemos construyendo una seremos objeto de críticas.

Barril: vamos a encontrarnos ante una situación que, aunque inesperada, va a resultar de gran beneficio para nosotros. Tiene que ver con los juegos de azar. También tendremos mucha suerte en la vida social, lo que nos permitirá gozar de la consideración y del aprecio de las personas que nos rodean. En el terreno familiar se pueden presentar algunos conflictos que se resolverán fácilmente.

Barrotes: si éstos se hallan fijos augura desgracias en todos los campos: problemas familiares y económicos, traición de los amigos, conflictos legales y riñas continuas; pero si conseguimos romperlos significa que saldremos airosos de todos estos trances.

Bastón: es un elemento que sugiere apoyo y soporte. Cuando soñamos con él indica que estamos o vamos a recibir todo el apoyo necesario para conseguir nuestros fines. También seremos objeto de la comprensión y del afecto de las personas que nos rodean. Si padecemos alguna enfermedad nos augura una próxima curación.

Bicicleta: tenemos un fuerte deseo de estrechar lazos con personas que están alejadas de nosotros, pero eso sólo lo conseguiremos haciendo el esfuerzo necesario y dando los pasos precisos para dicho acercamiento. En los proyectos sólo contaremos con nosotros mismos, y debemos hacer un gran esfuerzo y tener mucha constancia si queremos verlos coronados por el éxito. Hay que tener cuidado si nos vemos cayendo de la bicicleta, ya que indica que vamos a encontrar problemas en el camino.

Billar: es de mal augurio soñar con este juego, porque indica que por haber confiado nuestros negocios a la suerte van a fracasar. Tendremos toda clase de reveses. En vez de quejarnos de nuestra mala suerte, deberemos luchar con ahínco para salir de las situaciones desafortunadas en las que nos encontremos. Lo mismo se puede aplicar al terreno de los afectos.

Billete: indica que nos encontraremos en situaciones de intercambio de bienes con otras personas. Nuestras gestiones no tendrán éxito y sufriremos pérdidas económicas y discusiones acerca de dinero que algunas veces se verán resueltas en los juzgados y no siempre a nuestro favor. Cuando son de lotería o de cualquier otro juego de azar, el sueño sugiere que estamos dejando de lado nuestros negocios, lo que nos perjudica mucho.

Bisturí: en el aspecto económico nos aconseja que procedamos con firmeza en las negociaciones para poder así salvar una situación que nos preocupa. Tendremos dificultades con la salud que se verán resueltas a corto plazo y mala suerte en general.

Blasón: pensamos que en nuestra situación actual no nos hemos visto favorecidos por el reconocimiento a los méritos que creemos poseer. Indica la necesidad de que se lleve a cabo ese reconocimiento. Por el mismo motivo tendremos dificultades con nuestra pareja, ya que pensamos que no aprecia nuestras virtudes en la medida en que nosotros necesitamos que sean valoradas.

Bolos: es de buen augurio cuando en el sueño nos vemos jugando una partida que ganamos; pero en el caso de perder podemos esperar complicaciones que nos harán más difícil la existencia.

Bolsillos: sugiere que tenemos asuntos que, aunque aparentemente estaban resueltos, no lo están; todavía quedan temas por rematar y pueden darnos ciertas sorpresas. Un bolsillo roto indica falta de precisión en nuestras consideraciones que nos puede ocasionar dificultades y agravios. Si los bolsillos están bien repletos significa que somos capaces de improvisar ante situaciones comprometidas. Son el símbolo de secretos y confidencias. Es un síntoma claro de indiferencia hacia los demás permanecer con las manos en los bolsillos.

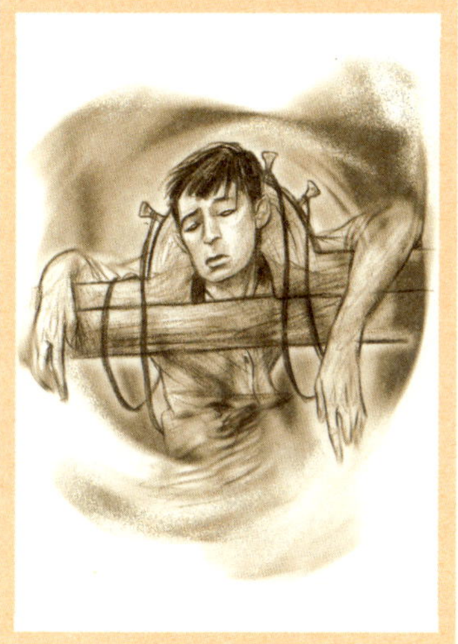

Bolso: cuando lo vemos lleno indica que padeceremos preocupaciones económicas de importancia y que pasaremos por una época de privaciones, mientras que si lo vemos vacío augura que vamos a tener ingresos inesperados que nos llenarán de alegría. Es de mala suerte que lo perdamos o nos lo roben y de buena encontrárselo.

Bombilla: este elemento aparece muchas veces en nuestros sueños como algo secundario, pero debemos prestarle gran atención, ya que su significado es muy importante. Según como aparezca indica diferentes cosas. Si la bombilla está encendida y su luminosidad es diáfana, es presagio de buenos acontecimientos, sobre todo en lo referente a las relaciones familiares, ya que nos anuncia una temporada de felicidad y alegría. Si está apagada predice desilusión y es de mal augurio tanto en lo afectivo como en lo material y la salud. Cuando la bombilla se rompe es señal de pérdidas económicas.

Bombona: representa una reserva de energía y también señala que debemos controlar nuestros impulsos, ya que si no lo hacemos llevaremos situaciones sencillas a límites insospechados y se crearán circunstancias desagradables para todos.

Botas: indican dominio y posesión. Dependiendo del estilo que tengan marcará más o menos las características mencionadas. Las botas militares denotan dominio por la fuerza, mientras que las de montaña sugieren riesgo y esfuerzo. La botas lujosas son el indicio de posesiones materiales y las de deporte de ligereza y comodidad.

Botella: este sueño significa que estamos atravesando una buena situación lo que servirá para modificar todo lo que no funciona en nuestras vidas y para potenciar lo que nos va bien en todos los terrenos. Si hallamos una botella llena de vino o champán indica que pronto vamos a tener encuentros inesperados y satisfactorios, bien con familiares a los que hace mucho tiempo que no hemos visto o con amigos que teníamos un poco olvidados. En el caso de que la botella se rompa o esté vacía es un mal presagio.

Botones: es mucho más frecuente de lo que parece. Cuando faltan en la indumentaria quiere decir que sufrimos algún tipo de carencia, generalmente afectiva. Si se sueña en cambio con que se cosen, quiere decir que se ha logrado vencer los obstáculos y que se avecina una época de prosperidad; por el contrario, si se pierden o aparecen arrancados, auguran una época de grandes penurias y de problemas que nos van a acosar.

Bóveda: si aparece con buen aspecto e iluminada indica que gozamos de estabilidad y que contaremos con el apoyo necesario para mantenerla, lo que nos dará tranquilidad. Si por el contrario aparece húmeda o deteriorada, quiere decir que próximamente nos veremos envueltos en circunstancias desagradables. Es de mala suerte verla derrumbarse.

Bronce: representa la sinceridad ingenua y algo primitiva. Debemos hacer todos los esfuerzos que sean necesarios para mejorar nuestra situación.

Cadenas: puede significar ataduras que no en todos los casos serán satisfactorias. También son símbolo de problemas y de fracaso en los proyectos de aspecto económico, así como dificultades en los demás aspectos de la vida. Sin embargo, si somos capaces de romperlas quiere decir que vamos a salir airosos de estas situaciones encontrando la felicidad al final de un largo proceso.

Calendario: en una época que nos encontremos desorientados, soñar con calendarios significa que nos volveremos a ubicar en nuestro justo sitio respecto a las relaciones y al trabajo, lo que nos permitirá ver las cosas desde un nuevo punto de vista que nos va a conducir a una etapa muy exitosa en nuestras vidas.

Cama: puede significar cosas bien distintas. Si está asociada a una sensación desagradable augura enfermedades a las que si somos previsores podremos poner remedio antes de que se conviertan en peligrosas. Si va asociada a una sensación agradable indica el descanso que vamos a tener después de un tiempo de mucha tensión, ya que el poder abandonar responsabilidades nos permitirá sentirnos más felices.

Camilla: corremos riesgo de padecer alguna enfermedad o de sufrir un accidente, por lo que hay que extremar las precauciones para que esto no ocurra. Si nos vemos usando una es señal de que nos hallamos en desamparo y de que no nos sentimos protegidos; también de que se avecinan preocupaciones.

Camisa: cuando aparecemos en el sueño con una camisa propia y en buenas condiciones indica que estamos favorecidos por el éxito y que vamos a recibir ayuda del exterior. Cuando aparece sucia o desgarrada nos augura problemas económicos. Si nos la ponemos del reves nos dice que vamos a cometer errores de los que pagaremos las consecuencias y si tenemos sólo una camisa por toda vestimenta augura que padeceremos humillaciones.

Campana: generalmente se considera que es una llamada al espíritu. Es de mal agüero porque presagia malas noticias y conflictos afectivos.

Canastilla: lleva implícito el deseo de la paternidad, pero también puede sugerir ideas en embrión que deberemos desarrollar aunque nos cueste algún esfuerzo. Es un buen momento para iniciar empresas, pues augura el éxito en ellas.

Candado: si en nuestro sueño vemos que alguien cierra un candado para nosotros es signo de dificultades y problemas, debemos luchar mucho para sacar adelante nuestros proyectos. Si somos capaces de romper el candado quiere decir que a pesar de todo vamos a triunfar en aquello que nos propongamos.

Candelabro: es símbolo de nuestros sentidos. Soñar con él favorece en gran medida todo lo que tenga relación con los sentidos, exacerbará nuestra sensualidad y apreciaremos mejor comidas y bebidas y todo aquello que se percibe mediante el tacto. Si el candelabro se apaga tiene relación con nuestras represiones, que no nos permiten disfrutar de las cosas de la vida como nos gustaría. De todos modos, nos pide que seamos muy prudentes en nuestras relaciones afectivas.

Cántaro: si este recipiente aparece lleno es signo de abundancia y prosperidad. Si aparece vacío augura pobreza y falta de salud. Cuando se rompe da al traste con nuestros proyectos.

Capucha: representa la intención de ocultamiento. Puede que queramos pasar desapercibidos, bien por humildad o bien por malicia. Recibiremos todo el apoyo de nuestros seres queridos.

Carbón: es símbolo de energía oculta. Soñar con él indica que debemos sacar a la superficie todo aquello que nos puede hacer triunfar en la vida, como iniciar proyectos económicos o relaciones sentimentales que no nos habíamos atrevido a iniciar por miedo. Si el carbón está encendido es de buen agüero, pero si está apagado recomienda prudencia.

Carmín: simboliza que nos hallamos en lucha perenne con nosotros mismos, ya que siempre estamos dudando entre la obligación y el placer, entre el idealismo y el pragmatismo. Según la actitud que tomemos ganarán unas u otras opciones. En lo amoroso, la pasión se hará dueña de nuestros actos.

Carro: si está cumpliendo las funciones para las que fue creado indica que vamos a ser agraciados con buena suerte. Si aparece en el sueño asociado con un automóvil indica que tenemos añoranza por el pasado.

Carroza: indica que se avecina una época en la que tendremos un aumento de nuestros bienes materiales; pero si se encuentra abandonada o en mal estado nos augura su pérdida y la humillación.

Carta: es muy frecuente soñar tanto con recibirlas como con enviarlas. Según quién mande o reciba la carta, el contenido, la procedencia y las circunstancias en que se mande o reciba, se interpreta de modo distinto. Las cartas siempre se relacionan con las noticias que vamos a recibir y que vamos a dar. También son representativas de la evolución de los asuntos personales. Si el sueño está relacionado con una sensación agradable, las noticias que enviemos o que nos lleguen serán de ese talante, mientras que si va asociado a un sentimiento desagradable las noticias que recibamos o enviemos también serán negativas. Si rasgamos las cartas que hemos recibido quiere decir que vamos a sufrir una gran decepción. El color del papel también es importante, pues se asocian a los colores claros las gratas noticias y a los oscuros las funestas. El tipo de letra es fundamental, ya que si es legible y clara nos augura beneficios, y si es ilegible anuncia desgracias. Este sueño tiene múltiples facetas que habrá que analizar con detenimiento para conseguir la correcta interpretación.

Cenizas: auguran un futuro pleno de complicaciones. En todos los aspectos obtendremos resultados nefastos, ya que no funcionarán bien nuestros negocios y en la relaciones afectivas nos encontraremos con trabas que darán lugar a discusiones y peleas que empeorarán todavía más la situación.

Cepillo: para algunas mujeres este sueño es el símbolo de la dependencia que tienen de sus maridos, lo que las está llevando a una situación de insatisfacción y de frustración. Augura el fin de situaciones desagradables.

Cerradura: soñar con ella nos suele producir sentimientos de angustia porque en todos los casos significa que estamos ante un problema de difícil solución. Si nos hallamos ante una que no se abre nos encontraremos con dificultades y sobre todo con una sensación de inseguridad que nos impedirá actuar libremente, lo que nos dará problemas aún mayores. Si, por el contrario, la cerradura se abre bien por nuestra mano o por otras circunstancias quiere decir que vamos a solventar todos nuestros dilemas con más facilidad de la que esperábamos y que, además, nuestra elección va a ser la más satisfactoria, tanto para los demás como para nosotros mismos. Si la forzamos quiere decir que nuestros problemas se resolverán, pero en este caso con graves daños para nuestros semejantes porque vamos a actuar con falta de escrúpulos. También la apertura de la cerradura significa que nos hallamos ante nuevas perspectivas y nuevos proyectos que nos van a hacer muy felices, aunque su cumplimiento nos dará mucho trabajo y requerirá esfuerzos muy importantes por nuestra parte. Si soñamos que estamos mirando por una cerradura indica que no somos demasiado apreciados por los demás y que vamos a ser víctimas de alguna faena que nos va a hacer alguien muy allegado.

Cerrojo: representa la voluntad de fijar y de concluir un tema. Es imprescindible que cerremos todos los tratos que tengamos en marcha en este momento, ya que postergar las operaciones nos perjudicaría gravemente.

Cintas: estos objetos representan algo pasajero y agradable.

Círculo: simboliza esta figura geométrica la perfección y la eternidad. Representa lo femenino y también la maternidad. Cuando nos encontramos dentro de uno significa que estamos bien protegidos contra la adversidad.

Cirio: este sueño representa la vida personal, por lo que si lo vemos arder con fuerza indica que estamos quemando las etapas con acierto. Si vemos una llama humeante y temblorosa el sueño predice que alguien va a sufrir una grave enfermedad, puede ser el soñante o una persona allegada. Si lo que soñamos es que se apaga es señal de duelo.

Clavo: es mal augurio, sobre todo en el terreno económico, ya que predice el fracaso en los negocios y pérdidas financieras de gran importancia. En el terreno afectivo seremos víctimas de la desconsideración de los demás.

Cohete: soñar con este objeto indica que próximamente vamos a recibir noticias o se van a producir acontecimientos felices, aunque serán de poca duración y no tendrán grandes consecuencias.

Columna: simboliza el apoyo del que nos estamos beneficiando. Cuando la vemos derrumbarse es porque estamos perdiendo el equilibrio emocional, ya sea por enfermedad o porque nuestras ilusiones no se han visto realizadas. También corremos peligro de perder ciertas amistades a causa de malentendidos.

Cometa: representa situaciones pasajeras y fugaces. Cuando se asocia con relaciones personales indica que no debemos poner toda nuestra confianza en los demás, aunque es un buen augurio para relaciones pasajeras y de diversión. Cuando la vemos descender nos recomienda que resolvamos cuanto antes los asuntos que tenemos entre manos, sobre todo si son complejos. En el aspecto económico anuncia que gozaremos de una situación desahogada que nos permitirá ciertos caprichos.

Corona: objeto muy simbólico para los antiguos. Interpretaban que cuando se llevan coronas de flores de la temporada es signo de alegría y prosperidad y favorable para todos los aspectos de la vida, excepto cuando las coronas están hechas de narcisos o violetas blancas, que anuncian dificultades muy importantes, y flores rojas oscuras, que representan a la muerte. Cuando es de naranjo pronostica que vamos a ganar pleitos que tenemos en trámite o que surgirán en un próximo futuro. Para los pobres es funesto soñar con coronas de oro, ya que advierte que estarán siempre bajo el pie del poderoso, y las de hiedra, excepto para los artistas, significan la cárcel. Según los autores modernos, ser coronado con cualquier tipo de corona significa que se ha alcanzado el éxito en las empresas y que estamos muy favorecidos en las relaciones con nuestros seres queridos. Solamente cuando la corona es de espinas es mal augurio, ya que nos predice penas y tristezas.

Cristal: se recomienda ser muy precavidos ya que estamos rodeados por personas que nos son desleales. Tendremos problemas con los subordinados, que nos harán pasar momentos muy desagradables, aunque se solucionarán con mucha facilidad.

Cruz: es un símbolo de gran importancia en casi todas las culturas, por lo que este sueño puede tener fuertes connotaciones religiosas de diferente significado según lo que representa este signo en cada religión. También simboliza los cruces de los caminos o los puntos cardinales, por lo que soñar con ella puede predecir que deberemos tomar partido en diversas circunstancias y elegir aquello que sea más favorable para nosotros y para los nuestros. Hallarse en un cruce de caminos augura indecisión que será superada.

Cuaderno: refleja nuestro pasado e indica que hay cosas en él que debemos olvidar. También es augurio de noticias.

Cuadro: como ocurre con muchos objetos, soñar con un cuadro de buena calidad es augurio de beneficios, mientras que un cuadro de mala calidad indica que padeceremos males. Cuando está roto es de mal agüero. Si refleja la imagen de algún conocido augura problemas con él.

Cubo: puesto que refleja la estabilidad emocional, cuando está lleno de agua limpia indica que seremos felices y que gozaremos de paz, mientras que si el agua es turbia nos augura disgustos y preocupaciones. Cuando lo vemos vacío señala que sufriremos pérdidas de orden económico.

Cuco: este tipo de reloj anuncia la llegada de etapas mejores que las que estamos pasando en el momento presente.

Cuerda: si soñamos que estamos agarrados a una significa que vamos a ascender en la escala social y que también vamos a tener éxito en nuestros negocios. Es un símbolo de transición entre un estado menos favorecido y otro de superiores características. Si soñamos con una cuerda rota o vieja es un anuncio de que nos vamos a ver enfrentados con obstáculos de difícil solución. Ser atado significa graves perjuicios financieros y temporadas de depresión.

Cuna: al contrario de lo que pueda parecer, es de mal agüero para la estabilidad familiar, ya que predice problemas y malquerencias. La estructura familiar va a sufrir un proceso de cambios que, por lo general, no serán buenos.

Dados: soñar con que se juega o se ve jugar con dados en muy frecuente. Es símbolo de lo que puede influir el azar en nuestras vidas. Este sueño nos avisa de que debemos dirigir personalmente nuestros actos y no dejarnos influir por las circunstancias. También implica algún tipo de riesgo financieros por lo que debemos tener cuidado con nuestros proyectos y también con nuestra salud.

Daga: simboliza cortes o rupturas violentas ocasionadas por traiciones inesperadas que nos harán sufrir mucho. Tiene el mismo significado que la espada. Cuando este instrumento aparece en manos de una mujer podemos decir que vamos a ser víctimas de chismorreos y calumnias.

Damero: la combinación de cuadros negros y blancos que componen este juego simboliza la perpetua confrontación con nuestros contrarios. No es de buen o mal agüero, simplemente nos indica que vamos a seguir igual.

Delantal: simboliza el trabajo y la protección que debemos tener en las situaciones peligrosas. Cuando está limpio es de signo positivo y cuando está sucio representa problemas de índole laboral. Algunos autores piensan que este sueño es presagio de penas y de preocupaciones, por lo que habrá que hacer algunos sacrificios para que los problemas que tenemos se resuelvan. Se plantearán exigencias que serán muy difíciles de cumplir.

Dinero: significa ni más ni menos lo que es evidente. Es la representación de nuestra tranquilidad y de que podemos llevar a cabo proyectos que con su falta nos sería muy difícil desarrollar. Cuando lo ganamos con el trabajo significa que tenemos una situación buena, que las perspectivas de trabajo son favorables y que nuestras relaciones afectivas pasan por momentos de felicidad y estabilidad Cuando el dinero que tenemos ha sido ganado en el juego el sueño anuncia que pasaremos por momentos que no nos van a ser favorables y que tendremos que actuar con rapidez para no perder la estabilidad de la que gozamos. Cuando soñamos con que perdemos dinero sugiere que vamos a tener mala suerte en los negocios y cuando lo encontramos nos avisa de que debemos ser prudentes para no perder el que tenemos.

Objetos

Embarcación: cuando estamos en una o vamos a subir a una es augurio de que próximamente se va a producir un cambio favorable para nosotros, bien en el terreno afectivo o en el campo de los negocios. Si navegamos en aguas tranquilas quiere decir que también tendremos tranquilidad y es buen augurio para los proyectos; si por el contrario navegamos en aguas tumultuosas el sueño indica que nos vamos a encontrar con problemas y dificultades, aunque siempre vamos a ser capaces de superarlos y llegar a buen puerto y sólo fracasaremos en el caso de que veamos que la embarcación encalla o se hunde. Soñar con embarcar supone un cambio de situación que en la mayoría de los casos, y a pesar de los problemas, será favorable.

Equipaje: es un símbolo de cambio. Cuando lo vemos quiere decir que vamos a recibir noticias que harán que modifiquemos nuestra vida afectiva y profesional. Si el equipaje está lleno tendremos cambios felices, tristes si está vacío. También implica el deseo que tenemos de dar un nuevo rumbo a nuestra vida, ya que no estamos contentos con la que ahora tenemos. Es sinónimo de cambios en la vida familiar de los que seremos responsables y que pueden ser causados por un nuevo matrimonio o divorcio.

Escalera: son muy variadas las interpretaciones que se dan a soñar con una escalera, ya que ésta puede ser de diversas formas y materiales. También serán de gran importancia sus dimensiones y colores, así como el lugar en que se hallen ubicadas. Si soñamos que estamos subiendo una quiere decir que gracias a nuestro propio esfuerzo conseguiremos el triunfo en los proyectos profesionales y en las gestiones de negocios; también alcanzaremos éxito en nuestras relaciones con la familia. Subir nos ofrece unas muy buenas perspectivas para el futuro, augurando el éxito en todos nuestros negocios, y también significa prosperidad económica. Es un muy buen augurio subir escaleras mecánicas, ya que en este caso quiere decir que tenemos buenas perspectivas en todos los ámbitos que se verán favorecidos por ayuda exterior, bien de conocidos y familiares o de personas que próximamente aparecerán en nuestras vidas. Si por el contrario soñamos que bajamos augura dificultades tanto en el aspecto material como en el afectivo; esto no quiere decir que no vayamos a ser capaces de superar las dificultades, pero será una tarea muy trabajosa y el sueño nos advierte para que seamos prudentes en todas nuestras gestiones y para que cuidemos las relaciones personales. Bajar la escalera también significa que tendremos problemas económicos. En el caso de que soñemos que nos caemos es un mal augurio y presagia que se avecina una temporada muy difícil, sobre todo en el aspecto económico.

Escaparate: la vida nos ofrece diversas alternativas y nosotros seremos los responsables de escoger las más adecuadas para que se cumplan nuestros deseos. No podremos hacer responsable de lo que nos ocurra a nadie.

Esclusa: ante este sueño debemos plantearnos la necesidad de dirigir nosotros mismos nuestra vida.

Escoba: es un sueño de muy buen agüero. Generalmente representa la necesidad que tenemos de suprimir todas aquellas cosas que nos molestan. Predice éxito y anuncia que recibiremos buenas noticias. Nuestra vida cambiará mejorando de situación. Si nos vemos barriendo el interior de una casa significa felicidad familiar y si nos vemos barriendo el exterior nos dice que tendremos ingresos económicos inesperados y cambios favorables en el mundo laboral. Suerte.

Escuela: debemos estar dispuestos a adquirir nuevos conocimientos y a pasar cualquier prueba, ya que siempre sacaremos algo positivo de ello. Se avecina una nueva etapa que favorecerá nuestros proyectos. Es el momento de hacer uso de la experiencia.

Escultura: indica que tenemos una necesidad de cambio, que queremos remodelar nuestra propia existencia porque no nos agrada la vida que llevamos. Según el estado en que se encuentre la obra veremos hasta qué punto hemos sido capaces de realizar ese cambio y la dirección nueva que estamos tomando. Todo lo anterior se puede aplicar al mundo de los negocios.

Esmeralda: cuando esta piedra preciosa de bonito color verde aparece en nuestros sueños indica que somos capaces de observar todo lo que sucede a nuestro alrededor y sacar conclusiones positivas que nos favorecerán. Se predice también cambios importantes y que en todos los aspectos seremos felices. Cuando soñamos que perdemos una esmeralda quiere decir que la persona amada no va a abandonar a consecuencia de algún mal comportamiento que hemos tenido con ella.

Espejo: soñar con espejos ha sido siempre objeto de múltiples controversias. Los antiguos pensaban que en los espejos se reflejaba el alma y según el estado en que se encontrara aquél así seríamos nosotros por dentro; es decir, soñar con espejos rotos o deteriorados significaba que la personas se hallaba en muy mal estado y que era capaz de cualquier cosa, sin la mínima moral, para conseguir sus fines. Los autores modernos, sobre todo Freud, han llegado a la conclusión de que soñar con espejos es observarnos a nosotros mismos, pero no dio unas explicaciones tan drásticas como Daldis en su tiempo. Lo que sí es cierto es que según veamos nuestra imagen reflejada en ellos, así será el augurio del sueño. Si vemos una imagen bella, fuerte y sana quiere decir que nuestros deseos se van a cumplir y que estamos satisfechos con nosotros mismos; si, por el contrario, la imagen que refleja es deforme o fea, quiere decir que nos vemos a nosotros mismos frustrados y sin ánimo para lograr nuestros sueños. Para otros autores los espejos significan traición y desconfianza, por lo que se aconseja mucha prudencia.

Estante: cuando soñamos con un estante repleto indica que vamos a tener grandes oportunidades para conseguir nuestras metas. Si está vacío representa desilusiones y frustraciones.

Estatua: si soñamos que este objeto reúne buenas condiciones, está cuidado e instalado en el sitio adecuado, es un buen augurio. En el caso de que la estatua esté deteriorada, rota o instalada en un sitio inadecuado augura que sufriremos grandes decepciones por parte de las personas a las que queremos.

Estiércol: es de muy buen agüero si lo vemos, pues sólo nos anuncia cosas positivas como felicidad y prosperidad económica. Si lo vemos esparcido por nuestra casa indica desavenencias familiares y pérdidas económicas.

Excrementos: este elemento está directamente asociado con el dinero y generalmente es un mal presagio. Cuando son de origen humano significa que tendremos gravísimas discusiones con personas que nos importan mucho y que estos enfados tendrán muy difícil solución, mientras que si son de animales son presagio de dificultades en los negocios y de que nos encontraremos con muchos problemas a la hora de afrontar estas complicaciones. Otros autores, como Artemidoro de Daldis, piensan que es todo lo contrario, que soñar con excrementos quiere decir que recibiremos pronto un dinero que no esperábamos. De cualquier manera, se aconseja a las personas que sueñan con excrementos que sean especialmente cuidadosas en todos sus asuntos, en especial en todos aquellos que conciernen al dinero y a la economía.

Factura: es un sueño de pésimo augurio en el campo económico. Nos predice grandes pérdidas y fracaso en nuestros negocios; por otro lado veremos que se pone en tela de juicio la propiedad de nuestros bienes, lo que probablemente nos llevará a pleitos de los que saldremos perdedores. Discusiones y desavenencias. Nuestra vida sufrirá cambios.

Falda: en términos generales simboliza las relaciones entre el hombre y la mujer. Para un hombre ver una falda significa que está interesado por una mujer conocida, mientras que para una mujer presagia un encuentro sentimental de importancia. La faldas largas son sinónimo de moralidad, aunque para una mujer puede significar que va a ser tratada sin consideración. Cuando parece un hombre con una falda que forme parte de un traje regional, significa vergüenza y desgracia.

Fardo: indica que estamos padeciendo grandes presiones, confusión y penurias. Cuando lo llevamos a cuestas simboliza que nos sentimos obligados a soportar algún tipo de explotación. Cuando es de nuestra propiedad indica que estamos fuertemente ligados a nuestras posesiones materiales y que cualquier pérdida nos afecta en demasía. Aconseja refrenar el mal genio.

Farol: estamos en una mala situación pero nos veremos apoyados por una persona de gran significado para nosotros. Habrá una mejora siempre y cuando estemos dispuestos a luchar lo que haga falta por ella. En el terreno afectivo nos veremos muy favorecidos por el cariño que nos profesa nuestra pareja.

Flechas: muchas personas sueñan con ellas. Cuando las vemos es presagio de próximas disputas y de que nuestros intereses se verán afectados por diversas dificultades. Cuando somos heridos es señal de fracaso y dice que nuestros negocios se verán afectados por dificultades y que tendremos graves pérdidas de dinero. Cuando somos nosotros los que lanzamos flechas augura éxito en los negocios, aunque lo pagaremos muy caro, pues nuestras relaciones personales se verán afectadas.

Fogón: simboliza el fuego familiar, el calor afectivo, la seguridad que representa para nosotros vernos rodeados por la familia. Advierte de la necesidad que tenemos de recapacitar para que las relaciones familiares que ahora parecen dañadas se vuelvan más fluidas y que con ello alcancen la felicidad todas las personas implicadas.

Fotografías: soñar con estos objetos se presta a múltiples interpretaciones. Si somos nosotros los que las contemplamos y lo hacemos con nostalgia, quiere decir que todavía nos atan fuertes lazos a nuestros pasado, tan fuertes que no nos dejan disfrutar el presente y mucho menos pensar en el futuro con optimismo o planificar nuestra vida de alguna manera. Si hacemos una fotografía a otra u otras personas quiere decir que tenemos un deseo muy fuerte de poseer a alguien o algo; esa persona u objeto tienen para nosotros un valor tan grande que el deseo de poseerlo nos impide tener perspectiva, de modo que nos estamos obcecando y por ello dejando pasar ante nosotros múltiples oportunidades que nos harían más felices, sobre todo en el terreno afectivo. Cuando soñamos con fotografías de personas desconocidas predice que pronto entablaremos nuevas relaciones que serán muy importantes para nosotros. Hay autores modernos que dicen que soñar con fotografías en blanco y negro es mal augurio y que soñar con fotografías en color es todo lo contrario. Si entregamos fotografías nuestras a alguien es señal de que vamos a pasar por rupturas definitivas.

Objetos

Fuente: es el símbolo de nuestra fuerza interior y del origen de todas las cosas. Si soñamos con una quiere decir que nuestras esperanzas se verán satisfechas y que nuestros proyectos tendrán éxito. Si la fuente está seca significa todo lo contrario e indica que no debemos emprender en ese momento ningún negocio ni ninguna relación, ya que se verían coronados por el fracaso.

Gafas: si en el sueño nos vemos utilizando gafas y habitualmente no las llevamos, significa que estamos observando nuestra vida desde nuevas perspectivas que nos harán adquirir un mayor conocimiento sobre nosotros mismos. Los diferentes colores de los cristales serán los múltiples modos que tendremos para afrontar en el futuro las circunstancias que vayan acaeciendo. Siempre significan reflexión y conocimiento profundo de las cosas. Cuando soñamos que son otras personas las que las llevan quiere decir que nos sentimos observados y controlados, lo que en muchas ocasiones será negativo, ya que nos veremos sometidos a presión; pero si lo afrontamos con entereza saldremos del trance sin ninguna dificultad. No tiene otras incidencias.

Globo: cuando está lleno de aire es el símbolo de la ligereza, por lo que nos indica que debemos tener perspectivas más amplias respecto a lo que nos preocupa y tomar decisiones con más tranquilidad. Si lo que vemos es el globo terráqueo, el sueño augura proyectos de gran importancia y fuertes cambios. Cuando el globo es de cristal nos vaticina que tendremos encuentros agradables e inesperados.

Goteras: anuncian un cierto descontrol en nuestra emociones con los consiguientes riesgos que esto supone.

Granizo: se nos viene encima un grave peligro en el ámbito afectivo o en el financiero, por lo que deberemos tomar medidas rápidas para no vernos perjudicados. Si nos vemos sufriendo las consecuencias de una granizada augura problemas familiares y pérdidas de dinero que serán más o menos graves según haya sido dicha granizada.

Grieta: afecta a nuestra estructura mental o física, que pueden estar resentidas por alguna acción interna de difícil control. Ante este sueño deberemos ser más consecuentes con nosotros mismos y tomarnos las cosas con más seriedad. Debemos revisar urgentemente nuestras posibilidades y nuestro estado general para hacer las reparaciones que sean necesarias. Si somos víctimas de contradicciones deberemos analizar la situación fríamente y llegar a conclusiones que no se presten a equívoco.

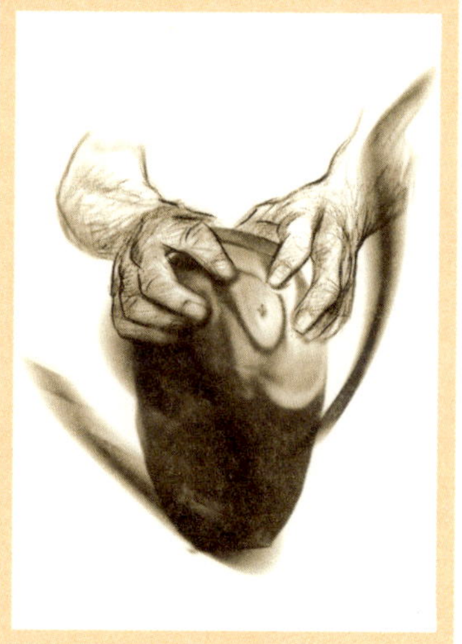

Guadaña: significa que debemos cortar por lo sano una situación determinada. Si no lo hacemos por miedo a causar mal a alguien, debemos tener en cuenta que cuanto más tardemos mayor será el mal. Este sueño está asociado con la cosecha; tener el grano como alimento significa que antes debemos cortar la espiga, es decir, que para alcanzar los frutos deseados debemos ser fuertes y cortar por lo sano con todas aquellas situaciones o personas que no nos dejen realizar nuestros deseos en todos los terrenos. Si nos vemos heridos por una guadaña significa que tendremos una grave peligro con nuestra salud y si aparece sola y sin ninguna utilidad en el sueño, indica que pronto habrá luto en la familia.

Guantes: cuando son de buena calidad y no desentonan en el conjunto son signo de encuentros felices y de situaciones muy agradables, mientras que verlos rotos indica que estamos siendo objeto de las burlas de los demás. Cuando en el sueño nos vemos quitándonoslos significa que sentimos un fuerte deseo de cambio y de vivir una vida más de acuerdo con nuestra propia personalidad.

Guillotina: quiere decir que nos encontramos en una situación en la que las dificultades nos rodean, dificultades que han provocado nuestros enemigos con la intención de perjudicarnos gravemente. Si salimos airosos en el sueño quiere decir que seremos capaces de resolver todas esas dificultades.

Guirnalda: es señal de éxito pasajero, por lo que se aconseja que no nos durmamos en los laureles, ya que a pesar de esta aparente tranquilidad seguimos teniendo los mismos problemas que requieren una rápida solución para poder evitar males mayores. Cuidado con los juegos de azar.

Guitarra: soñar con este instrumento musical significa que podemos acercarnos a los demás con confianza, pues nadie se aprovechará de ello y por eso no seremos más vulnerables. También dice que debemos ser un poco más flexibles con los demás y tener en cuenta sus opiniones, ya que si somos muy tajantes con las nuestras corremos el riesgo de equivocarnos. Si la guitarra se halla en buenas condiciones es un buen augurio, pues pronostica felicidad con los nuestros y éxito en general, mientras que si se está rota o sin cuerdas es presagio de desilusión o de pérdida de una amistad muy importante para nosotros. Cuando suena una melodía conocida es símbolo claro de un próximo nacimiento.

Hacha: significa poder y fuerza y también la capacidad que tenemos para cortar con situaciones que no nos favorecen. Si nos vemos amenazados por ella indica un próximo peligro del que debemos huir y además que se producirán circunstancias imprevistas que harán fracasar nuestros proyectos. También es símbolo de discusiones y celos. Si la usamos para cortar leña predice bienestar y comodidad que alcanzaremos gracias a nuestro coraje y a nuestras propias fuerzas. En este caso también es augurio de buena suerte.

Hamaca: representa el descanso y el silencio en situaciones inusuales. Si la utilizamos dentro de una vivienda es mal augurio en todos los aspectos, mientras que si la utilizamos en el exterior predice una temporada llena de placeres en la que iniciaremos proyectos y viajes muy ventajosos.

Hélice: significa optimismo y entusiasmo. Cuanto más rápida vaya, más rápidos serán nuestros progresos; pero atención, este período será de corta duración.

Herramientas: simbolizan actividad. Si estamos trabajando con ellas y lo asociamos a una situación agradable, es indicio de que las actividades que estamos realizando o las que vamos a realizar van a ser de nuestro agrado. Si asociamos el trabajo a una situación desagradable este sueño es un buen augurio, porque predice que podremos superar situaciones desagradables. Cuando las herramientas son de jardinería indican que la situación de nuestra familia va a cambiar y que este cambio va a ser beneficioso.

Hielo: corremos un riesgo excesivo de ver perjudicadas nuestras relaciones afectivas a causa de la rigidez de nuestro carácter, por lo que se recomienda relajarse un poco y no tomarse las cosas tan a pecho. Cuando aparece implicado en un sueño le da un viso de dureza y es mal augurio. Anuncia enfriamiento en las relaciones y pérdidas económicas. También predice gran soledad.

Hierro: simboliza que hemos adquirido un grado de poder determinado usando la fuerza. Si esta situación se ha dado todavía, ocurrirá en un futuro próximo. No es buen ni mal augurio soñar con hierro y siempre significa la fortaleza y el rigor excesivo.

Hilo: generalmente se asocia con intrigas, embrollos y deducciones lógicas. Prevé que si usamos la inteligencia aplicando la lógica, seremos capaces de dar solución a los problemas por muy intrincados que se presenten. Los hilos de metales nobles predicen abundancia. De todos modos, este sueño dice que nos veremos implicados en asuntos complejos y que dependerá mucho de nuestra forma de actuar que salgamos airosos. Si vemos un hilo muy enredado significa que sufriremos fuertes apremios y que nos veremos implicados en asuntos muy delicados. Si vemos que somos capaces de deshacer el enredo quiere decir que, a pesar de las dificultades, seremos capaces de solucionar los problemas y poner fin a las trabas que nos encontremos.

Hoguera: es un sueño de mal agüero porque pronostica malas relaciones con las personas que nos rodean y nos sentiremos víctimas de la injusticia. Si nos quemamos indica que nuestros enemigos van a triunfar sobre nosotros.

Horca: soñar con horcas es siempre mal augurio, ya que este sueño nos anuncia desacuerdos familiares, riñas afectivas y problemas profesionales. Nos veremos engañados y traicionados en los negocios, lo que nos ocasionará graves pérdidas. Recibiremos malos consejos que no debemos seguir, pues agravarán nuestra situación.

Humo: indica que estamos en una situación de inseguridad que nos impide ver las cosas como son. Debemos cambiar de ambiente y despejarnos para poder ver con claridad y solucionar los problemas que nos acucian. De todos modos, es un sueño de muy difícil interpretación, ya que cuando el humo se presenta en una columna blanca que asciende es símbolo de gran integridad moral y anuncia que todas las cosas que tengan que ver con el espíritu van a funcionar muy bien. También está asociado a las sensaciones de tranquilidad y paz de espíritu. Por otro lado, si el humo es negro advierte de que se ha de obrar con gran prudencia en todos los aspectos de la vida.

Iceberg: significa que nos encontraremos con obstáculos de mayor o menor envergadura en el campo de los negocios y que tendremos problemas en el trabajo. Podemos esperar litigios con el correspondiente perjuicio para nosotros.

Ídolo: en caso de que soñemos que somos un ídolo quiere decir que vamos a ver cumplidas todas nuestras ilusiones, pero debemos estar prevenidos, ya que a continuación sufriremos un fuerte contratiempo.

Imagen: si vemos nuestra propia imagen quiere decir que estamos satisfechos con nosotros mismos y que nos sentimos alegres por haber realizado obras que teníamos en conciencia. cuando lo que vemos son las imágenes de parientes o amigos recién fallecidos indica que estamos en la obligación de cumplir las promesas que les hicimos y si la imagen es de parientes que todavia estan vivos predice preocupaciones, penas y que recibiremos noticias intrascendentes.

Imán: avisa de que estamos bajo la influencia de personas de las cuales debemos desconfiar.

Impermeable: seremos víctimas de personas sin escrúpulos que actuarán para hacernos daño pero que no lograrán sus propósitos. Nos veremos apoyados por nuestros seres queridos.

Incienso: representa la elevación y la sutileza, generalmente en sentido religioso, aunque augura ceremonias que tienen relación con algún suceso doloroso como puede ser el funeral de alguna persona de nuestro entorno.

Jabón: este sueño nos da la oportunidad de aclarar los conflictos que tengamos, tanto internos como externos. Hemos de ser pacientes y no dejarnos llevar por los nervios, ya que pronto encontraremos la manera de solucionar nuestros problemas. También este objeto nos dice que tendremos a nuestro alcance todos los medios para defendernos de los ataques de los enemigos y de las malas artes que hayan empleado contra nosotros.

Jarra: al ser un recipiente representa generalmente lo femenino. Según el líquido que contenga tiene diversas interpretaciones, pero en general es una llamada de atención sobre los sentimientos de quienes nos rodean; debemos tener sus opiniones más en cuenta a la hora de tomar nuestras propias decisiones. Si lo que vemos es una jarra con agua es símbolo de tranquilidad, modestia y todos aquellos elementos que hacen la vida más apacible y placentera. Cuando vemos un jarrón de buena calidad, grande y bonito, quiere decir que vamos a ser poseedores del afecto de los demás y que, además, nos van a ser fieles en todos los aspectos, También es el símbolo de la comprensión, tanto si la damos como si la recibimos. Cuando aparece llena de cualquier otro líquido, como por ejemplo aceite, augura grandes ganancias de dinero y éxito en la vida profesional.

Jaula: ver una vacía siempre simboliza peligro y que se avecinan tiempos en los que vamos a vivir engaños y decepciones. Si nos vemos encerrados en una jaula anuncia que nos hallaremos en situaciones comprometidas y en soledad. Si está llena de pájaros predice soledad afectiva, pérdida de amistades y circunstancias contrarias a nuestros intereses. Cuando soñamos que abrimos o rompemos una jaula es señal de que nuestras circunstancias van a cambiar hacia mejor y de que se solucionarán los problemas que tengamos. Si vemos huir a los pájaros de la jaula debemos esperar impedimentos en nuestros proyectos, aunque los salvaremos fácilmente.

Jergón: si se encuentra en buen estado es un sueño de buen agüero, ya que sólo predice acontecimientos que nos proporcionarán la felicidad y una mejora considerable en el aspecto económico. Si aparece sucio o roto es señal de mala suerte. Deberemos tener especial cuidado, pues nos perjudicará la maledicencia de nuestros vecinos.

Jeringuilla: recibiremos ayuda para llevar a cabo con éxito nuestros proyectos. Deberemos tener esperanza, pues nuestros problemas se solucionarán gracias a la ayuda recibida.

Jeroglífico: anuncia que se avecinan acontecimientos que, contrariamente a lo que podríamos esperar, no afectarán a nuestra vida. Momentos de tranquilidad.

Joyas: soñar con joyas advierte de los defectos que podemos tener relacionados con la jactancia o el orgullo, por lo que nos previene y aconseja que seamos más modestos si no queremos que los demás nos rechacen. Las joyas son de mal agüero e indican que debemos tener cuidado en los negocios y con los gastos y que no nos fiemos de nuestra suerte. Si, por el contrario, soñamos que perdemos joyas, es buen augurio, ya que presagia nuevas relaciones que serán favorables para nosotros, triunfo en nuestros proyectos y éxito en general.

Kayak: si nos vemos utilizando este tipo de embarcación el sueño nos augura éxito en todos los campos porque lograremos salvar los obstáculos que aparezcan en nuestro camino. Si vemos que zozobra o que no podemos hacernos con él, significa que no estamos capacitados para solventar las dificultades que se nos presenten, por lo que deberemos pedir ayuda.

Ladrillo: representa el deseo que tenemos de integrarnos en el ambiente que nos rodea y de pasar desapercibidos. También significa que queremos construirnos la casa de nuestros sueños y a veces es símbolo de las preocupaciones que tenemos respecto a la salud de los nuestros o la propia. Cuando los vemos en grandes cantidades es buen augurio, ya que es un presagio favorable. Cuando vemos que construyen una sólida pared indican precisamente eso, solidez en los negocios y afianzamiento de nuestra vida afectiva. Tampoco en el terreno familiar encontraremos contratiempos y reinarán la paz y la serenidad.

Lámpara: encontraremos una ayuda inesperada que debemos aprovechar, pues gracias a ella obtendremos resultados muy satisfactorios en nuestras gestiones.

Lana: decía Artemidoro de Daldis que soñar con que se tiene lana en lugar de pelo pronostica largas enfermedades y debilitamiento. Otros autores modernos, como López Benedí, opinan que la lana simboliza una felicidad sencilla y tranquila, sin ambiciones. En términos generales, soñar con que se está trabajando la lana sugiere que vamos a obtener ganancias financieras y que vamos a alcanzar un importante estado de prosperidad, mientras que si la quemamos augura que se avecinan reveses de fortuna e importantes pérdidas financieras.

Látigo: en el caso de que aparezcamos nosotros utilizándolo significa que hemos infligido a alguien dolor innecesario, que de algún modo hemos sido injustos; pero indica a la vez que somos personas que gozamos de gran respeto por parte de los demás. Si somos quienes reciben los latigazos quiere decir humillación. Cuando lo oímos restallar es una advertencia para que nos pongamos en guardia, pues algo nos puede salir mal.

Librería: es un buen augurio, pues nos dice que vamos a conseguir llevar a cabo con éxito proyectos que teníamos abandonados hacía tiempo. También predice que vamos a sufrir cambios importantes y positivos en nuestra vida profesional que nos llevaran justamente hacia la posición en la que queremos encontrarnos. Es recomendable pensar muy bien las cosas antes de hacerlas, puesto que la paciencia y la objetividad son las armas que nos harán triunfar en estos aspectos de la vida.

Libros: los sueños con libros tienen muy diversas interpretaciones que dependen de la forma, el color, la clase o las circunstancias en que se encuentren. Si leemos o compramos un libro es buen un augurio e indica que los proyectos relacionados con lo material tendrán éxito. Si nuestra relación con el libro es negativa en el sueño, porque lo quemamos, lo perdemos o lo maltratamos, augura malas noticias y mala suerte en general. Si soñamos que consultamos libros científicos quiere decir que es imprescindible que adquiramos nuevos conocimientos, pues sin ellos los proyectos que tenemos en marcha no saldrán bien. Cuando consultamos en nuestros sueños libros de contabilidad es augurio de que vamos a tener problemas de dinero junto con problemas judiciales que se resolverán negativamente para nosotros.

Lotería: es un sueño de mal agüero que no tiene nada que ver con los bienes materiales ni con los juegos de azar, como podría parecer, sino que atañe especialmente a la vida afectiva y amorosa, que se verá en peligro por causa de desavenencias de difícil solución. También se verán afectadas las actividades profesionales, pues estarán rodeadas de fracaso, lo que producirá pérdidas económicas. Seremos víctimas de la desilusión.

Llamas: depende mucho del aspecto que presenten y según él así será su significado. Unas llamas altas y vigorosas son símbolo de buena suerte y prosperidad, mientras que si son bajas o están a punto de apagarse indican que seremos presa de inquietudes y dificultades.

Llaves: soñar con llaves nos va a permitir alcanzar un grado de conciencia diferente al usual que nos permitirá analizar nuestros actos con mucha más objetividad y, por lo tanto, actuar más acertadamente, sobre todo ante los conflictos familiares. También seremos capaces de preservar nuestros secretos con más eficacia, ya que exponer nuestros sentimientos hacia los demás nos haría frágiles, situación a la que no queremos llegar. Soñar con llaves siempre significa que vamos a tener acceso a cosas que hasta el momento nos parecían inalcanzables, ocasión que debemos aprovechar al máximo pues nos permitirá alcanzar el éxito en situaciones que hasta el momento se presentaban desfavorables. Cuando soñamos que tenemos dificultades para sacar una llave de su cerradura o que no somos capaces de hacerla girar, indica que vamos a tener dificultades para conseguir nuestros propósitos, pero que al final saldremos triunfantes. Si la llave se rompe veremos nuestros planes fracasar. Hay muchos autores que ven en el hecho de introducir una llave en una cerradura un claro significado sexual. Soñar que poseemos una llave significa que vamos a recibir consejo y protección que nos serán muy beneficiosos para lograr nuestros fines; también recibiremos ayuda de personas importantes que nos harán más fácil el camino hacia el éxito. Se recomienda cuidar con especial atención a los amigos, pues serán beneficiosos para nuestra vida. Finalmente, cuando perdemos las llaves podemos esperar una época de preocupaciones y desamparo en la que seremos incapaces de resolver nuestros problemas, ya que nos sentiremos impotentes frente a ellos, mientras que si las encontramos anuncia que las circunstancias sufrirán un cambio que será muy favorable para nosotros.

Madera: representa la materia prima, por lo que soñar con ella tiene gran incidencia sobre los temas de educación y preparación de las personas, una educación que se puede prolongar a lo largo de toda la vida. Soñar con madera en forma de ramas, palos y listones apilados de cualquier manera, sin orden ni concierto, indica que poseemos una personalidad diluida, sin fuerza de carácter. Todo ello nos hace muy difícil la vida, pues somos incapaces de tomar decisiones que nos lleven por buen camino; aparentemente estas decisiones no tienen importancia, pero al final van a influir decisivamente sobre nosotros. También indica que el soñante no tiene fuerza ni valor para estos enfrentamientos, por lo que tiene que apoyarse sólidamente en otras personas que sepan llevarle por el buen camino. Cuando en el sueño aparecen troncos grandes y sólidos, bien alineados y almacenados, significa que la persona está preparada para construir una vida con solidez, que analizará los proyectos que vaya a llevar a cabo con objetividad y que será dueña de sus actos; son personas en las que es muy difícil influir y que, además, serán líderes en cualquier comunidad en la que se establezcan. Los troncos grandes y sólidos son siempre un buen augurio, ya que pronostican éxito y ventajas económicas. Dentro de los sueños con madera incluimos uno muy recurrente, el de perderse en un bosque. Es un sueño de mal agüero que plantea problemas de difícil solución y pérdidas económicas.

Mantel: es reflejo de la unidad y la armonía familiar. Si se muestra limpio y bien planchado significa que los asuntos familiares van viento en popa, mientras que cuando aparece sucio y descuidado nos dice que se avecinan problemas domésticos y económicos.

Manto: si estamos cubiertos por uno indica que estamos sufriendo una situación de estrés a causa de la marcha de nuestros negocios que está influyendo negativamente en nuestra salud. Cuando cubre a otra persona anuncia enfermedad y fallecimiento de alguien muy allegado.

Mapa: simboliza que no estamos de acuerdo con nuestra situación y que deseamos cambiarla. Se recomienda mucha precaución, meditar con cuidado para reconducir nuestra vida a situaciones que nos satisfagan.

Máquinas: tienen una estrecha relación con el funcionamiento del cuerpo humano. Según el tipo y condiciones en que las veamos en el sueño tienen distintas interpretaciones. Cuando están funcionando correctamente y no sufren avería es augurio de felicidad en la vida familiar y afectiva, y anuncian también que vamos a vernos rodeados de circunstancias inesperadas que nos harán más felices; por el contrario, si aparecen paradas es símbolo de que nos encontraremos con obstáculos que harán más difícil la consecución de nuestros fines. Si la máquina se estropea y no tiene reparación presagia mala suerte. Si soñamos con una máquina de coser en funcionamiento significa que debemos dar una nueva orientación a nuestros proyectos laborales, ya que si los dejamos tal cual, están destinados a fracasar. Cuando el sueño tiene que ver con una máquina de escribir anuncia noticias importantes que nos favorecerán y una mejora en nuestra situación general; también indican que haremos pronto un viaje inesperado.

Mármol: debemos poner en marcha todas las facultades que tenemos para enfrentarnos a la dureza de la vida. El esfuerzo y el trabajo duro se verán premiados y necesitaremos toda la ayuda y comprensión de los demás para alcanzar el éxito; sin embargo, no se dará esta circunstancia, por lo que tendremos que luchar en solitario. No hay que perder las esperanzas, pues al final nuestros esfuerzos se verán recompensados.

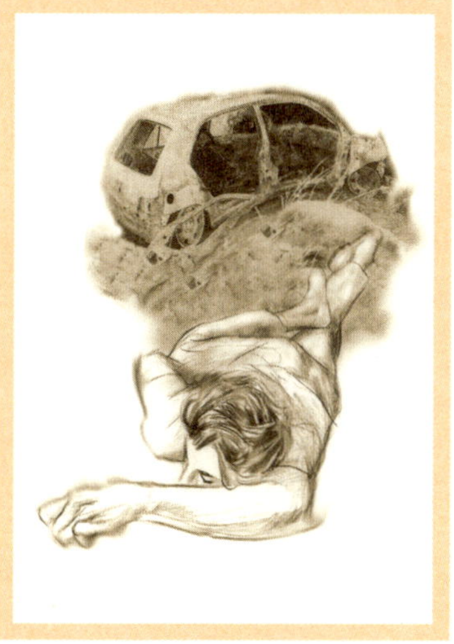

Martillo: es símbolo de esfuerzo y constancia en el trabajo. Ver un martillo significa que es un buen momento para hacer cambios en nuestras actividades. Soñar con golpearse con uno significa que no somos capaces de ser dueños de nuestra vida y que estamos influenciados por personas dominantes y autoritarias.

Medallas: si soñamos con medallas honoríficas significa que hemos conseguido el respeto y la aprobación de los demás y que debemos seguir conduciendo nuestra vida como hasta ahora, pues vamos por buen camino. De todos modos, no conviene dormirse en los laureles y sí estar atentos a todo lo que ocurre alrededor. Si son medallas religiosas auguran una larga temporada de paz espiritual y de reposo.

Medias: depende del material de que estén hechas, del color y de la intención que tengamos al ponérnoslas, así como de la sensación que sintamos, se podrá interpretar el sueño. En términos generales es buen augurio, aunque si aparecen rotas indica que vamos a sufrir pérdidas económicas.

Menaje y muebles: los vasos significan la vida. Las fuentes y los platos el modo de vida. Las lámparas representan al jefe de la casa y también el amor y la causa que lo enciende. El colchón, la cama y todos los enseres representan a la esposa y todo lo relacionado con ella. Las patas de los muebles se refieren a los subordinados y los arcones y cajas son el símbolo de la fortuna familiar. Según se presenten en un ambiente favorable o desfavorable, en buen uso o deteriorados, con luz o sin ella, todos estos objetos serán buen o mal augurio. Artemidoro de Daldis hacía hincapié en que todo lo vinculado a este tipo de elementos tenía una fuerte relación con la esposa y dueña de la casa.

Mercurio: soñar con este metal augura un cambio de situación que puede ser o no beneficioso.

Mesa: representa la jerarquía social y en función del lugar que ocupemos en ella, así como de su forma, será nuestra situación en el mundo real. Cuando vemos una mesa bien puesta es síntoma de alegría y augura la formación de una nueva familia; también hay en perspectiva un nacimiento. Cuando está sucia y desordenada podemos prever desavenencias y desunión aparejadas con una situación financiera deficiente. Cuando la vemos volcada es señal de mala suerte.

Moneda: el papel moneda siempre es de mal agüero, porque indica que tendremos graves problemas económicos acompañados de inquietud y que la oposición de los demás perjudicará nuestros propios intereses. Las monedas en sí llevan con ellas preocupaciones económicas, grandes gastos inesperados, inversiones desafortunadas y pérdida de bienes en general.

Monumento funerario: es siempre de mal agüero. Cuando se tiene este sueño es de esperar que vamos a sufrir un fracaso importante en nuestros negocios o en la vida profesional, casi siempre ocasionado por zancadillas de nuestros oponentes. Barreras insuperables harán que nos dediquemos a cosas totalmente distintas, ya que el sueño nos dice que tenemos nuestra vida mal encauzada y que hagamos los esfuerzos que hagamos, por ese camino no vamos a seguir adelante. Es también símbolo de tristeza.

Muebles: sueño de muy distintos significados, ya que según aparezcan los muebles en él puede ser mal o buen augurio. Cuando aparecen bonitos y bien cuidados quiere decir que estamos pasando o que vamos a pasar por una época en la que nos veremos favorecidos por la fortuna y disfrutaremos de un desahogo financiero que no esperábamos; esto nos llevará a una situación estable que servirá también para darnos paz de espíritu. Por el contrario, si los muebles están rotos y sucios, el sueño predice tiempos difíciles, sobre todo en el aspecto económico, y que nos veremos rodeados por una situación de mala suerte que deberemos dejar pasar con paciencia, pues llegarán tiempos mejores. Si los muebles son robados es señal de que vamos a tener pérdidas económicas y si se queman auguran mala suerte.

Muñecas: para una mujer éste es un sueño que tiene bastantes significados, sobre todo en lo referente a su vida interior y a sus sentimientos. Soñar con muñecas es señal siempre de que se quiere volver a la infancia, a una época en la que no había preocupaciones y en la que nos veíamos protegidos por los demás, un tiempo en el que no teníamos que hacer frente a las responsabilidades que en la actualidad nos abruman. Puede tomarse como una invitación a tomarse un pequeño descanso, a relajarse, lo que permitirá que después tomemos las cosas con mejor ánimo y así podamos ser más felices. Para los hombres suele tener un significado distinto y es síntoma claro de que el que sueña con muñecas tiene un carácter pueril, inmaduro, que le impide resolver sus problemas con madurez, lo que le hace la vida más difícil.

Muro: cuando en sueños nos encontramos con un muro frente a nosotros quiere decir que vamos a enfrentarnos a problemas en la realización de nuestros proyectos, pero que no por ello dejarán de cumplirse. Es símbolo de mala suerte cuando nos vemos rodeados por muros por todas partes, ya que éstos simbolizan inconvenientes. Cuando construimos un muro sugiere que estamos necesitados de seguridad y de apoyo, y si lo vemos derrumbarse indica que vamos a fracasar en nuestros proyectos, fracaso producido sobre todo por la mala suerte y que es ajeno a nuestras gestiones. Finalmente, si vemos que estamos tirando un muro porque así lo hemos decidido, pronostica el fin de nuestros problemas y que vamos a hacer frente con éxito a todas las trabas que aparezcan en nuestro camino.

Naftalina: se producirán nuevos acontecimientos y se nos aconseja que protejamos nuestros bienes contra la codicia de quien nos rodea.

Nieve: es un sueño frecuente de mal agüero que anuncia preocupaciones, penas y angustias. Predice importantes enfrentamientos en el campo de los negocios y situaciones difíciles en el terreno laboral, por lo que deberemos mostrarnos muy fuertes y argumentar nuestras decisiones para conseguir el respeto de los demás y así poder salir de este estado. Anuncia también pérdidas de dinero y problemas financieros, ya que contraeremos deudas inesperadas. También sufriremos la traición de nuestros allegados, lo que nos hará sufrir mucho.

Obelisco: realizaremos proyectos de gran envergadura que, a pesar de ser coronados por el éxito, no nos proporcionarán todas las satisfacciones que esperábamos.

Olas: cuando sentimos que nos están meciendo indica de que nos estamos dejando llevar por las circunstancias y dominar por otras personas con carácter más fuerte que el nuestro. Si las olas son grandes y majestuosas prevén paz de espíritu, y si el mar está revuelto avisa de serios peligros. Es un sueño que tiene que ver mucho con nuestra capacidad de decisión.

Oro: cuando vemos este metal en nuestros sueños quiere decir que se avecina una temporada de grandes éxitos profesionales y económicos, pero que tendremos que pagar con conflictos personales y desavenencias con nuestros socios. Ser poseedor de oro augura mejoras en las condiciones de vida y que nuestras actividades se verán coronadas con el éxito económico. Si lo que soñamos es que encontramos oro predice que gozaremos de beneficios que serán efímeros y que nos llevarán a la soledad y a la angustia. Cuando lo robamos es que tenemos por delante una temporada en la que serán frecuentes las riñas familiares y las desavenencias con los compañeros de trabajo. Si lo que vemos es que estamos usando una vajilla de oro quiere decir que tendremos fortuna y poder.

Palio: es símbolo de protección y dignidad, con diversas interpretaciones según el color en que aparezca. Indica que seremos respetados y recibiremos honores.

Palo: cuando encontramos o vemos uno es señal de que se aproximan dificultades y si lo cogemos se verán complementadas con pena y pesares. Si lo que hacemos es apoyarnos en él significa que estamos necesitados de apoyo y consuelo y también es un claro síntoma de que nos sentimos muy solos. Cuando soñamos que partimos un palo indica que saldremos airosos de un enfrentamiento con algún adversario.

Pantalones: este sueño nos sugiere autoridad. El sueño se debe interpretar en función de la forma que tengan los pantalones en el sueño. Cuando vemos que otra persona lleva puestos nuestros pantalones quiere decir que estamos temerosos de que alguien usurpe nuestra autoridad o bien de que alguien ocupe nuestra posición, ya sea en el trabajo o en la sociedad. Debemos tener cuidado si vemos que los pantalones se nos quedan cortos, porque indica que nuestras ideas están caducas y que por ello tendremos enfrentamientos innecesarios con otras personas. Si soñamos que los perdemos es un mal augurio porque presagia el fracaso en los negocios. Si somos nosotros los que nos los quitamos indica que de alguna manera estamos dejando el campo libre a alguien para que nos adelante y para que saque beneficio de nuestros fallos.

Papel: puede tener diversos significados. Cuando aparece en grandes cantidades y desordenado es señal de inquietud y predice estados de angustia. El papel mojado implica desconsideración y desprestigio. Cuando aparece en forma de documentos indica que debemos actuar con la máxima rapidez en nuestros asuntos para paliar así las consecuencias de acciones desventajosas para nosotros. Si aparece en forma de documentos oficiales podemos esperar problemas judiciales que se resolverán a favor o en contra nuestra, según lo asociemos con buenas o malas sensaciones. Cuando se trata de papeles manuscritos anuncian noticias de familiares o de personas que gozan de nuestro cariño. Cuando vemos que los papeles se destruyen es señal de que hemos de tomar decisiones rápidas para solucionar nuestros asuntos.

Paquete: si recibimos uno es que se avecinan encuentros inesperados. Suele ser señal de buenas noticias y de que se efectuarán cambios favorables en nuestro modo de vida. También predice que seremos capaces de tomar decisiones que serán beneficiosas para nosotros.

Paraguas: es un símbolo de protección ante las adversidades de la vida. Cuando el paraguas aparece en buenas condiciones indica que en nuestros proyectos estaremos apoyados por personas con las que guardamos íntima relación. Sin embargo, cuando aparece deteriorado avisa para que nos prevengamos porque algún allegado puede aprovechar nuestra amistad para perjudicarnos, por lo que nos sentiremos muy defraudados.

Pararrayos: indica que estamos en una situación problemática y se nos pide que obremos con precaución para tomar las justas decisiones.

Película: muchas veces soñamos que vemos una película, lo que quiere decir que nuestros proyectos se frustrarán por circunstancias ajenas a nosotros y que esto influirá negativamente en nuestra posición, pues no lograremos situarnos donde queríamos. Se avecinan preocupaciones.

Pelota: significa un retorno a la infancia y también que estamos necesitados de protección. Debemos prestar mayor atención a nuestros asuntos y no despreocuparnos, ya que sólo así conseguiremos salir a flote.

Perfume: sugiere una presencia espiritual, la nostalgia y el recuerdo. Es un buen augurio en términos generales. Si soñamos con perfumes agradables significa que nos

Interpreta

vamos a ver favorecidos por los actos de las personas que nos rodean y que vamos a alcanzar el éxito en nuestras actividades profesionales; conseguiremos alcanzar nuestros objetivos sin demasiado esfuerzo. En el caso de que el perfume que olemos sea desagradable el sueño nos avisa de que tendremos algunas dificultades, pues personas con cuyo apoyo contábamos nos lo van a retirar, con lo cual nos será más difícil alcanzar el éxito. Pero éste llegará de todos modos a pesar de los inconvenientes.

Periódico: es señal de comunicación y de noticias. A veces puede indicar el deseo que tenemos de sufrir un cambio o la necesidad de buscar información para decidir sobre cuestiones que nos tienen preocupados. También este sueño puede avisar de inminentes peligros a los que deberemos estar muy atentos. Si soñamos que compramos un periódico y lo leemos predice que pronto vamos a recibir noticias que serán fundamentales para la marcha de nuestra vida, en la que probablemente sufriremos cambios. Si tiramos o rompemos el periódico es anuncio de mala suerte y de que seremos traicionados con mentiras y engaños.

Perla: anuncia preocupaciones y sufrimientos. Cuando en el sueño vemos desmembrarse un collar de perlas indica que nuestros proyectos van a caer por los suelos y que no conseguiremos lo que deseamos.

Piedra: por sus características físicas ha representado siembre la solidez y la perdurabilidad de las cosas y de los sentimientos; pero en general es mal presagio. Para los antiguos las piedras significaban la inmortalidad y la fuerza. Cuando en un sueño aparecen piedras cuyo origen es un volcán es símbolo del endurecimiento de los sentimientos. Aquellas que provienen de meteoritos adquieren un carácter sagrado por su origen celeste e indican que gracias a nuestra intuición vamos a ser capaces de llevar a cabo grandes proyectos. Usar una piedra de afilar es señal de que no vamos a proceder de forma adecuada en la resolución de problemas por falta de honestidad por nuestra parte. Cuando aparece la piedra pómez es un aviso de que debemos prestar atención a los consejos que se nos dan, pues ellos nos pueden llevar a la resolución de conflictos que teníamos planteados. Cuando se es poseedor de piedras preciosas es buen augurio, ya que indica que las circunstancias obran en nuestro favor; también nos dice que tendremos un considerable incremento en nuestras posesiones y que nuestros negocios prosperarán, así como que seremos objeto de premios y honores; pero en el caso de que perdamos las piedras preciosas nos veremos sumidos en un período de mala suerte y de serias dificultades. Si nos vemos arrojando piedras, sea cuales sean sus características, a otra persona, el sueño prevé que vamos a pasar por momentos de vergüenza y humillación a causa de nuestros actos, que no serán acertados y nos perjudicarán gravemente. Cuando nos las arrojan a nosotros es símbolo de humillaciones y en el caso de que nos veamos comiéndolas sólo podemos esperar un rotundo fracaso en los negocios y que, además, nos veremos rodeados por el rencor.

Pintura: si el tipo de pintura que vemos en el sueño es realista y en el cuadro se ven claramente los objetos, animales o personas, es un magnífico presagio; pero si la imagen representa en cambio un tipo de pintura incomprensible e indescifrable, lo debemos interpretar como un mal augurio. También debemos dar diversos significados al sueño en función de los colores que encontremos en la pintura: los claros y luminosos son buen augurio y los oscuros malo.

Objetos

Pipa: soñar que estamos fumando en pipa sugiere paz, comodidad y tranquilidad. Si vemos que la pipa se rompe es un mal augurio.

Pirámide: este sueño nos previene de que estamos gastando inútilmente nuestras fuerzas, ya que éstas son insuficientes para los logros que esperamos alcanzar. Aconseja que bajemos un poco el listón de nuestras aspiraciones, pues así conseguiremos llevar a cabo los proyectos y, por lo tanto, seremos mucho más felices. También es una llamada de atención para que cuidemos más a nuestra pareja si no queremos tener conflictos en este aspecto de nuestra vida.

Pistola: avisa de que tendremos importantes riñas con personas allegadas y también de que debemos tener más cuidado en nuestra vida profesional. Asimismo nos veremos abocados a realizar gestiones inesperadas si queremos superar los conflictos profesionales.

Plata: este noble metal es el símbolo del dinero y de los bienes materiales, por lo cual augura riqueza, próximas ganancias y prosperidad en los negocios.

Polvo: es un síntoma de dejadez y de abandono. Sueño de mal agüero que sólo predice desgracias; éstas serán mayores o menores según la cantidad de polvo que aparezca. Si aparece en abundancia significa que se avecinan desgracias gravísimas en la vida de quien sueña, situaciones que incluso le harán tomar un rumbo completamente diferente. Mala suerte en los negocios y desgracias en general.

Puerta: cuando la encontramos cerrada es símbolo de fracaso y desavenencias afectivas. Si la vemos abierta es señal de felicidad y suerte. Si está en malas condiciones es un mal augurio, pues veremos afectadas negativamente nuestras posesiones y nuestros negocios empezarán a marchar mal; en el terreno afectivo tendremos problemas y seremos víctimas del desamor.

Quepis: cuando lo lleva una persona es de mal augurio porque presagia dificultades en todos los frentes, mientras que si lo vemos colgado o guardado significa que dichas dificultades se van a superar.

Quimono: gracias a nuestra constancia y valor veremos que triunfamos ante nuestros adversarios en situaciones muy difíciles. Es un buen momento para entablar relaciones sentimentales.

Quiosco: se avecinan acontecimientos que nos harán tomar decisiones que nos favorecerán o no según la elección que hayamos hecho.

Quitanieves: soñar con esta máquina significa que cuestiones que teníamos dejadas de lado verán soluciones inesperadas que los harán salir adelante. Debemos tener esperanza, pues nuestras acciones se verán coronadas por el éxito.

Rayo: simboliza las circunstancias que nos son impuestas y que por alguna razón somos incapaces de eludir. Significa inmediatez y que los sucesos que augura se van a producir en un plazo de tiempo muy corto. También avisa de que vamos a recibir noticias inesperadas. Es negativo verlo caer sobre alguna de nuestras propiedades, pues significa que nuestros bienes resultarán dañados. Cuando sólo vemos su luz, clara y precisa, predice que vamos a comenzar un nuevo período de nuestra vida que va a ser favorable para nosotros; debemos tener esperanza, ya que nuestros sueños se verán cumplidos.

Red: es la representación más clara del deseo y del egoísmo en el terreno sentimental. Cuando la vemos significa que tenemos grandes deseos de apoderarnos de cosas que tienen los demás o de quitarles el amor de otras personas para que nos lo den a nosotros. Si estamos atrapados en una red avisa de que vamos a ser víctimas de falsedades y traición. Es una clara señal de que tenemos problemas en el terreno afectivo, en el que no nos sentimos lo suficientemente seguros, situación que desencadenará escenas penosas de celos y discusiones que no llevarán a ninguna parte y con las que haremos mucho daño a las personas que queremos. No debemos exigir a los demás más de lo que pueden darnos.

Reloj: tiene un claro simbolismo que refleja nuestro comportamiento. En el caso de verlo atrasado dice que somos propensos a dejar cosas pendientes y a resolver todo a última hora, mientras que si lo vemos adelantado augura estrés y tensiones con los que debemos tener cuidado, ya que podrían afectar seriamente a nuestra salud. Ver un reloj siempre indica que se aproxima una importante etapa de la vida que puede ser buena o mala según los elementos que rodeen al sueño. Cuando está en buen funcionamiento anuncia que podemos esperar del futuro situaciones buenas, mientras que si lo que aparece es un reloj que se para o está roto debemos prever la mala suerte y la desgracia. Si nos vemos dando cuerda a un reloj quiere decir que tenemos gran confianza en nuestros proyectos y que las circunstancias que nos rodean son favorables para iniciar cualquier actividad.

Retrete: significa la necesidad que tenemos de librarnos de las cosas que nos perjudican y nos molestan, lo que puede llevarnos a una situación de estrés si no lo conseguimos. Generalmente es un sueño de mal agüero, ya que presagia noticias desagradables y problemas judiciales en los que no se obtendrán los resultados esperados. También contaremos con la oposición familiar y nos enfrentaremos a fuertes discusiones a causa de cosas materiales.

Riendas: indican que ejercemos dominio pleno sobre nuestras vidas y sólo en el caso de que se rompan o las perdamos anuncian que corremos un grave riesgo de desequilibrio psicológico.

Ropa: reflejan los sueños que hacen referencia a la ropa la atención que se le concede a la apariencia. Si vemos ropa blanca que está nueva y limpia significa que vamos a tener comodidad y dicha familiar, mientras que si la vemos sucia o rota predice momentos muy difíciles a causa de problemas económicos. Cuando tiene mal olor augura discusiones y peleas.

Rubí: refleja los buenos sentimientos en su máxima intensidad. Augura un amor duradero y fuerte. Lazos indestructibles con los miembros de nuestra familia.

Rueda: es el símbolo de las vueltas que da la vida. Generalmente es un buen augurio, ya que pronostica que vamos a sufrir cambios pero siempre para mejorar. Éste es un buen momento para iniciar proyectos y relaciones, puesto que ambas gestiones se verán coronadas por el éxito. También podemos probar fortuna con los juegos de azar.

Ruinas: estamos presos de la melancolía y sentimos que cosas que han pasado y que ya no tienen la más mínima importancia han anclado firmemente en nosotros. Como su propio nombre indica, es mal augurio, pues anuncia fracaso y destrucción. Debemos hacer un análisis a fondo de nuestra situación, ya que nos puede indicar que debemos tomar derroteros distintos para mejorarla. Cuidado con las enfermedades. Es posible que fallezca alguna persona muy querida.

Rocío: ver rocío siempre es un buen presagio. Augura felices acontecimientos y anuncia que nuestra vida va a sufrir gratos cambios importantes. Entraremos en una época en la que sentiremos una gran alegría de vivir.

Sábanas: si están en buen estado representan el éxito en las empresas, mientras que si aparecen sucias o rotas indican fracaso en los negocios. Cuando las vemos lavadas aconsejan que nos apartemos de las malas compañías, mientras que si nos vemos envueltos en una sábana avisa del fallecimiento de un familiar.

Seda: este tejido sugiere placeres físicos, erotismo. Augura satisfacciones. Es un buen momento para el amor.

Sello: asuntos que tenemos pendientes se verán coronados por el éxito. Cuando es un sello de correos indica problemas jurídicos que se resolverán favorablemente para nosotros.

Sobre de correspondencia: está fuertemente asociado con la recepción de noticias; también augura cambios en nuestra existencia y nos recomienda que hagamos algunas reformas en nuestros proyectos. La forma del sobre, las señas, el remitente, el material, el color y diversas circunstancias más dan distintos significados. Si se asocia a situaciones agradables es buen augurio, malo en caso contrario. Las diversas informaciones que contiene el sobre serán motivo de análisis individual, ya que tienen una estrecha relación con las situaciones de la persona y con su subconsciente.

Sol: aparece con mucha frecuencia en los sueños, pero casi siempre como un complemento. Cuando es el centro de nuestros pensamientos se presta a múltiples interpretaciones. Si hablamos de un sol radiante, sin la presencia de nubes, es un signo favorable que augura éxitos en las diversas facetas de la vida. Si lo vemos en el cénit nos dice que nuestros proyectos se verán cumplidos en toda su amplitud y que nos esperan buenos tiempos para las relaciones. Cuando lo vemos ocultarse es señal de que algo va a acabarse; en las diferentes situaciones esto puede ser buen o mal augurio. Los eclipses auguran fallecimiento o graves enfermedades. Ver el Sol en posiciones extrañas o haciendo un recorrido anormal es de mal agüero, sobre todo para las personas a las que estimamos.

Sombrero: generalmente tiene que ver con la importancia que demos a nuestra apariencia y según aparezca en el sueño así debe interpretarse. Cuando soñamos que llevamos puesto uno, indica que gozamos de la protección necesaria para realizar nuestros proyectos y es una imagen de respetabilidad. Quitarse el sombrero significa que buscamos descanso y tranquilidad que son necesarios para dar una nueva orientación a nuestras actividades. Soñar con uno de plumas es señal de frivolidad.

Tabaco: cuando vemos este producto en sueños no podemos esperar nada bueno, ya que es de mal agüero y pronostica que vamos a tener problemas en los negocios a causa de nuestros enemigos, que aprovecharán nuestros momentos de debilidad para conseguir sus fines. Tampoco es un buen momento para las relaciones afectivas y familiares, pues se verán muy perjudicadas por culpa de nuestro carácter irascible. Cuando aparece un estanco indica que causas ajenas a nosotros harán tambalearse nuestros proyectos y que nuestras esperanzas se verán defraudadas en todos los campos.

Tabique: es buen augurio cuando lo estamos construyendo y malo si lo derruimos. Si se cae es señal de mala suerte.

Tabla: para la correcta interpretación del sueño debemos estudiar el contexto en que se halla, aunque en términos generales cuando la tabla aparece sola podemos esperar que se produzcan buenas condiciones para las empresas que estemos dispuestos a empezar, mientras que si la cortamos augura impedimentos y trabas de todo tipo. Cuando vemos que agregamos una tabla a otras indica que es el momento de asociarnos para conseguir éxito en los negocios, porque lo haremos con personas beneficiosas.

Taburete: recibiremos ayuda y apoyo que, a pesar de ser de poca importancia, será suficiente para que salgamos airosos de problemas en que estábamos metidos.

Tamiz: representa la capacidad de seleccionar. El sueño sugiere que debemos hacerlo en todas las circunstancias de la vida, tanto en los asuntos laborales como con las personas que nos rodean. Podemos ampliar esta selección a los pensamientos y sentimientos. Aprender a distinguir las cosas que son verdaderamente importantes en la vida y las que no lo son nos ayudará a hacer las elecciones más apropiadas.

Tapiz: cuando nos vemos tejiendo uno es buen augurio porque significa que hemos tomados las riendas de nuestra vida y que la conducimos precisamente por donde queremos. Nuestros proyectos se verán coronados por el éxito gracias al tesón y al trabajo que hemos depositado en ellos. También indica que hemos sabido aprovechar las enseñanzas de la vida para tejer un futuro que nos será favorable. Cuando el tapiz es muy grueso y de gran belleza muestra abundancia y riqueza y señala que hemos alcanzado gran calidad de vida en el nivel afectivo. Poseer tapices es símbolo de prosperidad económica y de comodidad.

Tatuaje: indica el grado de dependencia que tenemos de aquello que aparece tatuado. También es símbolo de ocultamiento y de que queremos disimular nuestras intenciones. En algunas ocasiones es señal del deseo que tenemos de seducir a las personas del otro sexo y también es reflejo de relaciones conflictivas que se ven amenazadas por la hipocresía y la mentira.

Taxi: es una señal de cambio que será casi siempre para mejor, ya que este sueño sirve de confirmación a nuestras esperanzas. Las perspectivas que se abren ante nosotros son favorables.

Tejado y tejas: el tejado es el símbolo de la protección de la que gozamos ante las circunstancias exteriores. Si soñamos con él asociándolo a una sensación agradable quiere decir que necesitamos tomarnos un descanso para recapacitar, mientras que si lo asociamos con una situación desagradable indica que debemos abrir nuestra mente ante las nuevas cosas que nos ofrece la vida. En cuanto a las tejas, si en nuestro sueño vemos que están en buen estado, quiere decir que nuestra vida se verá favorecida por la paz y la tranquilidad; ya que nos veremos protegidos contra las inclemencias. Si las tejas aparecen deterioradas, podemos esperar problemas económicos y de salud. Cuando vemos que las tejas se están desprendiendo, el sueño augura la pérdida de algún ser querido por fallecimiento.

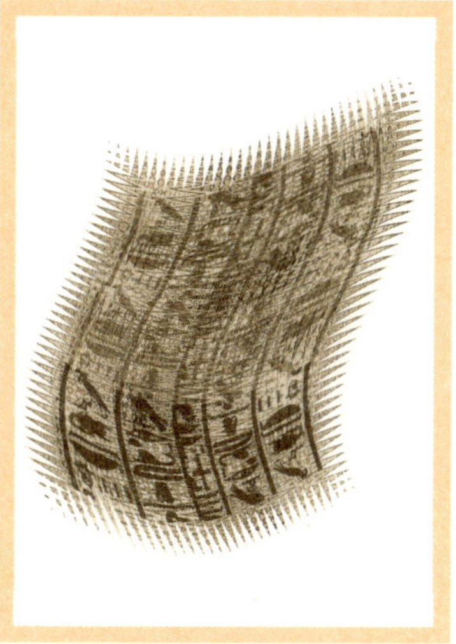

Telas: cuando las telas se presentan de buena calidad y bonito colorido podemos esperar que se avecinen buenos tiempos con grandes éxitos; si, por el contrario, estas telas se presentan sucias y estropeadas y se asocian con sentimientos desagradables indica un futuro decepcionante en el que veremos cómo fracasan uno a uno nuestros proyectos.

Teléfono: soñar con este aparato va asociado a sensaciones agradables porque predice que vamos a entablar relaciones favorables que van a influir beneficiosamente en nuestro modo de vida; también augura buenas noticias. En el terreno de los negocios podemos esperar éxito y ganancias.

Terciopelo: este tejido tiene una relación muy estrecha con los bienes económicos. Cuando se presenta una tela bonita de vivos colores sólo podemos esperar una buenísima situación social que se verá amparada por grandes éxitos financieros; por el contrario, si la tela está raída o agujereada indica que debemos protegernos contra la maledicencia y las malas artes para no resultar seriamente perjudicados. También augura que nos encontraremos rodeados de ciertas comodidades que nos cogerán por sorpresa.

Tesoro: encontrar un tesoro es un sueño de mal agüero, ya que pronostica que se avecinan preocupaciones graves y decepciones por parte de personas en las que confiábamos. También señala que nuestros esfuerzos no valdrán para otra cosa que para beneficiar a nuestros enemigos. Se avecinan pérdidas económicas y dificultades familiares.

Testamento: siempre predice que vamos a pasar por situaciones familiares complicadas, llenas de disputas que se originarán a causa de intereses materiales. Será muy difícil aclarar nuestra situación, por lo que las pérdidas afectivas pueden ser definitivas y, en muchos casos, habrá que recurrir a la justicia para aclarar las cosas. En el campo de los negocios no tendremos mejor suerte, porque éstos se verán dañados por diversas circunstancias. Se recomienda paciencia para superar esta etapa difícil, pues llegarán tiempos mejores.

Tierra: cuando aparece un terreno cultivado que está dando buenos frutos representa prosperidad y felicidad, mientras que un terreno abandonado es señal de fracaso. Es frecuente el sueño en el que nos vemos cubiertos de tierra, que siempre es de mal agüero pues predice humillaciones y pérdidas económicas.

Tijeras: generalmente este sueño hace referencia a los deseos inconscientes que tenemos de poner fin a una situación o a una relación. Es mal augurio porque la mayoría de las veces predice separaciones, peleas familiares y situaciones muy conflictivas.

Tinta: si la utilizamos para escribir cartas es señal de que recibiremos pronto noticias de mucha importancia y de que vamos a tomar decisiones de gran trascendencia para nuestra vida. Cuando vemos que la utilizan otras personas indica que vamos a ser víctimas de malas intenciones, calumnia y difamación por parte de otros. Cuando la tinta se cae augura sorpresas desagradables y malas noticias.

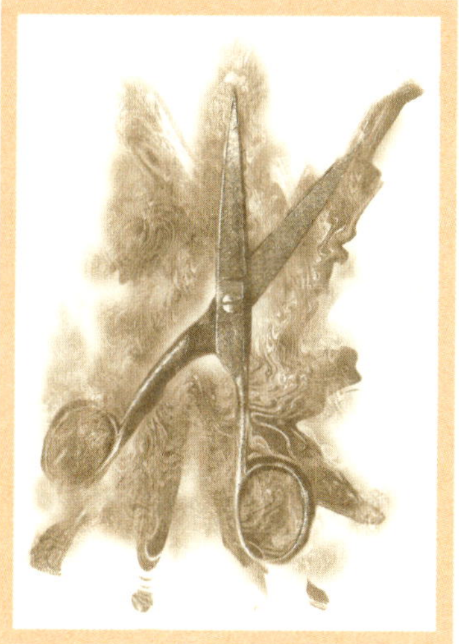

Títeres: representa la necesidad de que nos hagamos responsables de nuestra vida, ya que hasta ahora hemos sido manejados por los demás.

Torre: la torre aconseja que nos atrincheremos en nuestro interior porque no debemos mostrar las debilidades de nuestro carácter a las personas que conocemos, ya que es posible que se aprovechen de ello para su propio beneficio.

Tragaluz: estaremos haciendo esfuerzos infructuosos para alcanzar los objetivos que teníamos previstos. Nos veremos rodeados de inestabilidad y estaremos inquietos. Es muy mal augurio encontrarnos solos en una habitación con un tragaluz, ya que predice penas y desamparo. Abandono general y tristeza.

Trapecio: después de un tiempo de esperanza en el que contábamos con el apoyo de los demás y con la buena suerte, llegaremos a una época nefasta para nosotros, ya que sólo nos traerá inconvenientes. Pérdidas económicas muy graves.

Tren: es un sueño recurrente que se puede manifestar de muy diversas maneras. Todos sus elementos deben tenerse en cuenta y hay que analizarlos detalladamente. Se esperan noticias que de alguna manera harán cambiar el rumbo de nuestra existencia. Tendremos problemas con los proyectos en marcha, ya que circunstancias adversas los perjudicarán. Debemos adaptarnos a la situación y esperar tiempos mejores. Es tren también indica que vamos a tener diferencias familiares causadas por imprevistos. Si en nuestro sueño aparece un tren parado indica retraso y trabas en los proyectos y si el tren descarrila es un claro signo de desgracia.

Tumba: se acaba una etapa de nuestra vida y da comienzo otra que no nos será favorable en modo alguno. Predice problemas en todos los aspectos. En los negocios y en la vida profesional tendremos litigios que se resolverán en nuestra contra. La vida familiar será un total fracaso y perderemos seres a los que queríamos mucho. Corremos el riesgo de contraer una enfermedad que, además de ser muy grave, se prolongará en el tiempo y tendrá muy difícil curación. Ante estas situaciones nefastas se recomienda mucha paciencia. Por otro lado, poco podemos hacer para solucionar esta grave crisis que a muy largo plazo se irá resolviendo por sí sola.

Túnica: es el símbolo de la personalidad. Para interpretar un sueño en el que aparece este objeto debemos tener en cuenta el contexto en que se encuentra. Por sí sola imprime un carácter de seriedad a los negocios y a las demás gestiones que tengan que ver con asuntos económicos. Probar los juegos de azar, pero sin hacer excesivos gastos.

Uniforme: se abre ante nosotros un futuro prometedor que irá mostrando sus beneficios a medida que vayamos tomando las decisiones adecuadas. Lo que está claro es que experimentaremos cambios determinantes en nuestra vida.

Urna funeraria: augura penas y tristeza.

Veleta: indica inconstancia, indecisión y dudas. Se avecina una época en la que no seremos capaces de tomar nuestras propias decisiones ante los problemas más nimios. La desconfianza hará presa en nosotros y tardaremos mucho tiempo en librarnos de esta sensación.

Velo: cuando aparece con un color claro es señal de alegría y dice que veremos nuestros deseos cumplidos gracias a sucesos inesperados; nuestras gestiones se verán coronadas con éxito. Cuando es oscuro o está estropeado augura grandes rupturas que nos causarán intensa pena y disputas con personas allegadas; también es portador de malas noticias.

Venda: si no queremos vernos inmersos en el dolor y el sufrimiento deberemos ser muy precavidos y prestar atención a todo lo que nos rodea. Si llevamos vendas el sueño sugiere modificaciones buenas en nuestra vida tras una época de preocupaciones y pesares; también augura la curación de una enfermedad a nosotros o a alguna persona allegada. Si nos vemos poniendo vendas a otra persona quiere decir que seremos portadores de consuelo para alguien que está muy necesitado de él. Es mal augurio que aparezcan ensangrentadas: depresión y crueldad. Si somos aficionados a los juegos de azar debemos ser prudentes y no gastar más de la cuenta.

Ventana: es un hueco que permite la entrada de las cosas a nuestra mente y a nuestra vida. Puede traer la luz y la oscuridad, el calor y el frío, por lo que varían muchos las interpretaciones que se le da a este tipo de sueños. Cuando nos vemos abriendo una no podemos menos que esperar éxito en nuestras gestiones, alegría y paz de espíritu. Si la vemos cerrada esperaremos penas y mala suerte. Es un mal augurio vernos entrar a una casa por la ventana porque predice que vamos a vivir disputas y litigios judiciales que se resolverán en contra nuestra. Las ventanas adornadas con flores representan la paz familiar y la armonía en el hogar. Finalmente, cuando nos vemos limpiándola es una señal de que vamos a recibir ayuda de personas que no esperábamos, lo que nos hará remontar malas situaciones que no sabíamos cómo superar. Las ventanas en general nos dicen que estamos bien asentados en nuestra vida profesional y que somos respetados y considerados en ella.

Vestidos: las características de la vestimenta son las que marcan el significado del sueño, ya que puede ser de diversas formas, colores y materiales y puede aparecer en muy distintas situaciones. Cuando la ropa es bonita, de colores alegres y está limpia, predice que vamos a recibir protección inesperada y augura suerte en todos los aspectos. Si está sucia o deteriorada podemos esperar momentos muy tristes de soledad y que la mala suerte no nos abandone. Cuando soñamos que nos quitamos la ropa es señal de que vamos a sufrir cambios que serán favorables, sobre todo en el terreno de los negocios, que a su vez nos proporcionarán una posición social muy agradable. Si en nuestro sueño nos vemos vendiendo nuestra propia ropa es un mal augurio y quiere decir que estamos ante una temporada de mala suerte que llevará nuestros negocios al fracaso; todo ello estará rodeado de dificultades económicas. Pero esta situación desaparece cuando lo que estamos haciendo en el sueño es cuidar la ropa, plancharla o coserla, porque augura que se avecinan tiempos mejores en los que desaparecerán nuestras dificultades. Si nos vemos vestidos de forma estrafalaria quiere decir que las burlas se ciernen sobre nosotros y que somos objeto de la crítica y del escarnio.

Si aparecemos vestidos de forma tradicional, con colores suaves y sin llamar la atención, predice que nuestra vida va a seguir exactamente igual que hasta ahora por mucho tiempo.

Yate: significa el deseo de eludir responsabilidades que nos impiden gozar del tipo de vida que queremos. Es una muestra clara de inmadurez, por lo que debemos hacer un repaso exhaustivo de nuestros sentimientos y nuestra forma de actuar. No debemos dejarnos llevar por falsas ilusiones ni por la sociedad de consumo, ya que esto nos hará olvidar las cosas importantes de la vida como son el amor y la amistad. Debemos ser nosotros mismos si lo que queremos es alcanzar la realización plena. Por lo general augura mejoras, pues veremos engrosados nuestros bienes.

Yeso: cuando vemos este material en el sueño pronostica que se avecina una época penosa. Podemos esperar contraer grandes deudas y también pérdidas afectivas. Cuando nos vemos con un miembro escayolado es una clara advertencia de que se aproxima un grave peligro. Prudencia.

Yugo: es símbolo de imposición, disciplina y servidumbre. Pueden ser muchas cosas las causantes de que nos lo impongan, tanto internas como externas. Hay que profundizar en el contexto del sueño y las circunstancias que lo rodean para dar una interpretación adecuada.

Yunque: aunque es una herramienta que hoy casi no se usa, el yunque es el que soporta los duros golpes de la vida. Este sueño indica que, a pesar de las contrariedades, debemos aguantar un poco las adversidades, ya que el esfuerzo va a merecer la pena. Cuando soñamos que lo usamos quiere decir que tenemos la capacidad suficiente para ser los dueños de nuestra existencia y que las influencias exteriores no nos van a hacer cambiar; nuestra energía nos llevará al triunfo en las empresas. Sólo si vemos el yunque roto debemos temer por el éxito.

Zafiro: es una piedra preciosa con gran simbología celestial y está relacionada con la concesión de dones. Si aparece en nuestro sueño significa que todo aquello por lo que roguemos nos será concedido.

Zancos: representan el esfuerzo que hacemos para que todas las cosas de nuestro alrededor funcionen perfectamente. Somos responsables de la reconciliación de algunas personas y también resultamos beneficiosos para los negocios de otros.

Zapatos: si vemos que son feos, están estropeados o nos hacen daño, podemos inferir que vamos a tener problemas de todo tipo rodeados de la mala suerte, lo que provocará pérdidas financieras de gran importancia. Si nos los quitamos augura separación y alejamiento. Y si llevamos unos zapatos bonitos y nuevos que son confortables para nuestros pies es imagen de la comodidad de nuestra vida, que se va a desarrollar dentro de la tranquilidad sin sufrir el más mínimo sobresalto. Cuando vemos en el sueño a un zapatero presagia que recibiremos consejos y apoyo en nuestras empresas y podemos esperar gracias a ello el éxito.

Sueña

Anatomía

Las distintas partes del cuerpo humano son muy representativas de nuestros deseos

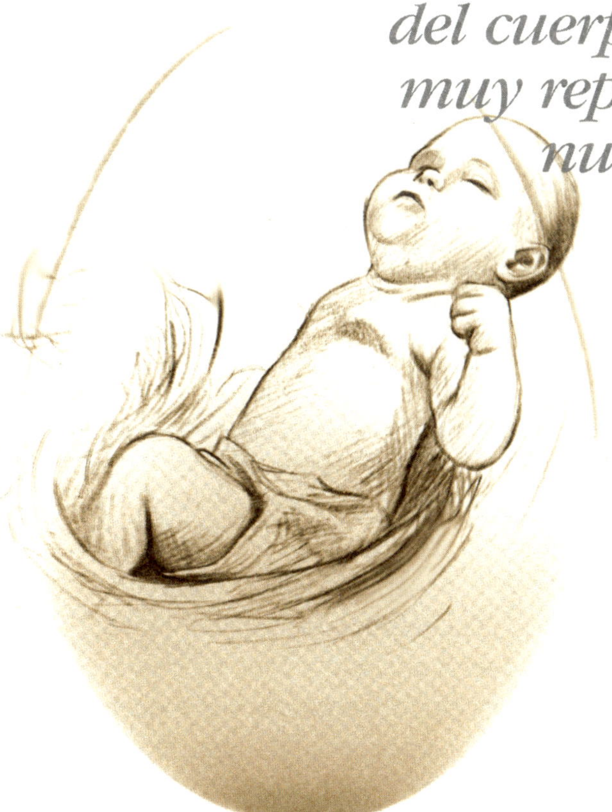

Anatomía

Podemos considerar a Artemidoro de Daldis como al rey de la interpretación de los sueños, sobre todo en lo que se refiere a los sueños relacionados con la anatomía humana.

Ya en tiempos de este oniromante se daba una especialísima importancia a estos sueños y él en su obra les ha adjudicado un lugar preponderante.

Artemidoro analizó a lo largo de su vida miles de sueños sobre la anatomía humana observando a los soñantes hasta descubrir que las prediciones se cumplían. Toda esta información la incluyó en su obra *El libro de la interpretación,* de los sueños que es la obra de más envergadura de toda la Antigüedad y que no se vio superada hasta la llegada de Freud.

De Daldis no sólo hace referencia a aquellas partes del cuerpo que se ven sino que realizó un minucioso análisis de vísceras y órganos internos.

Por todo lo anteriormente expuesto no debe extrañarnos que todos los autores dignos de crédito a lo largo de la historia hayan prestado la mayor atención a todo lo relacionado con la anatomía humana.

Debemos saber también que el significado difiere si la parte del cuerpo es del soñante o de otra persona, y también se debe considerar el estado que presenta.

Suelen ser de buen augurio aquellos sueños que están relacionados con el vello que cubre el cuerpo, ya sea en hombre o mujer.

La falta de algún miembro no siempre tiene significados negativos pero sí suele serlo tener más miembros de lo normal (por ejemplo, ver tres brazos es señal de que se avecina una desgracia).

Varían también los significados si el miembro corresponde a un adulto o a un niño, a un hombre o a una mujer.

Los psiquiatras actuales tienen muy en cuenta a la hora de aplicar sus tratamientos la relación del soñador con los sueños que tienen que ver con la anatomía.

Barba: si la persona que sueña con barbas es emprendedora y trabajadora, sugiere un buen augurio. Según Artemidoro, si una mujer tiene barba y está casada quiere decir que se separará y si por el contrario es soltera o viuda, quiere decir que contraerá matrimonio. Si se ve que la barba es arrancada o pelada el sueño predice una muerte en el seno de nuestra familia.

Bigote: si el bigote es muy poblado significa que nuestras posesiones van a aumentar y también que tenemos mucha seguridad en nosotros mismos. Cuando se ve muy fino indica que, a pesar de los esfuerzos, vamos a conseguir muy pocos resultados. Es de mal presagio afeitarse el bigote, ya que augura desgracias a corto plazo.

Boca: según sean las características de la boca con la que soñamos debemos interpretar diversas cosas. Cuando es grande y agradable presagia abundancia y éxito en los negocios, mientras que si la boca es pequeña indica todo lo contrario. Si es fea o presenta un rictus de amargura, podemos esperar la traición de algunas de nuestras personas más allegadas. Es muy frecuente el sueño donde aparece una boca que no puede hablar; esto siempre presagia problemas, ya sea con familiares o amigos o de tipo financiero o judicial. Los sueños con bocas no inciden en el amor.

Brazos: simbolizan nuestra capacidad para relacionarnos con los demás, la acción, la fuerza y la amistad. Cuando vemos que falta el brazo derecho es señal de que somos víctimas de la timidez. Cuando falta el izquierdo es señal de insatisfacción. Cuando vemos

Interpreta

unos brazos sanos y llenos de energía el sueño presagia actividades beneficiosas y dice que nuestros esfuerzos alcanzarán su premio, mientras que si aparecen deformes o enfermos anuncia dificultades y problemas de orden financiero.

Cabello: la abundancia de cabello es augurio de éxito. Es símbolo de energía y de fuerza. Cuando lo perdemos también perdemos parte de nuestra fuerza. Si lo cortamos voluntariamente quiere decir que nos descargamos voluntariamente de responsabilidades que habíamos asumido quizá con demasiada ligereza. Cuando está bien cuidado significa que los demás nos tendrán gran respeto y estima, mientras que si aparece sucio y descuidado quiere decir que vamos a perder la estima de los demás por causas ajenas a nosotros mismos.

Cabeza: para los antiguos la cabeza era el símbolo de la riqueza, por lo que soñar con una cabeza grande era símbolo de prosperidad. También representa la inteligencia. Los sentimientos agradables en relación a la cabeza nos indican prosperidad e independencia, mientras que los negativos nos auguran tiempos desagradables y conflictivos. Cuando es excesivamente pequeña augura fracaso y si lo que soñamos es sólo con una calavera es señal inequívoca de peligro.

Callos: es símbolo de esfuerzo y fuerza de voluntad. Hay que tener mucho cuidado porque a veces podemos parecer demasiado rígidos, circunstancia ésta que no nos favorecerá.

Cara: representa la situación psicológica en la que nos hallamos mediante sus expresiones y gestos. Si vemos la cara de alguna persona conocida indica claramente lo que su misma expresión diga. Debe interpretarse este sueño según el contexto en el que se produzca.

Cicatrices: simbolizan sufrimientos pasados ocultos y disimulados.

También pueden denunciar rencor y maldad. Problemas financieros.

Corazón: es símbolo de sentimientos y sabiduría. En este caso habrá que analizar detenidamente el contexto en que se halle para hacer una interpretación correcta del sueño.

Cuerpo: cuando vemos sólo una parte de él se debe consultar ésta por su nombre. Cuando vemos cuerpos enteros que son el centro del sueño se pueden interpretar por sí mismos, pero no en el caso de que aparezcan dentro de una determinada situación. Podemos decir que un cuerpo sano y en buenas condiciones predice beneficios y buenas condiciones de vida, mientras que un cuerpo enfermo o herido nos augura pesares y preocupaciones acompañados de pérdidas económicas.

Cejas: soñar con cejas tupidas es un buen augurio, en especial para las mujeres. Cuando se sueña con unas cejas despobladas es anuncio de inactividad y, en algunos casos, de la muerte. Si se nos caen o que se queman, es señal de que se avecinan conflictos familiares con rupturas muy importantes y pérdidas económicas. Si las cejas son ralas auguran miseria.

Dedos: son la imagen de nuestros seres queridos, con los que nos unen fuertes lazos de sentimientos. Debemos interpretar el sueño en función de cómo los veamos. También representan la capacidad de relacionarnos con los demás. Cuando aparecen ante nosotros sanos y sin defectos quiere decir que vamos a tener éxito y que nos veremos rodeados del respeto de los demás. Si uno o más dedos aparecen enfermos o doloridos podemos esperar que se avecine una enfermedad familiar o problemas con una persona allegada. Cuando los vemos sucios quiere decir que estamos siendo criticados por nuestros allegados y que éstos no aprecian nuestros valores. Cuando están cortados o heridos indican que se avecinan grandes conflictos familiares y si son amputados auguran pérdidas económicas de cierta importancia. Cuando aparecen manos con más dedos de los normales es un buen augurio, ya que predice éxito en los negocios y alegrías familiares. Si aparece alguien acusándonos con un dedo quiere decir que no estamos satisfechos con nuestra propia conducta porque no hemos actuado con la ética que sería de esperar.

Dientes: quizá sea éste el sueño más frecuente en sus múltiples variedades. En este caso cada intérprete le da sus propios significados. Artemidoro de Daldis (siglo II) decía que la caída de los incisivos anunciaba la pérdida próxima de bienes y que la caída de los molares representaba serios obstáculos para la realización de los proyectos que se tuvieran en marcha. Según este autor la caída de cualquier diente significaba para aquellas personas que tuvieran deudas que iban a ser capaces de cancelarlas y que el hecho de perder los dientes delanteros era una dificultad tremenda para las personas que desarrollaran su actividad por medio de la palabra. También decía que cuando la caída se producía con dolor o sangre indicaba que los planes previstos no se podrían llevar a cabo y que si los dientes se deformaban era anuncio de serias discusiones dentro de las casas entre familiares y allegados. Artemidoro decía que soñar con dientes de marfil era buen augurio para todos y que si los dientes eran de cera predecían una muerte próxima, que sería violenta si los dientes eran de cristal o de madera. También en la antigüedad pensaban que si se caían los dientes y salían otros en su lugar significaba que iba a haber un cambio de vida para bien. Los autores modernos encuentran otros significados relacionados con los dientes. Para algunos representan la agresividad y si en nuestros sueño los enseñamos quiere decir que estamos preparados para enfrentarnos positivamente a todos nuestros problemas. Otros interpretan que tener los dientes sanos y enseñarlos quiere decir que se avecinan tiempos de prosperidad y de riqueza, que veremos mejorada nuestra situación y que alcanzaremos el éxito en todo lo que iniciemos, sean proyectos económicos o sentimentales. Por otro lado, si los dientes están cariados y estropeados auguran una temporada de padecimientos y grandes pérdidas económicas. En general, para los autores modernos la caída o pérdida total de la dentadura advierte que vamos a recibir riquezas insospechadas y que en el futuro vamos a ser muy felices, ya que estas riquezas nos van a permitir llevar la vida que deseábamos. En el aspecto afectivo la pérdida total de los dientes significa que seremos felices, pero que deberemos trabajar muy duro para mantener esta felicidad y, sobre todo, tener mucho cuidado con las personas que nos importan si no queremos perderlas.

Entrañas: tanto si vemos nuestras propias entrañas como si las vemos devoradas por los animales es un mal augurio. Anuncia que en el terreno de los negocios tendremos muy mala suerte y cualquier tarea que emprendamos tendrá resultados insatisfactorios; surgirán además problemas con los socios y los compañeros de trabajo. Nuestras relaciones familiares y afectivas serán muy complicadas. A toda esta situación deberemos añadir un estado de angustia e inquietud que nos tendrá muy preocupados y que, por otro lado, nos impedirá ver las cosas con claridad; esto hará aún más difícil tomar las decisiones oportunas para salir de este nefasto estado que, en algunos casos, se puede prolongar indefinidamente.

Espalda: según Daldis esta parte del cuerpo tiene relación con la vejez y los últimos días de la vida; cuando las espaldas son anchas y fuertes es un buen augurio para todos, mientras que si son débiles el significado el contrario. Para autores más modernos esta parte del cuerpo es símbolo de fuerza y entereza, por lo que si se ven espaldas estrechas o encorvadas sugiere que estamos vencidos por el peso de la vida y de nuestras propias responsabilidades y que no somos capaces de superarlas dada la falta de entereza de nuestro carácter. Si lo que vemos son las espaldas de un pariente quiere decir que debemos ser reticentes respecto a esa persona, pues es probable que nos traicione. Cuando vemos a una persona anciana encorvada es un presagio muy malo, ya que es anuncio de la muerte o, en todo caso, de enfermedades muy graves y muy difíciles de superar.

Esqueleto: augura desgracias. Es presagio de circunstancias difíciles en todos los aspectos, tanto económicos como afectivos. Éste será un momento inadecuado para emprender nuevos proyectos y con los que tenemos en marcha debemos ser muy cuidadosos, ya que diversas circunstancias que se escapan de nuestro control darán la vuelta y se volverán desfavorables. También augura un próximo fallecimiento de la persona que sueña o de algún conocido muy cercano y todo tipo de desgracias.

Estómago: en general indica que debemos tomar las cosas con calma. Cuando soñamos con un dolor de estómago es un mal augurio, porque anuncia pesares y pérdidas financieras. Nuestras relaciones amorosas funcionarán con regularidad en el caso de que el estómago esté sano.

Frente: según Artemidoro de Daldis una frente sana y con buena piel anuncia algo positivo, libertad de expresión y valentía, mientras que si la frente tiene heridas o está en malas condiciones es señal de vergüenza y perjuicio; por otra parte, soñar con una frente de hierro produce odio. Autores más modernos opinan que la frente es símbolo de fuerte personalidad y de valentía. Según la apariencia que tenga en el sueño indica los rasgos más destacados de su poseedor. Soñar con una frente alta y despejada es señal de franqueza y honestidad, mientras que si es estrecha es símbolo de maldad e hipocresía. Al ser un símbolo de múltiples interpretaciones existen obras especializadas en este tipo de sueños.

Garganta: simboliza lo que admitimos y lo que asimilamos. Si vemos que tenemos dificultades para tragar quiere decir que de algún modo no estamos convencidos de lo que se nos dice o de la forma en que actúan los demás respecto a nosotros. Engullir sin masticar indica que nos dejamos manipular fácilmente. El hecho de tener dolor de garganta nos advierte de que vamos a ser víctimas de algún tipo de acciones malévolas.

Hígado: cuando soñamos que estamos enfermos del hígado es anuncio de problemas de salud y malestar general. Debemos prevenirnos contra las enfermedades.

Hombros: representan la potencia y la capacidad de realización. Cuando vemos unos hombros anchos y fuertes reflejan satisfacción y éxito. Si son estrechos y decaídos son síntoma de pesimismo e insatisfacción.

Anatomía

Huesos: por un lado significan la muerte y por otro la fuerza. Respecto a este sueño los diversos autores no se ponen de acuerdo, ya que unos pronostican que es de buen agüero y otros todo lo contrario. Sin embargo, en términos generales debemos saber que cuando los vemos fuera de nuestro cuerpo auguran enfermedad y destrucción. Si, por el contrario, están dentro, son símbolo de fuerza y quiere decir que estamos en una situación en la que somos capaces de hacer frente a cualquier problema, ya que la seguridad con la que contamos nos servirá para solucionarlos. Por otro lado, puede ser un mal presagio, ya que es probable que suframos pérdidas afectivas de personas que nos importan mucho.

Intestinos: son uno de los símbolos oníricos por excelencia. Los intestinos representan el lugar donde se forja la riqueza material, por lo que habremos de mostrar especial interés en comprobar el estado en que se encuentran. Si aparecen enfermos es una señal de que vendrán preocupaciones y problemas que afectarán gravemente al soñante. En general este sueño es un mal augurio y sobre todo indica que en el futuro veremos cómo los demás se aprovechan de nuestra buena voluntad para conseguir sus fines y perjudicarnos en su beneficio.

Labios: los augurios de este sueño están representados de acuerdo con el aspecto que presenten los labios. Cuando soñamos con unos labios bonitos, sanos, gruesos, quiere decir alegría de vivir, felicidad afectiva y familiar, éxito en las empresas, sinceridad. Si, por el contrario, aparecen finos, feos o colgantes, serán augurio de falta de confianza en uno mismo y fracaso en nuestras empresas, tanto de índole afectivo como económico.

Lágrimas: contrariamente a lo que pudiera parecer, soñar con lágrimas es un buen augurio, ya que anuncia que vamos a recibir noticias muy buenas. Nuestros deseos se verán cumplidos y nos rodearán la alegría y la felicidad. Debemos estar preparados para el resurgimiento de antiguos proyectos que quedaron abandonados, pues ahora es una buena ocasión para retomarlos porque tendrán éxito.

Lengua: según Artemidoro de Daldis no poder hablar o tener la lengua trabada predice inactividad y pobreza a la vez; la lengua hinchada augura enfermedad y, cuando sobresale de la boca, es señal de un daño recibido a causa de la precipitación al hablar. Que en la lengua crezcan pelos es un símbolo desfavorable excepto para quienes se ganan la vida con la palabra. Para otros autores soñar con una lengua larga y gruesa significa que hablamos mucho y de forma descontrolada, por lo que el sueño nos avisa para que seamos más prudentes con lo que decimos. Cuando soñamos que nos mordemos la lengua es señal de prudencia y cuando la vemos cortada puede ser símbolo de impotencia en todos los sentidos, incluso sexual. También este sueño puede ser señal de que nosotros o nuestros allegados son objeto de cotilleos y comadreos. Cuando aparece en el sueño nuestra propia lengua con aspecto sano y normal quiere decir que nuestras gestiones se verán favorecidas siempre que nos mostremos diplomáticos, mientras que si lo que vemos es que somos incapaces de utilizar la propia lengua augura problemas e impotencia para salvar los baches. Por último, si soñamos que mostramos la lengua a un médico augura problemas de salud que, si bien no serán muy graves, requerirán cuidados.

Mandíbula: Artemidoro de Daldis daba a este sueño una curiosa interpretación, ya que decía que soñar con que la mandíbula sufre algún daño quiere decir que nuestros ahorros no están seguros. Generalmente es el símbolo de la fuerza de voluntad, aunque una mandíbula muy grande y prominente puede indicar testarudez y obcecación, mientras que si es excesivamente pequeña significa falta de carácter. Soñar con una mandíbula sólida es presagio de situaciones favorables en el campo de los negocios, beneficios económicos de gran cuantía y éxito total en la relaciones afectivas y familiares. Si la mandíbula sufre daños quiere decir que vamos a sufrir complicaciones.

Manos: representan la utilidad y la capacidad que tenemos para desenvolvernos en nuestro entorno; la mano derecha, para lo diestros, guarda relación con lo analítico y lo racional, mientras que la mano izquierda tiene mayor relación con el mundo de los sentimientos y del inconsciente. Para los zurdos, por supuesto, la interpretación se hace al contrario. Soñar con manos fuertes, bonitas y bien cuidadas dice que vamos a ser favorecidos por la buena suerte. Si soñamos que se nos caen los dedos es señal de daños y para los intelectuales significa que van a pasar por una importante falta de trabajo. Cuando vemos que nos crecen pelos en la manos debemos prever problemas judiciales que no nos serán favorables y además correremos el riesgo de ir a la cárcel. Para las personas que trabajan con ellas, como los artesanos y los obreros, es muy buen augurio soñar que les crecen manos, ya que significa que van a tener mucho y beneficioso trabajo. Cuando en los sueños vemos que nuestras propias manos son fuertes y sanas es símbolo de prosperidad y buen augurio, mientras que si se muestran pequeñas o enfermas querrá decir todo lo contrario. Cuando se encuentran fuertemente entrelazadas significa que padecemos mucha tensión, por lo que se aconseja relajarse para poder actuar con más objetividad. Las manos sucias sugieren falta de moralidad y nos indican que seremos capaces de cometer actos de los que luego nos arrepentiremos. Si sentimos dolor en ellas o las vemos heridas significa que vamos a padecer pesares en nuestra vida afectiva. Cuando nos las lavamos indica que tendremos que buscar soluciones y respuestas contra actos de injurias que se están cometiendo contra nosotros y verse con ellas atadas augura próximas dificultades.

Mejillas: sueño fácil de interpretar. Mejillas sanas y sonrosadas sólo auguran felicidad y ganancias materiales, mientras que delgadas y hundidas son símbolo de sufrimiento y muerte. Generalmente auguran salud para el que sueña.

Nalgas: esta parte del cuerpo predice maledicencias, calumnias, afrentas y humillaciones. Deberemos protegernos de nuestros enemigos.

Nariz: una bella nariz tiene un significado favorable para todos, ya que anuncia muchas y buenas acciones. Si soñamos que carecemos de este órgano significa que se avecinan épocas de inestabilidad, con enfrentamientos con nuestros superiores, y también augura la muerte para aquel que esté enfermo. Si soñamos que tenemos más de una nariz predice que estaremos en desacuerdo con el ambiente que nos rodea. Si la nariz aparece en nuestro rostro con un tamaño desmesuradamente grande es símbolo de soberbia y jactancia; nos hace dueños además de una curiosidad desmedida que nos provocará serios problemas con otras personas. Si el sueño consiste en que no podemos respirar, augura que tendremos contratiempos económicos y que nos encontraremos con obstáculos.

Ojos: hay muchísimas interpretaciones para estos sueños. Los ojos en general significan la compresión y la captación de la luz, pero también del conocimiento y de la instrucción. Las interpretaciones que da Artemidoro de Daldis son las siguientes: ver con agudeza favorece a todos por igual; ser corto de vista anuncia falta de dinero; para los que tienen hijos quiere decir que se van a poner enfermos; soñar que se es ciego de ambos ojos predice que van a morir los hijos, hermanos o padres. Soñar que se es ciego es positivo para aquel que se encuentre encarcelado y para el pobre; dificulta la realización de un viaje y dice que el que está fuera no va a regresar a casa; es negativo para los soldados; para los artistas significa una derrota; es perjudicial para los pilotos de los barcos, los astrólogos y los adivinos y bueno para los poetas. Cuando se sueña que se es ciego de un ojo las predicciones afectarán sólo en parte; tener tres o más ojos es favorable para los que tienen previsto casarse; a un rico le avisa para que tenga cuidado consigo mismo y es negativo para un hombre malo, porque quiere decir que le espían muchas miradas; también es negativo para las mujeres guapas. Si se sueña que se tienen ojos en las manos o en los pies es señal de próxima ceguera. Como se verá, los autores modernos tienen otras ideas respecto a este sueño: si los ojos están enfermos o doloridos indica penurias que se verán agravadas en la medida en que esta afección lo sea; cuando soñamos que recobramos la vista predice que se acaba una mala época y que nos estamos recuperando de nuestros males; es muy peligroso soñar que se queda uno ciego, porque sugiere que correremos grandes peligros en caso de que no obremos con la máxima prudencia. Si soñamos que herimos a alguien en los ojos pronostica que nuestra forma de actuar va a ocasionar inconvenientes a otras personas. Cuando soñamos que tenemos buena vista es indicativo de una correcta comprensión de los problemas y capacidad para dar soluciones objetivas a todo aquello que se nos plantea, mientras que la mala vista indica que al estar en una situación de dependencia de los demás nos sentimos mal y que para mejorar nuestra situación debemos cambiar el tipo de relación.

Orejas: los antiguos interpretadores de sueños atribuían muy diversos significados a esta parte del cuerpo. Si se tienen más de dos orejas es un sueño de buen agüero para quien quiere encontrar a alguien que le obedezca; es un sueño negativo para aquellos que estén inmersos en un proceso judicial. Quitar la suciedad de las orejas significa que vamos a recibir buenas noticias, mientras que serán malas si se recibe un golpe en estos órganos. Soñar que se tienen orejas de burro es favorable para los filósofos y para las demás personas simboliza desgracias; tener orejas de león, leopardo o de cualquier otro animal salvaje predice conspiración con calumnias en contra nuestra y tener orejas donde están los ojos es señal de que nos podemos volver locos. Como veremos a continuación, actualmente se da a las orejas significados bien diferentes: soñar con ellas indica que debemos tomar precauciones a la hora de hablar y tener mucho cuidado con las personas que nos escucha, siempre y cuando se presenten sanas y con su forma habitual; si aparecen heridas o deformes auguran dificultades graves y que nuestro entorno familiar y afectivo sufrirá a causa de los problemas que tengamos en el terreno de los negocios, donde sufriremos importantes pérdidas económicas.

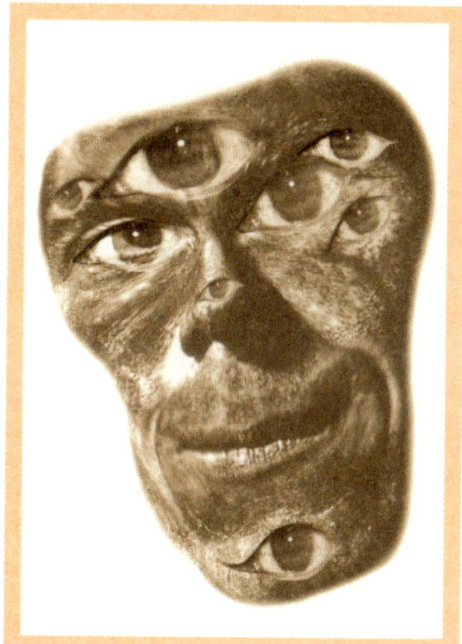

Orina: suele ser una representación real de un deseo fisiológico, aunque también se asocia este sueño con la sexualidad. En general es un mal augurio, pues predice malas relaciones con las personas que nos importan, que no nos prestarán atención y nos dejarán sumidos en el desamparo.

Pecho: nos dice Artemidoro de Daldis que soñar con un pecho sin enfermedad ni dolencia es algo positivo; si es velludo, para las mujeres significa viudedad; si los pechos están caídos son la muerte para los hijos del que lo ha soñado y, por otra parte, anuncian problemas y a menudo incluso el luto.

Pelo: los autores antiguos consideraban que este sueño era un buen augurio, sobre todo para las mujeres cuando soñaban que tenían un pelo largo y bonito; para los demás predice una buena situación económica en la que, sin embargo, no se sentirán a gusto. Según los autores más modernos vernos cubiertos de pelo es señal de primitivismo, lo que quiere decir que actuamos sin pensar. Pero si lo que soñamos es que no tenemos pelo manifiesta debilidad de carácter e inmadurez.

Piel: cuando soñamos con una piel fina y saludable indica alegría y serenidad. Si aparece la piel avejentada y arrugada puede ser el reflejo del temor al propio envejecimiento y augura contrariedades. Cuando soñamos con la piel de un animal, si ésta es valiosa y se utiliza para abrigar a las personas es un sueño de buen agüero, mientras que el resto nos predice contrariedades.

Piernas y pies: nos dice Artemidoro que tener más pies de los normales es un signo positivo para comerciantes, armadores de barcos, empresarios y para todo aquel que, en general, tiene personas asalariadas y que para los ricos es señal de enfermedad; verse con los pies quemados es para todos una mala señal que anuncia la pérdida de los bienes presentes. Jung en Psicología y simbólica de lo arquetípico indica que las piernas representan el movimiento, el caminar y la capacidad de sobreponernos a las malas circunstancias y de reaccionar positivamente ante ellas; son también el soporte de nuestro cuerpo, es decir, el soporte de nuestras vidas, y si nos faltaran careceríamos de base o de conocimientos para llevar a cabo todo aquello que deseamos. Por eso, cuando en nuestro sueño aparecen unas piernas que no están en buenas condiciones por hallarse heridas, sucias e incluso amputadas, debemos esperar dificultades graves, disputas y litigios que nunca se verán resueltos a nuestro favor; también tendremos problemas en el terreno afectivo y en el familiar. Siempre es mal augurio verse en sueños con una pata de palo, ya que quiere decir que no veremos el éxito de nuestras empresas y que en el seno de la familia se van a producir situaciones conflictivas que seremos incapaces de solucionar. Cuando aparecen en nuestro sueño unos pies sanos y en buen estado podemos estar tranquilos, pues es señal inequívoca de que vamos a triunfar en todos los terrenos de la vida gracias a que tenemos bases sólidas para sustentar todos nuestros proyectos, lo que también supondrá un gran éxito en la vida afectiva y familiar.

Puño: es el símbolo de la amenaza, la tozudez y la tacañería. Augura peleas y deberemos temer actos de venganza que se perpetrarán contra nosotros. No debemos hacer caso de los rumores. A causa de malas gestiones ajenas a nosotros tendremos problemas económicos que deberemos afrontar con serenidad.

Riñones: simbolizan la fuerza, el poder y la resistencia física. También predicen que seremos triunfadores en las empresas que iniciemos.

Rodillas: son símbolo de orgullo, autoridad y posición social. Si soñamos que nos arrodillamos ante alguien es una evidente señal de sumisión e inferioridad. Cuando están heridas o débiles significa falta de personalidad o personalidad inmadura. Cuando aparecen sanas son signo inequívoco de viajes inesperados.

Rostro: puede aparecer de diversas formas. Cuando se trata de un rostro agradable y sonriente es buen augurio, ya que pronostica que es un buen momento para los negocios y una etapa de serenidad en nuestra vida privada. Cuando es severo podemos esperar el fracaso y si está arrugado es augurio de próximas penas que nos afectarán mucho.

Sangre: por ser fuente de vida ha sido también objeto de estudio por muchos autores. Artemidoro de Daldis nos dice en su libro La interpretación de los sueños que devolver mucha sangre tiene un gran significado para los pobres, ya que les anuncia abundancia de bienes materiales, porque éstos son el reflejo de la sangre. Asimismo es positivo para el que no tiene hijos o tiene algún pariente de viaje; no es conveniente soñar con sangre para aquellas personas que desean pasar desapercibidas, porque serán descubiertas; la sangre descompuesta anuncia enfermedad. En nuestros tiempos se interpreta el soñar con sangre como el temor atávico que tiene el ser humano a las enfermedades y a los accidentes. Generalmente es mal presagio porque anuncia hechos que van a perturbar la marcha feliz de nuestra vida. La interpretación tiene diversos matices según el tipo de sangre, la cantidad o la circunstancia en la que ésta se vierta. Generalmente este sueño nos sirve de advertencia para que protejamos fuertemente todo aquello que nos interesa, tanto en el campo de los negocios como en la familia.

Senos: representan la maternidad y la seguridad. También pueden ser la manifestación de un deseo afectivo o de intimidad. Cuando vemos un pecho sano y hermoso quiere decir que gozamos del éxito y la felicidad. Si son unos pechos cargados de leche auguran prosperidad y fecundidad. Son símbolo de adulterio cuando se presentan deformes; si son velludos el sueño augura desgracias familiares.

Sexo: debemos remitirnos al significado de relaciones sexuales, aunque lo que veamos en el sueño sólo sean los aparatos genitales femenino y masculino.

Uñas: para Artemidoro de Daldis soñar con cortarse las uñas predice que vamos a contraer deudas gravadas con altos intereses y que ademas vamos a tener ciertos inconvenientes en el ambiente familiar, mientras que si se cortan las uñas a los demás anuncia que otras personas nos causarán graves daños. Debemos tener precaución, porque se corre el riesgo de contraer alguna enfermedad que requiera cierto cuidado.

Vello: indica energía, agresividad y potencia sexual. Para un hombre la falta de vello o la pérdida de pelo es indicio de problemas y enfermedad. Para una mujer ver que le crece vello fuera de los lugares habituales anuncia penas y problemas de salud y afectivos; augura que se avecina una época de grandes preocupaciones.

Vientre: representa la maternidad y la ternura. Cuando vemos el nuestro saludable y grueso indica que hemos sido capaces de aprender de las situaciones pasadas y de los demás en nuestro propio beneficio; también que se avecinan tiempos muy prósperos. Si el vientre es flaco y enfermo predice desesperación y miseria.

Vísceras: en la antigüedad había verdaderos especialistas en la interpretación de este tipo de sueños; ver en sueños que uno es abierto y que sus vísceras están expuestas de forma natural y ordenada tiene un significado positivo para el que no tiene hijos y para el que es pobre. Sin embargo, para el rico augura deshonra y le anuncia que va a abrirse una investigación sobre él. Si las entrañas son observadas por alguien es un augurio terrible, pues indica que vendrán desgracias y juicios y que los secretos serán descubiertos. Si soñamos que nos han abierto y estamos vacíos significa que se va a vaciar la casa del que lo ha soñado y para el que está enfermo significa la muerte.

Sueña

Personas

Sueños con personas, seres espirituales y profesiones

Gran enciclopedia de

Los Sueños

Personas

En este último capítulo hacemos el análisis de los sueños que están relacionados con personas, profesiones y seres espirituales. Podemos soñar con una persona determinada a la que conocemos y estos sueños suelen hacer referencia a situaciones reales que estamos viviendo, y sus consecuencias naturales, por lo que no tienen especial significación.

Cuando soñamos con alguien genérico, como un cuñado o un tío, debemos analizar minuciosamente el contexto en que se encuentran porque suelen ser tan sólo un complemento del organigrama general.

Los sueños relacionados con las profesiones tienen ya una interpretación más complicada y para su análisis debe tenerse en cuenta la idosincrasia del soñante ya que casi siempre depende de sus propias características la influencia que va a tener ese sueño sobre su futuro.

Hay que hacer especial mención a aquellos sueños en los que aparecemos nosotros mismos practicando una profesión distinta a la que ejercemos porque esto generalmente indica frustraciones o aspiraciones no cumplidas aunque no es así en todos lo casos.

Los sueños relacionados con seres espirituales son los más complicados de interpretar puesto que aquí juegan un importantísimo papel las creencias de cada individuo. Estos casos son los preferidos por Freud en su análisis aunque él casi siempre les da un significado estrechamente relacionado con el sexo.

Como último apunte aconsejamos hacernos interpretar los sueños que tienen que ver con seres espirituales por oniromantes muy experimentados llegando incluso a pedir la opinión de más de uno si vamos a tomar alguna importante decisión basándonos en las prediciones de esos sueños.

Abogado: representa la solución de conflictos y arreglo de temas que quedaron pendientes; si está asociado a una sensación de alegría es de buen augurio, pero si la sensación es de tristeza nos advierte que debemos cambiar el rumbo de nuestras gestiones. No obstante, si nos vemos a nosotros mismos como abogado representa malas acciones por nuestra parte.

Abuelos: representan la experiencia y el pasado, así como todo lo heredado. Son presagio favorable para la realización de deseos o proyectos. Soñar con ellos significa que se está anclado en el pasado y, a veces, que estamos incapacitados para hacer proyectos de futuro. También dan seguridad y aplomo.

Acreedor: quiere decir que no se está haciendo uso correcto de los bienes materiales o intelectuales. También significa que se está viviendo una situación bajo gran presión. El mismo sueño nos aconseja que seamos más prudentes con la utilización de nuestros bienes.

Acróbata: cuando el soñante es el que realiza las acrobacias quiere decir que está poniendo en grave peligro sus bienes materiales y la vida, tanto la propia como la de los suyos. Indica una situación de gravísimo peligro y para salir de ella se ha de actuar con extremo cuidado, tanto con los bienes económicos como en el trato con los demás. Cuando son los otros los acróbatas significa que debemos tener cuidado para no ser seducidos por los demás en situaciones que nos pueden llevar a engaño. Si va asociado con una sensación agradable quiere decir que, a pesar de todo, vamos a ser capaces de sortear los peligros que se nos presentan y si va asociado con una sensación desagradable indica que debemos extremar el cuidado en nuestras relaciones con los demás.

Actor: cuando se sueña que se es actor quiere decir que estamos representando un papel ante la vida que no corresponde a nuestra verdadera personalidad porque pensamos que si revelamos nuestro auténtico rostro no vamos a ser aceptados, aunque en ciertos momentos cubrirse con esta máscara puede ser beneficioso, sobre todo en los temas relacionados con los negocios, pero no tanto en las relaciones interpersonales. También esta máscara nos puede servir para no sufrir daño infligido por otros y para protegernos de todas las acciones malignas. Cuando el actor es otro significa que nos quieren engañar o llevarnos por caminos no deseados o que no son convenientes para nosotros. Soñar que somos actores nos pondrá en situaciones delicadas provocadas por personas que nos quieren hacer daño o por nosotros al no exponer nuestra verdadera personalidad, lo que puede llevar a situaciones conflictivas y de difícil solución.

Adolescente: cuando soñamos que somos nosotros el adolescente quiere decir que nos hallamos en un estado de extrema inseguridad y que estamos buscando a alguien en quien apoyarnos; pero si lo que se sueña es que los adolescentes son los otros es presagio de malas relaciones con los demás o de un alejamiento de los amigos que provocará una frialdad difícil de solucionar más tarde.

Afilador: este sueño anuncia que se presenta un futuro muy conflictivo. Tendremos problemas afectivos con las personas a las que queremos y, además, nuestros negocios se verán amenazados por competidores mucho más fuertes que nosotros. Se avecina una temporada muy dura que habrá que superar, pero será corta, con lo que al final podremos acabar con todos los conflictos y dejarla atrás. Es importante saber que contaremos con ayuda.

Ahorcado: aquellas personas que sueñan con ahorcados están inmersas en graves conflictos afectivos y este sueño es precursor de cambios fundamentales, tanto en el terreno sentimental como en el de los negocios, que dependiendo de otras circunstancias pueden ser favorables o no. Se aconseja recurrir a la ayuda profesional porque la depresión puede hacer presa de nosotros.

Albañil: nos avisa de que ya es momento de que dejemos de lado la planificación de nuestros proyectos y que nos pongamos a trabajar en ellos con fuerza y coraje, poniendo piedra a piedra con constancia y buen humor. Si necesitamos hacer rectificaciones las podremos hacer sobre la marcha, ya que seremos capaces de tomar las decisiones oportunas. La fuerza y determinación harán que nuestros proyectos se vean coronados por el éxito. La fortuna nos ronda.

Alfarero: debemos considerar que por causas que no están muy claras estamos desperdiciando nuestra propia materia prima que si la aprovecháramos nos reportaría bienes y felicidad, quizá porque creemos que no estamos capacitados para desarrollar cierto tipo de actividades.

Alquimia: es el símbolo de la transmutación e indica que con nuestros esfuerzo y tesón podremos ser capaces de cambiar circunstancias que hasta ahora se nos han presentado adversas. Haremos cambiar de opinión a los demás, siempre que esgrimamos argumentos convincentes. Seremos objeto de la admiración de los demás ocasionada por el buen acierto que tendremos en resolver situaciones difíciles.

Amante: para aquellas personas que no tienen ningún tipo de relación sentimental es augurio de felicidad, ya que probablemente encuentren un amor duradero y sincero; pero en el caso contrario es sinónimo de infelicidad y desgracias.

Amigo: soñar con un amigo significa que tenemos apoyo en todas las circunstancias que nos sean adversas. Encontrar un amigo significa alegría y dejarlo tristeza. Tanto ayudar a un amigo como verse ayudado por él indica que encontraremos apoyo en nuestros proyectos.

Ángeles: los ángeles nos protegen de las malas influencias. Soñar con ellos es signo de paz, alegría y prosperidad. El ángel es nuestro apoyo en la vida y guía nuestros proyectos. Siempre que soñemos con estos seres estaremos en condiciones de ver nuestros proyectos realizados.

Antepasados: cuando se sueña con antepasados de nuestra propia familia significa que vamos a tener dificultades, pero si son desconocidos augura éxito en los negocios y prosperidad económica.

Árbitro: debemos ver nuestra situación en perspectiva para poder juzgarla adecuadamente. Anteponemos nuestros intereses a la toma de decisiones, por lo que éstas pueden ser erróneas. Nos encontraremos con serias oposiciones en el terreno profesional y padeceremos pérdidas económicas.

Arlequín: puede representar el aspecto ridículo de nuestra personalidad. Si lo asociamos con una sensación agradable aconseja que nos riamos de nuestras preocupaciones, ya que lo que nos obsesiona no tiene la importancia que nosotros le damos. Cuando lo asociamos a sensaciones desagradables nos avisa de que estamos actuando fuera de tono. Hay que tener cuidado con nuestros intereses porque se pueden ver afectados negativamente a causa de circunstancias imprevistas que nos tomarán por sorpresa.

Arzobispo: es un sueño el del arzobispo de inmejorable buen augurio. Indica que vamos a recibir apoyo de alguien muy influyente, lo que nos llevará a situaciones muy felices.

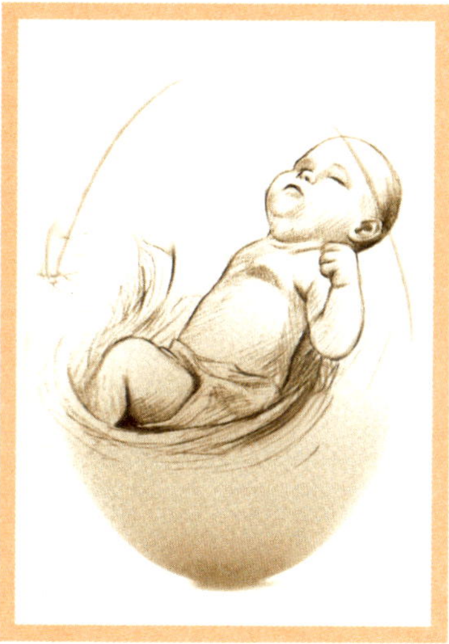

Autoridades judiciales: es indicador de relaciones muy conflictivas con las autoridades legales de cualquier signo, con las que tendremos que resolver problemas familiares y de negocios; probablemente saldremos como perdedores.

Bandido: sentimos que no vemos cumplidos nuestros objetivos porque alguna fuerza oculta nos lo impide. Este sueño es el reflejo de la lucha de nuestro inconsciente contra esas fuerzas. Tendremos dificultades y pérdidas de dinero muy importantes que influirán sobre todos los aspectos de nuestra vida. Debemos estar preparados para confrontaciones judiciales en las que tendremos algunas pérdidas.

Bebé: anuncia nuevos acontecimientos, como pueden ser el nacimiento de alguna obra creada por nosotros, el comienzo de negocios o de relaciones afectivas. Cuando soñamos que somos nosotros el bebé indica que no queremos asumir responsabilidades, lo que puede ser peligroso para nuestros proyectos. En cualquier caso augura tiempos de paz y felicidad.

Benefactor: cuando encontramos en nuestros sueños un benefactor debemos tener cuidado, ya que amenaza un peligro que puede ser económico o de la salud, que afectará a nosotros mismos o a cualquier persona allegada. Por otro lado, personas que no conocemos tomarán decisiones que nos favorecerán.

Bomberos: cuando el fuego está activo es siempre presagio de las peores cosas que nos puedan pasar en todos los campos, tanto en el afectivo como en el económico. Asimismo da al traste con todas nuestras ambiciones y desaconseja que comencemos proyectos nuevos porque van a resultar fallidos. Pero, si en nuestro sueño aparecen los bomberos cuando el fuego ya está apagado, presagia que todos estos males van a tocar a su fin y que pronto estaremos en situación de irnos recuperando en todos los aspectos que hasta el momento se presentaban negativos.

Brujos: soñar con brujos casi siempre está relacionado con lo que fuimos en nuestra infancia. Indica que no todos aquellos sueños que teníamos se han visto cumplidos, por lo que nos sentimos algo decepcionados. También puede estar relacionado con intrigas o engaños producidos en el mundo de los negocios. Las personas con fuertes creencias religiosas asocian este sueño con la maldad y el engaño.

Cadáver: este sueño puede significar el final de un proceso o de una situación, pero generalmente es de muy mal agüero, ya que augura dificultades serias y problemas de muy difícil solución. Hay que sacar fuerzas de flaqueza para salir de la situación en la que nos hallamos metidos, ante la que por otra parte nos encontramos solos y además no debemos esperar ayuda de otras personas. Todo esto estará acompañado de grandes depresiones.

Calvo: soñar que estamos calvos por la parte de delante es sinónimo de que alguien se está burlando de nosotros, mientras que si la calvicie se presenta por la parte trasera es presagio de pobreza y escasez. También significa que recibiremos malas noticias. La calvicie siempre es de mal augurio porque predice inconvenientes.

Camarero: este sueño siempre está va relacionado con las calumnias y advierte que debemos prevenirnos de la maledicencia de los demás.

Campeón: refleja espíritu de superación que se verá premiado con el éxito. Augura buena suerte.

Campesino: cuando está desarrollando las actividades normales que le son propias no puede ser mejor augurio, ya que este sueño dice que vamos a contar con las mayores posibilidades para la realización de nuestras empresas, alcanzando los resultados deseados; gracias a nuestra capacidad, trabajo y tesón nos veremos recompensados. Todo esto se viene abajo cuando el campesino aparece enfermo, ya que el sueño dice que nos encontraremos con enemigos y obstáculos muy difíciles de sortear.

Caníbal: este sueño indica que estamos profundamente afectados por la personalidad de los demás. Si somos nosotros los que ejercemos el canibalismo sugiere que nos gusta poseer las facultades de aquellos que admiramos, lo que nos puede conducir en la vida a abandonar nuestra propia personalidad para intentar adquirir la de otros. Hay que tener mucho cuidado, porque todo esto nos puede llevar a conflictos mentales muy graves que sería conveniente que tratara un profesional. Cuando somos nosotros las víctimas del caníbal es augurio de grandes éxitos, lo que debe animarnos a poner en marcha los proyectos que teníamos detenidos, pues éste es el mejor momento para iniciarlos. También es buen momento para poner en claro con nuestra pareja todo aquello que nos preocupa.

Carpintero: soñar con este profesional representa una actividad que requiere cierta capacidad creativa para lograr el éxito. Si no potenciamos las cualidades que poseemos nuestros proyectos pueden convertirse en serias chapuzas. Cuando vemos a uno trabajando indica que vamos a sufrir un cambio favorable en la vida que nos va a traer prosperidad y felicidad familiar. Si vemos una carpintería indica que estamos frecuentando a personas que no son beneficiosas para nosotros y que perjudicarán nuestros intereses.

Centinela: significa el estado de alerta en que debemos estar para que todo marche convenientemente. Cuando lo vemos en su puesto indica que todas nuestras posesiones están bien aseguradas y que no debemos temer por nuestras relaciones personales. Si se muestra negligente significa que vamos a sufrir inconvenientes financieros en un futuro próximo.

Ciego: la ceguera en general indica que estamos incapacitados para resolver problemas o que carecemos de perspectiva ante la vida para resolver nuestros conflictos. También quiere decir que precisamente por esa incapacidad vamos a vernos inmersos en problemas que de otro modo serían de fácil solución. Cuando ayudamos a un ciego indica predisposición para ayudar a los demás Otras veces es mal presagio para nuestras relaciones personales.

Cojo: generalmente indica que existen causas que no nos permiten alcanzar nuestros objetivos. Nos veremos acosados por múltiples preocupaciones, la felicidad familiar estará en peligro y se avecinan pérdidas económicas. Tendremos que poner todo nuestro empeño para que las cosas se vayan resolviendo y vuelva a reinar la paz a nuestro alrededor.

Dactilógrafa: anuncia que recibiremos noticias de carácter oficial que alterarán nuestra situación.

Dentista: son muy frecuentes los sueños que tienen relación con los dientes. Los diversos autores les dan distintos significados. Si acudimos a un dentista para que nos arregle la boca es augurio de dificultades sentimentales, de que vamos a ser traicionados por un ser querido y de que nuestras relaciones afectivas van a pasar por momentos muy difíciles que nos van a afectar mucho; pero de algún modo recibiremos la ayuda de alguien, lo que nos permitirá salir de esta situación sin que deje posos de amargura en nosotros. Este sueño tiene estrecha relación con el de dientes.

Diablo: representa nuestros más ocultos temores. Cuando soñamos con él es reflejo de que no hemos superado los conflictos internos que venimos arrastrando desde la infancia. Representa todo lo oscuro y lo oculto, aquello que es malo y con lo que no podemos luchar, sobre todo por nuestra propia incapacidad para afrontarlo. En todos los casos soñar con el diablo es mal augurio y sólo en el caso de que nos enfrentemos con él y logremos que huya conseguiremos triunfo en nuestros proyectos y salir airosos de situaciones difíciles.

Dios: suele acarrear complejos de culpabilidad, aunque si le estamos rezando nos presagia un futuro lleno de serenidad y con gran primacía de nuestra vida interior alejada de los problemas del mundo, mientras que si le ofendemos nos encontraremos en graves dificultades.

Enano: generalmente significa que estamos actuando con mucho cuidado, lo que nos favorecerá; aunque también tiene un significado negativo que se refiere a la ignorancia que podemos tener sobre temas que son importantes para nuestros negocios. Obtendremos buenos resultados en los negocios, pero inferiores a lo que esperábamos.

Enemigo: según la actitud que tengamos respecto a ellos en el sueño, nos indicará la forma en que debemos actuar en la vida real. Cuando el enemigo se nos enfrenta sin tapujos debemos esperar trastornos e inconvenientes en nuestra vida, por lo que debemos actuar con prudencia. Cuando nos enfrentamos a ellos alcanzamos una situación favorable para nuestras gestiones y negocios, aunque salir perdedor de este enfrentamiento aconseja prudencia. Huir del enemigo es un mal presagio.

Enfermera: simboliza a las personas de las cuales vamos a recibir ayuda y apoyo. Nos sentiremos protegidos.

Ermitaño: soñar son un ermitaño tiene diferentes significados. Si el entorno en que se encuentra es claro, soleado y tranquilo simboliza calma, sosiego, paciente trabajo, perseverancia para lograr los objetivos, relaciones personales muy apacibles. Si, por el contrario, se halla el ermitaño en un ambiente tenebroso, nublado o frío esto anuncia que la labor que estamos ejecutando se va a volver cada vez más pesada y aburrida y que nos será muy difícil llevarla a buen término. Cuando somos nosotros los que nos vemos como ermitaños el sueño sugiere cansancio ante todas las situaciones en que nos encontremos, pues se verán pobladas de obstáculos y problemas; también perderemos a amigos o a parientes que nos profesaban cariño pero que en este momento se están alejando de nosotros. Según varios autores, en general soñar con un ermitaño augura malas noticias y problemas en el ambiente familiar.

Extranjero: si vemos uno indica que vamos a sufrir cambios en nuestra situación familiar o laboral. Si nos vemos a nosotros mismos como extranjeros indica que nos sentimos víctimas de la incomprensión; esto también se puede aplicar al campo sentimental.

Fantasma: cuando lo vemos blanco y luminoso simboliza romanticismo, poesía y amor. Debemos poner el máximo entusiasmo posible en nuestras relaciones sentimentales y afectivas para tener éxito. Si el fantasma es negro representa dudas y temores y también que se producirá una muerte en nuestra familia. Se dice que las personas que sueñan con ellos deben recibir ayuda profesional, ya que si no se verán abocadas a la depresión y al desánimo.

Faquir: se nos presentarán situaciones falsas con apariencia de realidad, por lo que debemos saber distinguir entre la realidad y la fantasía, pues de lo contrario nos veremos abocados a situaciones perturbadoras que harán tambalearse nuestra estabilidad.

Fauno: este sueño augura consecuencias nefastas para nosotros que tendrán origen en una situación en la que no veamos claro lo que ocurre.

Fugitivo: cuando soñamos que somos nosotros los fugitivos quiere decir que estamos abrumados por

Interpreta

los problemas y desbordados por los acontecimientos; somos incapaces de poner remedio a las situaciones malas en las que nos hallamos inmersos. Avisa de que debemos tener cuidado con nuestras actuaciones, ya que en cualquier momento pueden surgir circunstancias que nos hagan la vida más difícil. También puede significar que alguien guarda con nosotros un sentimiento de venganza y que está próximo a hacer algo para perjudicarnos, por lo que no debemos bajar la guardia frente a nuestros enemigos. Cuando soñamos que estamos ayudando a un fugitivo nos avisa de que debemos tener la máxima prudencia en nuestros negocios, dado que los momentos de debilidad pueden ser nefastos.

Gente: vernos rodeados de gente indica que estamos manipulados por los demás, pues nuestra propia timidez nos impide tomar las riendas de nuestros actos. Tal debilidad de carácter nos puede hacer sufrir excesivamente, por lo que es recomendable que poco a poco vayamos haciendo frente a pequeñas dificultades que requieran nuestra decisión para de este modo ir endureciendo la personalidad a fin de que podamos llevar la vida que deseamos. Hemos de intentar expresar nuestros sentimientos sin miedo a las habladurías y también ser más abiertos en las relaciones amorosas.

Gigante: siempre es buen augurio soñar con gigantes. Tendremos éxito en los negocios y en la vida afectiva y se cumplirán nuestras ilusiones en cualquier campo.

Gitanos: según el concepto que tengamos de los miembros de esta raza el sueño tendrá uno u otro significado. Si consideramos a los gitanos como gentes dispuestas a engañarnos y robarnos será símbolo de inseguridad y miedos, mientras que si los consideramos como nómadas de costumbres distintas a las nuestras significará libertad y rebeldía. También son augurio de próximos encuentros que serán satisfactorios para nosotros, pues nos ayudarán a conseguir nuestros propósitos sea cuales sean.

Guardia: es la imagen del padre o de la autoridad que nos obliga a cumplir con las normas pero que a la vez nos protege de males. Este sueño indica que no somos lo suficientemente maduros para obrar por nuestra cuenta y que necesitamos un guía para resolver nuestros conflictos. Si nos vemos detenidos por un guardia quiere decir que tenemos sentimientos de culpabilidad, pues creemos que no cumplimos bien con nuestras obligaciones. Cuando quien sueña con un guardia es una persona responsable y madura significa que tendrá dificultades en sus negocios y que le será muy difícil salvaguardar sus intereses sin que éstos tengan ninguna merma. Se prevén problemas de salud en el caso de que el guardia nos sea hostil.

Hadas: estos seres son el símbolo de la capacidad de crear con la imaginación. Augura que si tenemos imaginación y creatividad se cumplirán nuestros sueños, también que podremos iniciar proyectos y negocios que gracias a ello se verán coronados por el éxito. Hay que tener mucho cuidado con la imaginación y saber dónde están sus límites, ya que de lo contrario podemos llegar a crear otro mundo que nos llevaría a la esquizofrenia. También según el aspecto del hada tendremos significados diferentes, ya que puede ser causa de grandes esperanzas o de grandes decepciones.

Hermanos: al soñar con hermanos reflejamos en ellos todas nuestras carencias. Si soñamos con una hermana, la tengamos o no, quiere decir que recibiremos apoyo y comprensión para ver resueltos nuestros problemas y ayuda para alcanzar nuestros propósitos. Recibiremos consejos que serán muy provechosos para conseguir nuestras aspiraciones. Si soñamos con un hermano, lo tengamos o no, significa que debemos buscar el modo de solucionar todas las situaciones que se nos presenten ambiguas, ya que esto será muy beneficioso para nuestros familiares. Si estamos en desacuerdo con nuestro hermano es señal de desavenencias y disputas en diversos campos, mientras que si luchamos con él y logramos herirlo el sueño augura largas separaciones y rupturas afectivas.

Herrero: el trabajo duro de este artesano indica que si somos fuertes y perseverantes todas las facetas de nuestra vida van a ser exitosas. Indica poder, riqueza y fortuna alcanzados gracias al esfuerzo personal. No dejar nada a la suerte.

Hombre: es muy frecuente que en nuestros sueños aparezcan hombres, pero dada la cantidad de formas en que se presentan, pueden tener diferentes significados. A este sueño le dan gran importancia todos los autores, tanto los antiguos como los modernos y Artemidoro de Daldis hacía referencias múltiples en su obra al significado de estos sueños. Tiene relación con la manera en que consideramos nuestra capacidad de actuar o de tomar decisiones. Si el que sueña es un hombre que ve a otro, quiere decir que el soñante alcanzará todos sus logros y verá cumplidas todas sus aspiraciones, siempre que el aparecido en sueños se muestre amigable. Si con este mismo hombre sueña una mujer, quiere decir que pronto se verá protegida, amparada y rodeada de afecto y de ternura de los que hasta ahora carecía. Cuando el hombre que se nos aparece es feo o deforme indica que se avecina una época de preocupaciones, problemas y penas; también nos anuncia el fracaso en nuestras gestiones. Asimismo varía el significado si el hombre es joven o mayor. En el primer caso significa desilusión en el campo afectivo y problemas en el de los negocios, mientras que un hombre mayor supone apoyo, protección y buenos consejos. También si es fuerte será positivo y si es flaco negativo. Ver a un hombre desnudo es símbolo de desgracia y augura que vamos a sufrir humillaciones y si está vestido de negro penas y sucesos peligrosos. Si soñamos con matar a un hombre es indicio de que la mala suerte nos acecha y de que vamos a sufrir desgracias y cuando nos encontrarse a un hombre amable augura alegría y felicidad.

Imberbe: si nos contemplamos de esta manera en el sueño significa que no estamos obrando con madurez en circunstancias que la requieren. Se aconseja prudencia en la toma de decisiones y no dejarse influir por circunstancias que no tienen ninguna importancia.

Jefe: soñar con el jefe o con los superiores es mal augurio. Indica que nuestros proyectos profesionales no se verán cumplidos con estrepitoso fracaso de nuestras gestiones. También pérdidas económicas y afectivas. Nos veremos sometidos a determinadas presiones que nos harán entrar en conflicto con nosotros mismos.

Jinete: cuando vemos uno, depende de la sensación que tengamos asociada a él el que sea o no mal augurio. Casi siempre está asociado con la recepción de noticias, por lo que éstas pueden ser buenas o malas. Si somos nosotros los jinetes augura que vamos a experimentar mejoras importantes en nuestro mundo profesional y económico y también en el familiar y afectivo. Caerse del caballo anuncia mala suerte y sobre todo fracaso en los negocios y pérdidas financieras.

Jorobado: como dice la tradición popular, ver o tocar a un jorobado es señal de buena suerte. Soñar con uno nos traerá mejoras en la fortuna y dinero inesperado, mientras que si la jorobada es una mujer es un mal augurio. Si somos nosotros los que nos vemos jorobados es símbolo de humillaciones. Indica que es un buen momento para tentar la suerte en los juegos de azar.

Juez: cuando nos vemos relacionados con un juez quiere decir que vamos a sufrir complicaciones en nuestras actividades laborales o en las familiares. Nos veremos gravemente perjudicados en nuestros intereses y padeceremos importantes pérdidas financieras. Cuando nos vemos a nosotros mismos como jueces indica que seremos criticados, sobre todo por nuestros enemigos, y que las acciones que comencemos serán reprobadas.

Locos: si somos nosotros los que aparecemos como locos en un sueño, significa que próximamente nos hallaremos en circunstancias que amenazarán nuestra estabilidad y que estamos pasando momentos de intranquilidad. Cuando vemos a otras personas en ese estado indica que debemos estar prevenidos contra malas acciones que se fraguarán contra nosotros y contra peligros inesperados que nos acechan.

Madre: es el arquetipo por excelencia. Los sueños en los que aparece la propia madre guardan relación con todas las actividades de la vida, con el consciente y el inconsciente, con la salud, con la vida afectiva y con la sexualidad. Este sueño ha sido objeto de estudio por parte de importantes psiquiatras y Freud le dio su propio significado. Si soñamos con que estamos en la infancia y aparece la figura de la madre indica que todavía no hemos alcanzado la madurez necesaria para llevar a cabo una vida de adultos y que la madre sigue siendo nuestro núcleo, tanto consciente como inconscientemente. Si en nuestro sueño aparece algún símbolo de enfrentamiento, más o menos abierto, con la madre, sugiere que nos encontramos en una etapa de rebeldía que será beneficiosa para alcanzar la tan esperada madurez; pero será mal presagio en otros aspectos como pueden ser el afectivo y el económico. Soñar con la madre está estrechamente relacionado con los sueños en los que aparecen la luna, el agua o el incesto. Cuando aparece nuestra madre sonriente y feliz predice una vida afectiva llena de éxitos, pero siempre de acuerdo con el punto de vista de nuestra madre. Ver a la madre enferma es símbolo de malas noticias.

Maestro: es un sueño recurrente, como el del jefe o el de la madre. Representa la sabiduría y el conocimiento y según la perspectiva que tengamos de él tiene uno u otro significado. Si nos hallamos ante un maestro que nos castiga quiere decir que somos presa de la inseguridad y que esta actitud nos hace difícil la vida, mientras que si el maestro es justo y formal indica que nos vemos rodeados de personas que nos ayudan y esto nos infunde seguridad en nosotros mismos, lo que nos hace la vida y las relaciones con los demás mucho más fáciles. La aparición de este personaje en nuestros sueños siempre tiene un significado ambivalente, puesto que por un lado representa el desconocimiento y por otro el aprendizaje. En general este sueño nos recomienda que sigamos los sanos consejos que recibimos para así alcanzar la madurez y la felicidad.

Mafia: este sueño indica que estamos padeciendo poderosas represiones que impiden el normal desarrollo de nuestra personalidad. Frente a esto hay que hacer acopio de fuerzas y enfrentarse a todo lo que haga falta.

Marido: cuando una mujer sueña con un marido y esta mujer no tiene pareja, el sueño quiere decir que pronto aparecerá una persona en su vida con la cual se emparejará por mucho tiempo, con largas etapas de felicidad y amor.

Marinero: se avecinan sucesos importantes que van a producir cambios en nuestra vida, por lo que deberemos ser muy cautos a la hora de tomar decisiones para conseguir que nos favorezcan. Estos cambios serán para mejor siempre y cuando ayudemos a la suerte con nuestra actitud positiva.

Matrimonio: representa los vínculos y la aceptación de las obligaciones contraídas de buen grado o de aquellas a las que nos obliga la vida. También es símbolo de equilibrio, ya que hace que nuestras relaciones afectivas pasen por una situación de tranquilidad y paz muy beneficiosa para las personas que nos rodean, sean familiares o no. Depende del momento por el que estemos pasando, este sueño tiene unos u otros significados. Cuando sueña con el matrimonio una persona muy joven quiere decir que aspira a alcanzar la tranquilidad que da la madurez y que espera conseguirlo por medio del conocimiento y el equilibrio. Cuando estamos en la etapa media nos anuncia la madurez. Aunque tengamos relaciones con personas muy diferentes a nosotros, éstas pueden ser satisfactorias y duraderas si somos prudentes. En el terreno de los negocios nos da satisfacciones y seguridad, con grandes beneficios económicos.

Mendigo: soñar con un mendigo siempre nos advierte de que estamos descuidando algún aspecto de nuestra vida, por lo que ante este sueño se recomienda muchísima prudencia y dejar de lado los malos hábitos porque están deteriorando nuestra personalidad. La mayoría de los autores coinciden en que esta figura es un mal presagio, pues se sufrirán penas afectivas y económicas importantes. Debemos ir con mucho cuidado en todo lo que respecta a nuestra vida profesional.

Millonario: refleja que nos hallamos en una situación de insatisfacción en cuanto a nuestras posesiones materiales. También señala insatisfacción en el terreno familiar y afectivo. Generalmente es mal augurio y representa la frustración de nuestros deseos y la incapacidad para alcanzar nuestras metas.

Monstruos: cualquiera que sea la apariencia que tome en sueños, soñar con monstruos es siempre mal augurio y reflejo de nuestros miedos interiores. Un monstruo anuncia acontecimientos muy penosos que tendrán consecuencias graves en todos los aspectos, pues sufriremos problemas sentimentales que a su vez influirán en nuestra situación financiera. Sólo es buen augurio cuando lo vemos huir, ya que significa que todos lo malo que nos ocurra va a ir solucionándose paulatinamente y que al final veremos solventados todos nuestros problemas.

Mujer: es generalmente un buen augurio soñar con mujeres y tiene relación con los lazos que nos unen a ellas. Cuando se nos aparece una mujer conocida en el sueño indica que debemos estrechar lazos con ella y si se trata de alguien con quien no nos llevamos bien, sugiere que una reconciliación sería beneficiosa para las dos partes. Cuando se trata de una mujer desconocida, según la forma en que se nos presente tendrá diferentes significados. Si es una mujer hermosa augura encuentros satisfactorios que nos llevaran a establecer lazos afectivos que serán muy beneficiosos para nosotros; por el contrario, si la mujer es desagradable, vieja o fea augura infortunio. Tendremos éxito en nuestros negocios y en nuestra vida laboral si se nos aparece en sueños una mujer inteligente. Se producirán graves inconvenientes si soñamos que estamos discutiendo o peleando con una sea cual sea el que gane la pelea. Si se trata de una embarazada es augurio de buenas e inesperadas noticias y si está fatigada es señal de que se avecina una enfermedad.

Niño: es un buen presagio soñar con niños porque anuncia alegría y épocas de felicidad en el hogar; pero sólo en el caso de que veamos niños sanos. Por el contrario, si vemos niños enfermos predicen dificultades y problemas graves con los allegados. Este sueño augura grandes beneficios económicos.

Obispo: no podría ser un augurio mejor. Anuncia que nuestros proyectos se van a cumplir con el mayor éxito y nuestra familia se verá compensada con felicidad y tranquilidad. Es sinónimo de suerte.

Padre: al arquetipo típico de la madre sigue el del padre, que es la segunda figura más importante que refleja tanto lo consciente como lo inconsciente; asimismo es símbolo de autoridad y de poder, pero también de protección y de cariño. Esta figura es un reflejo fidedigno de nuestra vida y el significado del sueño irá en función del estado en que aparezca y de que lo asociemos a situaciones agradables o desagradables. También este sueño tiene un gran significado respecto a las relaciones que tenemos con la sociedad, pues esta figura es la imagen del poder ante el que a veces no queremos inclinarnos. De todos modos, siempre que aparecen en el sueño el padre o la madre auguran que se van a producir acontecimientos importantes y generalmente inesperados que harán cambiar nuestra vida. Si los acontecimientos que se presentan son positivos quiere decir que debemos mantener el mismo comportamiento que hasta ahora, porque vamos por buen camino; por el contrario, asociar esta imagen con elementos desagradables es una clara señal que nos avisa para que cambiemos nuestro comportamiento, ya que si seguimos como hasta ahora sufriremos inconvenientes graves y pérdidas afectivas y económicas. Por lo general es un sueño positivo, porque significa que bajo cualquier circunstancia podremos contar con la protección necesaria para salir adelante en nuestras empresas.

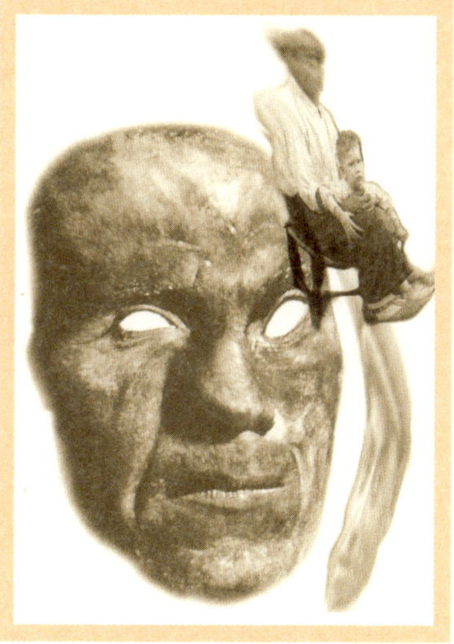

Pastor: indica que tenemos madera de líder y que debemos aprovechar esta circunstancia para hacer realidad nuestras ilusiones valiéndonos del apoyo de los demás.

Payaso: si soñamos que hacemos el payaso es un reflejo claro de que estamos desperdiciando nuestras fuerzas en acciones inútiles y de que mantenemos relaciones con personas que no nos van a aportar nada positivo. También es un indicio de soledad y abandono. Significa asimismo que somos víctimas de las malas intenciones de algunas personas que no nos quieren bien, pero no debemos hacerles caso. Es importantísimo recuperar la confianza en nosotros mismos.

Policía: es mal augurio. Si la policía aparece podemos prever que en el campo de los negocios vamos a experimentar pérdidas muy importantes y fracasos económicos que van a afectar a gran parte de nuestra vida. Por otro lado, no nos sentiremos lo suficientemente valorados en el ámbito profesional y esta circunstancia nos hará pasar por momentos muy penosos. En el aspecto familiar las cosas no marcharán mejor, ya que se ocasionarán disputas que seremos incapaces de solucionar y en el terreno afectivo seremos víctimas del abandono y la soledad. Sólo en el caso de que veamos en nuestros sueños a un único policía solícito que nos venga a ofrecer ayuda conseguiremos salir de las malas situaciones en que nos hayamos metido, tanto en el terreno profesional como en el familiar y en el afectivo. Desechar los juegos de azar.

Príncipe: aconseja que echemos los pájaros de nuestra cabeza y que no nos embarquemos en proyectos que son de todo punto imposibles de realizar.

Prostitutas: el sueño relacionado con prostitutas es señal de ambigüedad, por lo que tendremos que tener muy claras las acciones que vamos a emprender, ya que los negocios se nos presentarán dudosos y la vida afectiva tampoco aparece con demasiada claridad.

Químico: se están fraguando acciones contra nosotros que nos afectarán muy negativamente, llegando a situaciones desastrosas. Tendremos que evitar experimentos mercantiles porque fracasaremos.

Recaudador: es de mal agüero. Soñar que se está en contacto con él significa que nuestros negocios están pendientes de personas más poderosas que nosotros (del estamento oficial o del privado), lo que nos impide desenvolvernos con la fluidez que desearíamos. También prevé problemas judiciales que no se resolverán a nuestro favor. Generalmente va acompañado de problemas financieros.

Reyes: son el arquetipo de los padres llevados a su máxima dignidad. Todos los sueños relacionados con ellos tienen una fuerte ligazón con los sentimientos que tengamos hacia nuestros progenitores.

Sacerdote: en todo momento debe relacionarse este sueño con la religión, bien por la vinculación que tengamos con ella o bien por lo que ésta afecte a nuestras vidas. También es representación de la relación que tiene nuestro mundo interior con Dios y es reflejo de nuestro comportamiento. Al igual que el sueño del padre, éste también puede simbolizar la autoridad y vernos ayudados por un sacerdote es señal de que vamos a recibir apoyo de nuestros allegados para la consecución de nuestros fines. Es una figura que, si se presenta fuera de contexto o realizando acciones que no le son propias, indica sufrimientos morales insalvables y avisa de que debemos recurrir a todas las ayudas posibles, incluso la profesional, porque la situación por la que estamos pasando nos va a llevar a un callejón sin salida.

Salvaje: para algunos autores soñar con un salvaje supone un componente primitivo y regresivo de nuestra personalidad que refleja el temor o la resistencia al avance y que puede ser una advertencia para que no sigamos adelante en nuestros proyectos hasta que no alcancemos mayor madurez. Para otros significa que se avecinan graves problemas de mucha importancia y perjuicios financieros de difícil solución. Si nos vemos a nosotros mismos como salvajes debemos prever que nos aislarán en nuestro medio social y afectivo, circunstancia que nos afectará profundamente produciendo cansancio y fatiga.

Santo: este sueño representa un buen presagio y es beneficioso para la vida. Indica que tenemos las condiciones necesarias para que nuestra vida transcurra como un camino de rosas y dice que no debemos desviarnos, pues si seguimos ese camino estaremos libres de sobresaltos y gozaremos de tranquilidad.

Soldado: simboliza el deber, las obligaciones y la jerarquización social en que vivimos. Es un sueño de mal agüero que dice que vamos a pasar por situaciones difíciles en las que nos sentiremos observados por los demás, quienes a su vez reprobarán nuestra conducta; también se pondrá en duda la legitimidad de nuestras posesiones. Se avecinan noticias tristes y la enfermedad hará presa de nosotros o de alguien muy querido. También predice un próximo fallecimiento que nos afectará mucho. En el aspecto económico no correremos mejor suerte, ya que augura pérdidas económicas importantes y litigios judiciales de los que saldremos perdedores. En general debemos sentirnos preocupados porque se avecina un porvenir nada grato.

Tuerto: algunas de las personas de nuestro entorno no nos quieren bien. Debemos estar prevenidos, ya que si tenemos cuidado no llegarán a hacernos daño. En el aspecto económico sufriremos pérdidas de cierta cuantía.

Tullido: es un sueño de muy mal agüero pues afecta negativamente a todos los aspectos de la vida. No debemos emprender negocios nuevos y en los que ya tenemos en marcha debemos ser lo más prudentes posible, lo que de todas maneras no evitará que suframos daños. Se verá disminuida nuestra capacidad profesional y tendremos fallos que serán muy difíciles de reparar. En la vida familiar y afectiva sufriremos enfrentamientos y discusiones graves. Nuestra salud se verá afectada, ya que podemos ser presa de una enfermedad de importancia.

Ujier: es mal augurio pues pronostica que se avecina una época conflictiva en la que nos veremos rodeados de litigios y problemas judiciales que se resolverán casi siempre en nuestra contra. Nos enfrentaremos a la maledicencia y la envidia de los demás, lo que nos perjudicará gravemente. Para tomar cualquier iniciativa habrá que esperar a que lleguen tiempos mejores.

Último: es un mal augurio ver que somos los últimos en cualquier tipo de clasificación, ya que esto indica que nos enfrentamos a una época de mala suerte en la que reinará el fracaso. Nos veremos atosigados por obligaciones a las que nos será imposible hacer frente.

Vagabundo: cuando nos vemos como tal en el sueño es indicativo de que tenemos un gran deseo de eludir responsabilidades, ya que nos hemos visto muy atosigados por compromisos y obligaciones que no nos permitían libertad de movimientos. Si tenemos este sueño asociado con sensaciones desagradables indica que estamos angustiados por miedo al fracaso.

Vecino: sueño nefasto para las relaciones familiares porque augura discusiones y peleas de muy difícil solución en este terreno. Debemos emplear a fondo nuestra diplomacia para conseguir que estas discusiones produzcan los menos daños posibles.

Personas

Yerno: sueño de buen agüero que anuncia éxito en las relaciones afectivas y familiares, encuentros gratos, paz y tranquilidad. También puede anunciar un próximo noviazgo muy beneficioso para ambos entre personas allegadas.

Conclusiones

Últimos apuntes sobre la interpretación de los sueños

Conclusiones

No queremos terminar esta obra sin ofrecer unos apuntes finales que servirán como resumen de la misma y como guía de fácil manejo para todas aquellas personas que estén interesadas en la interpretación de los sueños.

En primer lugar diremos que los estudios de los famosos doctores Dietrich Lang y Kelitman han alcanzado resultados sorprendente pero sólo en lo que se refiere al estudio del sueño como fenómeno físico del que el organismo no puede prescindir pero que, sin embargo, hasta la fecha no se ha descubierto ningún mecanismo que pueda ser objeto de estudio para aclararnos qué es lo que ocurre en nuestra mente cuando soñamos.

Debemos tener presente que soñar es una actividad cerebral que se manifiesta de forma totalmente inconsciente y que el individuo no puede decidir sobre el argumento de sus sueños aunque depende mucho de las características especiales de cada uno la forma que éstos adquieren.

Aunque existen varios tipos de sueño, todos tienen carácter premonitorio y su análisis es lo que aquí hemos estudiado, pero no hay que olvidar que la interpretación debe adecuarse a la idiosincrasia de cada persona y que el mismo sueño no tiene igual significado para personas diferentes.

Cuando nos pongamos en manos de un oniromante debemos asegurarnos primero de que es un profesional de experiencia, sobre todo si vamos a tomar decisiones importantes basándonos en sus premoniciones.

Si somos nosotros los que vamos a analizar los sueños de los demás debemos asegurarnos primero de conocer lo mejor posible a la persona y sus circunstancias, y después estudiar las interpretaciones que aquí se dan con la máxima objetividad, lo que nos ayudará a ofrecer predicciones acertadas.

Tampoco hay que olvidar que las recomendaciones de las predicciones no deben seguirse a pies juntillas ya que ofrecen muchos matices sino que sólo deben servirnos de guía para enfocar nuestras actuaciones.

Se recomienda a las personas que estén muy interesadas en este tema que lean la obra de Freud y de Jung porque pueden servir de ayuda al conocimiento de este tema.

Se puede consultar también la obra de diversos escritores y músicos que aseguran que han recibido la inspiración en los sueños, como es el caso de los escritores Robert Louis Stevenson, Walter Scott o Goethe y, entre los músicos, Beethoven.

Para aquellos que quieran profundizar más en el tema y estén verdaderamente interesados en él no podemos por menos que recomendarles la lectura de las obras de Alcifrón, Aristandro de Telemenso y, sobre todo, la de Artemidoro de Daldis.

En la Biblia también se hace referencia a la interpretación de los sueños pero estos textos son menos fiables ya que no se han podido comprobar científicamente, al contrario de lo que ocurre con la obra de Artemidoro, que es un estudio muy escrupuloso sobre cientos de soñantes donde se les hace un seguimiento para comprobar la veracidad de las predicciones. No queremos dejar de nombrar aquí la obra de Sinesio de Cirene que también es digna de encomio.

Sueña

Índice

Sueña

Interpreta